汽车NVH性能开发及控制

钟秤平　刘森海　段龙杨　等 编著

化学工业出版社

·北京·

内容简介

本书系统介绍了汽车整车及各大系统的 NVH 性能开发与控制方法，涉及整车、动力传动、底盘、车身等系统的开发流程、目标设定及设计指导。

全书共分 6 章，依次阐述整车、传动系统、悬置系统、进排气系统、空调系统、冷却系统、低压燃油系统、电驱系统、悬架系统、车轮系统、车架系统、转向系统、制动系统和车身结构、声学包、风噪、操作声品质的 NVH 开发及异响控制，并配有开发过程中的典型 NVH 问题优化案例。

本书可供 NVH 工程师使用，也可为从事汽车设计制造、使用维修及相关领域研究的工程技术人员提供技术支持，还可用作大中专院校车辆工程相关专业的教材。

图书在版编目（CIP）数据

汽车 NVH 性能开发及控制 / 钟秤平等编著. -- 北京：化学工业出版社，2024. 9. -- ISBN 978-7-122-45958-9

Ⅰ. U467.4

中国国家版本馆 CIP 数据核字第 2024499YV8 号

责任编辑：黄　滢　　　　　　　　装帧设计：王晓宇
责任校对：李雨函

出版发行：化学工业出版社
　　　　　（北京市东城区青年湖南街 13 号　邮政编码 100011）
印　　装：河北延风印务有限公司
787mm×1092mm　1/16　印张 15½　字数 381 千字
2024 年 11 月北京第 1 版第 1 次印刷

购书咨询：010-64518888　　　　　　售后服务：010-64518899
网　　址：http://www.cip.com.cn

凡购买本书，如有缺损质量问题，本社销售中心负责调换。

定　　价：128.00 元　　　　　　　　　　　　　版权所有　违者必究

序一
FOREWORD

在当今汽车工业飞速发展的时代，汽车的性能已不仅仅是速度和舒适性的简单叠加，更涉及诸多复杂的工程学科，其中噪声、振动与舒适性（NVH）作为衡量汽车品质的重要指标，越来越受到汽车制造商和消费者的关注。NVH设计的优劣不仅直接影响乘客的乘坐体验，还关乎车辆的整体性能和品牌形象。因此，编写一本全面、系统地指导汽车NVH设计的书籍，对于提升我国汽车工业的整体水平具有重要意义。

本书正是在这样的背景下应运而生。它集作者多年在NVH领域的研究经验与实践成果于一体，旨在为读者提供一本既具有理论深度又具备实用价值的参考书。书中不仅涵盖了NVH目标设定的基本规则、问题分析方法和技术手段，还结合了大量实际案例，深入剖析了汽车NVH问题的产生机理与解决方案，为汽车工程师们提供了宝贵的参考和借鉴。

在内容编排上，本书注重理论与实践的紧密结合，涵盖内容广泛。从整车NVH性能目标设定与分解，到各主要系统（如动力传动、车身、底盘等）的NVH性能分析与优化，再到试验验证与问题解决，每一个环节都力求深入浅出、条分缕析。作者通过这样的安排，为读者构建起一个完整的知识体系，让读者能够系统地掌握NVH性能开发的全流程，从而在实际工作中做到有的放矢、游刃有余。

值得一提的是，本书还特别强调了NVH设计开发的综合性与系统性。在实际工程中，NVH问题往往不是孤立存在的，而是与车辆的其他性能相互关联、相互影响。因此，本书在讲述具体设计技巧时，始终注重从整体出发，综合考虑各种因素的影响，力求为读者提供全面、系统的解决方案。此外，本书还紧跟汽车工业的最新发展趋势，介绍了新能源汽车电驱动系统等前沿领域中的NVH设计挑战与应对策略。这些内容的加入不仅拓展了读者的视野，也为他们应对未来汽车工业的变革提供了有力的支持。

笔耕不辍终成章，墨香四溢满庭芳。作者依托江西省汽车噪声与振动重点实验室资源，将近20年的整车NVH开发经验积累和深厚的NVH理论相结合，几易其稿，终成此书。该书不仅对研究学者与工程技术人员开展高价值的科研合作会有很大帮助，而且对于大中专院校开展NVH基础教学来讲也是一本难得的教材或参考书籍。

华南理工大学 上官文斌 教授

序二
FOREWORD

  汽车产业是国家重要支柱产业，经过汽车领域广大科技工作者和工程技术人员的不懈努力，我国汽车产品的竞争力不断提升，正由汽车大国向汽车强国迈进。随着生活水平的不断提高，消费者对驾乘体验的要求也逐步提高。噪声、振动和舒适性（NVH）作为客户最容易感知的性能，已成为衡量汽车品质的关键指标之一。

  本书由一群在汽车振动噪声工程领域拥有丰富经验的专家和工程师联合撰写。我与本书作者相识十多年，针对项目开发过程中的各类NVH难题，有多次的技术交流和探讨。同时，作为江西省汽车噪声与振动重点实验室学术委员会专家，也充分认可和肯定作者团队的专业技术水平。当他们提出为本书作序的邀请时，我欣然同意。作者们将多年的研究成果和实践经验凝聚成篇，旨在帮助读者深入理解汽车NVH性能控制的系统性和复杂性。全书内容丰富、全面，涵盖了整车NVH开发流程、传动系统、悬置系统、进排气系统、空调系统、冷却系统等多个方面的开发和控制内容，特别是在系统设计层面提供了较完整的管控清单，以保障整车NVH性能的正向开发落地。

  本书不仅讨论了传统汽车的NVH性能开发和控制问题，如发动机噪声、风噪和轮胎噪声，还特别关注了新能源汽车特有的NVH问题，如电驱动系统的噪声和振动控制。此外，书中还包含了大量的案例分析，通过实际问题的解决过程，展示了NVH性能优化的具体步骤和优化效果。我相信本书能够成为汽车振动噪声控制领域相关工程技术人员、相关研究方向在校学生的得力助手，为汽车行业NVH技术的发展和进步提供有益的参考。

国家特聘专家 曾建邦 博士

序三
FOREWORD

喜闻钟秤平团队提笔写书，并受邀作序，非常荣幸也深表感激。钟秤平是我校噪声振动工程研究所毕业的杰出校友，在攻读硕士研究生期间就开始从事汽车NVH性能开发及控制相关研究工作，2007年毕业即加入整车企业研发中心工作至今，长期担任公司汽车NVH部门负责人。钟秤平带领团队在汽车NVH方向上深耕了近二十年，深感他对该方向的热爱和执着，也对其在汽车NVH性能开发及控制方面的深厚造诣和开发经验甚感钦佩。

随着汽车技术的快速发展，汽车行业竞争的加剧以及汽车消费的不断升级，汽车已不局限于传统交通工具属性，同时还是安静、舒适、可移动的活动空间。汽车NVH已成为衡量汽车品质的综合性指标，近年来越来越受到各大汽车主机厂及主流零部件供应商的关注与重视，被贯穿于汽车正向开发的全生命周期。汽车NVH性能开发及控制对于提升驾乘体验、体现汽车综合品质、促进汽车技术进步具有重要意义。

汽车NVH性能开发及控制是一个行业难题，涉及面广、集成度高、多目标平衡难。近年来，汽车NVH性能开发模式由"实车调校"模式转变为"目标设定与分解 + 数字样车签发 + 实车签发验证"的正向开发模式。《汽车NVH性能开发及控制》这本书汇总了作者们近二十年来在汽车NVH方面的主要工作，内容丰富全面，以整车NVH性能开发流程为总纲，将汽车NVH性能开发与控制分为整车NVH开发、PT NVH开发、底盘NVH开发、车身NVH开发和整车异响控制五大类，同时涵盖传统动力车型和新能源车型。

本书结构清晰，内容丰富，是作者们近二十年整车NVH工程开发经验的总结和升华，对整车各子系统的NVH开发提出了详细的控制清单和设计指导，针对性和实用性较强，可作为汽车及零部件企业NVH开发人员和大中专院校相关专业的参考书籍。

我相信该书的出版将促进国内汽车NVH性能开发及控制的发展，并为该领域的科技工作者、研究生和工程技术人员提供一本不可多得的宝贵参考文献。

合肥工业大学机械工程学院 教授

前言
PREFACE

随着市场竞争的激烈以及顾客消费的不断升级，NVH（noise, vibration, harshness）作为整车重要的感知品质之一，越来越受到各汽车企业及零部件供应商的重视。汽车NVH性能开发及控制对于提升乘客驾乘体验、体现汽车品质以及促进汽车技术进步都具有重要意义。

汽车NVH性能开发及控制是一项系统工程，涉及面广、集成度高、多目标平衡难。NVH性能既需要激励源头控制，也需要研究底盘、车身等传递路径和响应的振动噪声传递特性。因此，在汽车NVH性能开发及控制过程中，应遵循以设计为指导、以客户为中心的目标设定，进行系统完善的NVH性能分解与开发，并经过后期调校验证，最终得到全面管控。

本书按照整车NVH性能开发流程，从整车NVH目标的确定、子系统目标的设定、性能目标的实现、样车的试验与调整，到最终目标达成，进行了全面而详细的阐述。围绕系统简介、开发流程、目标设定、设计指导四个方面进行重点讲解，有利于最终达成稳健的NVH性能设计与控制。

全书共分6章，依次介绍了整车NVH开发内容及开发流程，PT系统中的传动系统、悬置系统、进排气系统、空调系统、冷却系统、低压燃油系统、电驱系统，底盘系统中的悬架系统、车轮系统、车架系统、转向系统、制动系统，车身系统的结构、声学包、风噪和操作声品质，整车异响等内容，最后一章给出了开发过程中的典型NVH问题优化案例。针对性和实用性较强，可供NVH工程师和相关工程人员使用，也可作为汽车相关专业师生组织日常教学的教材或参考书籍。

为保证专业品质，本书由在汽车振动噪声工程领域具备丰富开发经验的专家组成的团队编写而成。参加编写的人员有钟秤平、刘森海、段龙杨、余显忠、林胜、王理周、黄超勇、陈清爽、徐高新、彭荣、邓磊、邓欣、缪明学、郭峰、艾鸿根、罗轶超、林圣镇、罗文、罗鑫、胡鹏、万小龙、赖水长、叶永彪、刘雄、尹若愚、张东力、杨逸航、殷和顺、陈文清、吴训、涂晴、成佐明、李少杰、聂思源等。编写过程中还得到了吉林大学王登峰教授和国家特聘专家曾宪棣博士的悉心指导和大力支持，并提出了很多宝贵的意见和建议，在此特别致以衷心感谢！同时也感谢化学工业出版社的编辑为本书的出版所付出的辛勤工作！

路漫漫其修远兮，唯有不断上下而求索。由于作者知识能力水平所限，书中难免还存在需要进一步探讨和完善之处，真诚地欢迎广大读者批评指正。

编著者

目录 CONTENTS

第 1 章　整车 NVH 开发 ………………………………………………… 001
  1.1　整车 NVH 开发内容 ……………………………………………… 001
  1.2　整车 NVH 开发流程 ……………………………………………… 004
      1.2.1　整车 NVH 目标设定 ………………………………………… 005
      1.2.2　整车 NVH 目标分解 ………………………………………… 008
      1.2.3　整车 NVH 数字化开发 ……………………………………… 008
      1.2.4　整车 NVH 测试验证 ………………………………………… 010

第 2 章　PT NVH 开发 …………………………………………………… 014
  2.1　传动系统 NVH 开发 ……………………………………………… 014
      2.1.1　传动系统简介 ………………………………………………… 014
      2.1.2　传动系统 NVH 开发流程 …………………………………… 015
      2.1.3　传动系统 NVH 目标设定 …………………………………… 016
      2.1.4　传动系统 NVH 设计指导 …………………………………… 021
  2.2　悬置系统 NVH 开发 ……………………………………………… 038
      2.2.1　悬置系统简介 ………………………………………………… 038
      2.2.2　悬置系统 NVH 开发流程 …………………………………… 040
      2.2.3　悬置系统 NVH 目标设定 …………………………………… 041
      2.2.4　悬置系统 NVH 设计指导 …………………………………… 046
  2.3　进气系统 NVH 开发 ……………………………………………… 050
      2.3.1　进气系统简介 ………………………………………………… 050
      2.3.2　进气系统 NVH 开发流程 …………………………………… 050
      2.3.3　进气系统 NVH 目标设定 …………………………………… 051
      2.3.4　进气系统 NVH 设计指导 …………………………………… 053
  2.4　排气系统 NVH 开发 ……………………………………………… 057
      2.4.1　排气系统简介 ………………………………………………… 057
      2.4.2　排气系统 NVH 开发流程 …………………………………… 058
      2.4.3　排气系统 NVH 目标设定 …………………………………… 059
      2.4.4　排气系统 NVH 设计指导 …………………………………… 060
  2.5　空调系统 NVH 开发 ……………………………………………… 068
      2.5.1　汽车空调系统简介 …………………………………………… 068
      2.5.2　空调系统 NVH 开发流程 …………………………………… 068

2.5.3　空调系统 NVH 目标设定 …………………………………………… 069
　　　2.5.4　空调系统 NVH 设计指导 …………………………………………… 072
　2.6　冷却系统 NVH 开发 ………………………………………………………… 077
　　　2.6.1　冷却系统简介 ………………………………………………………… 077
　　　2.6.2　冷却系统 NVH 开发流程 …………………………………………… 077
　　　2.6.3　冷却系统 NVH 目标设定 …………………………………………… 078
　　　2.6.4　冷却系统 NVH 设计指导 …………………………………………… 079
　2.7　低压燃油系统 NVH 开发 …………………………………………………… 082
　　　2.7.1　低压燃油系统简介 …………………………………………………… 082
　　　2.7.2　低压燃油系统 NVH 开发流程 ……………………………………… 082
　　　2.7.3　低压燃油系统 NVH 目标设定 ……………………………………… 084
　　　2.7.4　低压燃油系统 NVH 设计指导 ……………………………………… 085
　2.8　电驱动系统 NVH 开发 ……………………………………………………… 089
　　　2.8.1　电驱动系统简介 ……………………………………………………… 089
　　　2.8.2　电驱动系统 NVH 开发流程 ………………………………………… 089
　　　2.8.3　电驱动系统 NVH 目标设定 ………………………………………… 090
　　　2.8.4　电驱动系统 NVH 设计指导 ………………………………………… 095

第 3 章　底盘 NVH 开发 ……………………………………………………………… 101

　3.1　悬架系统 NVH 开发 ………………………………………………………… 101
　　　3.1.1　悬架系统介绍 ………………………………………………………… 101
　　　3.1.2　悬架系统 NVH 开发流程 …………………………………………… 101
　　　3.1.3　悬架系统 NVH 目标设定 …………………………………………… 103
　　　3.1.4　悬架系统 NVH 设计指导 …………………………………………… 105
　3.2　车轮系统 NVH 开发 ………………………………………………………… 107
　　　3.2.1　车轮系统简介 ………………………………………………………… 107
　　　3.2.2　车轮系统 NVH 开发流程 …………………………………………… 108
　　　3.2.3　车轮系统 NVH 目标设定 …………………………………………… 109
　　　3.2.4　车轮系统 NVH 设计指导 …………………………………………… 110
　3.3　车架系统 NVH 开发 ………………………………………………………… 118
　　　3.3.1　车架系统简介 ………………………………………………………… 118
　　　3.3.2　车架系统 NVH 开发流程 …………………………………………… 119
　　　3.3.3　车架系统 NVH 目标设定 …………………………………………… 120
　　　3.3.4　车架系统 NVH 设计指导 …………………………………………… 123
　3.4　转向系统 NVH 开发 ………………………………………………………… 126
　　　3.4.1　转向系统简介 ………………………………………………………… 126
　　　3.4.2　转向系统 NVH 开发流程 …………………………………………… 127
　　　3.4.3　转向系统 NVH 目标设定 …………………………………………… 128
　　　3.4.4　转向系统 NVH 设计指导 …………………………………………… 133
　3.5　制动系统 NVH 开发 ………………………………………………………… 137

3.5.1 制动系统简介 ··· 137
3.5.2 制动系统 NVH 开发流程 ·· 138
3.5.3 制动系统 NVH 目标 ·· 139
3.5.4 制动系统 NVH 设计指导 ·· 143

第 4 章 车身 NVH 开发 ··· 151

4.1 车身结构 NVH 开发 ·· 151
4.1.1 车身结构 NVH 开发介绍 ·· 151
4.1.2 车身结构 NVH 开发流程 ·· 151
4.1.3 车身结构 NVH 目标设定 ·· 152
4.1.4 车身结构设计指导 ·· 160

4.2 声学包 NVH 开发 ·· 164
4.2.1 声学包简介 ··· 164
4.2.2 声学包开发流程 ··· 164
4.2.3 声学包目标设定 ··· 165
4.2.4 声学包开发设计指导 ··· 167

4.3 风噪 NVH 开发 ··· 175
4.3.1 风噪简介 ·· 175
4.3.2 风噪开发流程 ·· 176
4.3.3 风噪目标制定 ·· 177
4.3.4 风噪开发设计指导 ·· 179

4.4 操作声品质 NVH 开发 ·· 186
4.4.1 操作声品质简介 ··· 186
4.4.2 操作声品质开发流程 ··· 187
4.4.3 操作声品质目标设定 ··· 187
4.4.4 操作声品质设计指导 ··· 191

第 5 章 整车异响控制 ··· 197

5.1 异响介绍 ··· 197
5.1.1 异响的分类 ··· 197
5.1.2 异响的影响因素 ··· 198

5.2 异响控制开发流程 ··· 201

5.3 异响目标设定 ··· 202

5.4 异响控制策略及设计指导 ·· 203
5.4.1 激励的应用 ··· 204
5.4.2 系统灵敏度控制 ··· 206
5.4.3 零部件相对运动间隙控制 ··· 207
5.4.4 零部件的材料匹配 ·· 208
5.4.5 数字样车阶段异响规避 ·· 209

5.4.6 物理样车阶段异响试验调教 ……………………………………………………… 213

第6章 案例分析 …………………………………………………………………………… 216

6.1 车辆起步低频抖动分析 …………………………………………………………… 216
6.1.1 问题描述 …………………………………………………………………… 216
6.1.2 问题原因分析 ……………………………………………………………… 216
6.1.3 解决方案 …………………………………………………………………… 219
6.1.4 改进效果 …………………………………………………………………… 221
6.1.5 问题总结 …………………………………………………………………… 222

6.2 皮卡加速共振轰鸣分析 …………………………………………………………… 222
6.2.1 问题描述 …………………………………………………………………… 222
6.2.2 问题原因分析 ……………………………………………………………… 223
6.2.3 解决方案 …………………………………………………………………… 224
6.2.4 改进效果 …………………………………………………………………… 224
6.2.5 问题总结 …………………………………………………………………… 226

6.3 SUV行驶过程发动机盖抖动分析 ………………………………………………… 226
6.3.1 问题描述 …………………………………………………………………… 226
6.3.2 问题原因分析 ……………………………………………………………… 226
6.3.3 问题解决方案 ……………………………………………………………… 227
6.3.4 改进效果 …………………………………………………………………… 227
6.3.5 问题总结 …………………………………………………………………… 228

6.4 SUV路噪分析 ……………………………………………………………………… 228
6.4.1 问题描述 …………………………………………………………………… 228
6.4.2 问题原因分析 ……………………………………………………………… 229
6.4.3 解决方案 …………………………………………………………………… 231
6.4.4 改进效果 …………………………………………………………………… 232
6.4.5 问题总结 …………………………………………………………………… 233

6.5 SUV口哨声分析 …………………………………………………………………… 233
6.5.1 问题描述 …………………………………………………………………… 233
6.5.2 问题原因分析 ……………………………………………………………… 234
6.5.3 解决方案 …………………………………………………………………… 235
6.5.4 改进效果 …………………………………………………………………… 236
6.5.5 问题总结 …………………………………………………………………… 236

参考文献 …………………………………………………………………………………… 237

第1章
整车NVH开发

随着国内外汽车行业设计水平和生产技术跨越式发展，不同品牌汽车的使用性能和安全性能的差异越来越小，汽车的 NVH 性能已成为区分汽车品牌质量的重要因素之一。因此，各大汽车品牌都非常重视提升产品噪声振动性能，并把它作为车辆的宣传亮点。噪声、振动与粗糙度（noise、vibration、harshness，NVH）给汽车用户的感受是最直接和最直观的，提升车辆的 NVH 性能可以有效保证市场竞争力。统计资料显示，整车约有 1/3 的故障与车辆的 NVH 问题有关，而各大公司有近 20% 的研发费用投入到解决车辆的 NVH 问题上。

1.1 整车 NVH 开发内容

噪声是指人耳听到的声音。人类通常能听到频率范围为 20~20000Hz 的声音，人耳对 1000~4000Hz 的声音是最敏感的，如发动机链轮系统啸叫、变速箱啸叫容易让人感知并且产生烦躁。

振动是指人体的感受和眼睛的所见。人体对 0.5~50Hz 频率的振动最敏感，这是因为人身体器官和腔体（如腹腔为 6~8Hz）的共振频率分布在该频率段内，如怠速发动机 1 阶和 2 阶抖动、高速行驶整车摆振容易让人产生不适感受。

粗糙度是指噪声和振动的结合，会产生粗糙、刺耳或者不和谐的感觉，如粗糙路面引起车内浑浊噪声使人产生耳压感。

因此，整车 NVH 开发的主要内容是减小车内的振动噪声，使乘员感受到（听觉、触觉和视觉）是一种安静舒适的驾车或乘车环境，NVH 开发工作也有人称为静音工程。

NVH 问题一般都是系统性问题，在 NVH 开发中，常采用"源-路径-响应"的分析方法，如图 1-1 所示。因此，分析与控制汽车的噪声与振动问题，可以从以上三个方面设计开发。首先是要减少源的振动与噪声，如发动机采用平衡轴降低其 2 阶振动、链轮采用静音链降低发动机噪声；其次是切断或者减弱源与响应之间噪声与振动的传递，如车身及底盘模态与激励源模态解耦达到避频要求、整车通过声学包对空气噪声进行控制；最后在响应端达到降低振动噪声的效果。

汽车的激励主要分三类：动力系统工作产生（包括发动机、传动系统和进排气系统、驱动系统等）激励、路面与轮胎摩擦产生激励、空气与车身摩擦产生激励，如图 1-2 所示。在汽车低速行驶时，动力系统是主要噪声与振动源，频率可达几千赫兹；在中速行驶时，轮胎与路面的摩擦是主要噪声与振动源，频率达 2000Hz；在高速行驶时，车身与空气之间的摩擦变成最主要的噪声与振动源，频率可达几千赫兹。因此，对汽车振动噪声源的控制主要围绕以上三方面进行设计及开发，提高汽车的驾驶或乘车安静舒适性。

传递路径特性同样是振动与噪声控制的关键环节，通常分为结构传递路径和空气传递路径

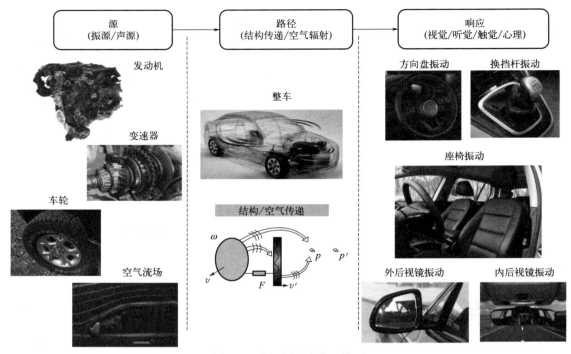

图 1-1 "源-路径-响应"模型

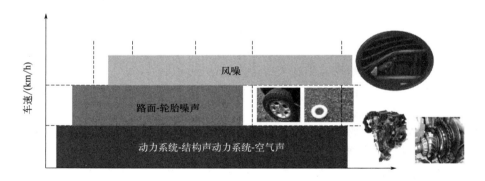

图 1-2 不同车速下的主要激励源

两部分。结构传递路径通常通过结构刚度、模态及橡胶衬套隔振率等参数进行设计及优化，空气传递路径通过吸声、隔声性能参数及气密性等控制进行开发，如图 1-3 所示。

汽车 NVH 性能开发一方面可从以上"源-路径-响应"进行设计开发，另一方面可以从整车和系统角度自上而下进行设计及验证。

从整车级考虑，NVH 性能开发主要关注以下工况的整车级噪声振动问题。顾客常用工况包括怠速、大油门负荷、小油门负荷、巡航、倒车、滑行和急加减油门等，以上工况中需关注驾驶员和乘客耳旁噪声，以及汽车地板、方向盘、座椅、换挡杆、踏板、门内饰板、主副仪表台的振动等。如大油门加速过程中，发动机转速在上升的同时激励逐渐变大，导致整车噪声及振动可能会存在较突兀的变化，尤其是车内噪声以及座椅、方向盘、踏板振动的变化。

从系统级考虑，NVH 性能开发需要考虑以下问题。

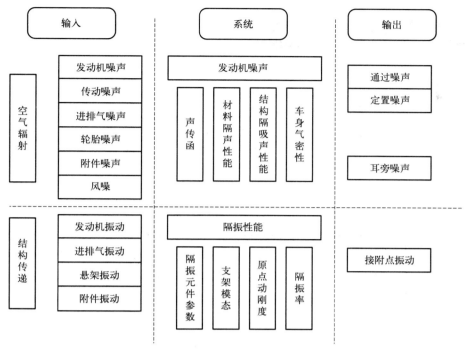

图 1-3 汽车 NVH 路径优化控制思路

汽车由多系统组成，整车 NVH 性能在多系统 NVH 性能共同作用下形成，因此控制系统级的 NVH 性能显得非常重要。按系统组成可以分为动力总成系统、传递系统、车身结构、声学包装、进排气系统、风噪、路噪及底盘、电气系统、管路系统和部件声品质等。每个系统因功能需求不同而结构设计不同，导致各系统的 NVH 问题又有其自己的特征与表现。如带涡轮增压器汽车，在加速、滑行、巡航时就需要重点关注涡轮增压器的同步及次同步噪声、气流声及泄气噪声；传动系统在加速过程中会存在动不平衡引起的噪声振动。

整车 NVH 一级开发指标包含六个部分：动力系统 NVH、风噪、道路 NVH、操作声品质、异响、外部噪声法规开发。二级开发指标是与一级指标对应的系统开发指标，如表 1-1 所示。

表 1-1 整车 NVH 开发主要内容

	一级开发内容	二级开发内容
车辆 NVH 和声品质	动力系统 NVH 和声品质	发动机、变速箱、电驱动、进排气、增压器、悬置系统、传动轴、空调系统、冷却系统、燃油系统等 NVH
	风噪	风和车身摩擦阻力引起的车内振动和噪声
	道路 NVH 和车内静谧性	各种不同路况、不同车速下因道路激励引发的车内振动和噪声，包括胎噪、路噪。另外还包括转向系统 NVH、制动系统 NVH
	操作声品质	车门、发动机盖、侧窗、天窗、雨刮、电动座椅、手刹、电动后视镜、方向盘调节声品质
	异响	整车异响、零部件异响、高里程耐久后异响
	外部噪声法规	通过噪声、定置噪声、行人提示音

1.2 整车 NVH 开发流程

整车 NVH 开发主要包括产品规划、对标分析、正向设计、实验验证和解决存在的问题等几个部分。在产品规划阶段，需要进行市场调查、战略决策、制定各个系统的目标以及将目标分解到各个系统和部件等内容。在研究了顾客需求、政府法规和对标车型后，根据公司内部技术和管理等方面的能力来制定汽车的性能指标，运用系统工程的思想进行开发。

整车 NVH 开发设计工作是一个目标制定-分解-设计-验证的过程。NVH 开发及验证贯穿产品定义及概念设计、产品详细设计与验证、样车投产验证及上市的整个开发过程，如图 1-4 所示。

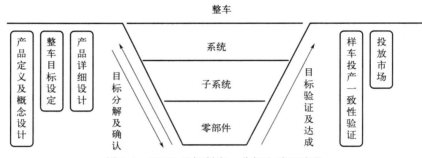

图 1-4　NVH 目标制定、分解和验证流程

整车 NVH 开发工作从产品规划一直贯穿到产品投放市场，开发周期较长，因此在产品开发过程中不同时间节点需要完成不同的 NVH 工作。产品规划期间的主要工作是评估现有结构 NVH 性能及优劣势，并且提出改进方案以支持战略决策；项目启动前需完成产品 NVH 性能目标确认、现有结构 NVH 性能与其他性能兼容性评估、改进方案的最终确认、关键系统（动力总成系统、悬置系统、冷却系统、底盘系统）选型；项目启动后开始新结构的详细设计，包含数据设计、NVH 仿真分析、NVH 目标达成评估及优化、数字样车最终数据发布；随后进入物理样车验证阶段，主要包含底盘样车、整车样车 NVH 验证及优化，最终完成物理样车数据冻结；为保证样车一致性，进入批量生产阶段，以验证制造装配工艺、供应商质量等对 NVH 的影响。详细的整车 NVH 开发节点及主要工作内容如图 1-5 所示。

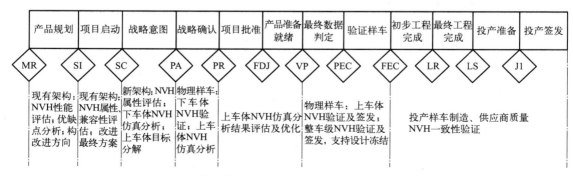

图 1-5　详细的整车 NVH 开发节点及主要工作内容

1.2.1 整车 NVH 目标设定

新车型在开发前期，对整车 NVH 客观目标及主观评价得分目标的设定尤为重要。产品规划阶段需根据市场定位、价格区间等因素，通过标杆车、竞品车及同类车型的整车 NVH 性能研究及分析，制定满足待开发产品整车 NVH 性能目标。整车 NVH 性能一级目标分为 3 个等级：领导者（L）、领导群体之中（A）、竞争者（C）。整车 NVH 目标设定流程如图 1-6 所示。

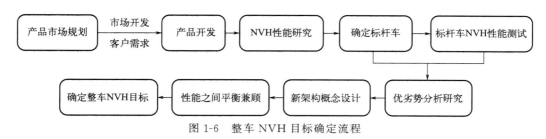

图 1-6 整车 NVH 目标确定流程

主观评价是根据十进制评分表进行的，通常是在整车状态下进行评价，也可以对系统或零部件 NVH 性能进行评价。主观评价不能获得标杆车及竞品车 NVH 性能客观指标，无法指导工程开发，因此必须建立客观指标数据，完成整车 NVH 客观目标设定。整车 NVH 客观目标一般包含启动/熄火噪声振动、怠速噪声振动、大油门加速噪声振动、小油门加速噪声振动、巡航噪声振动、滑行噪声振动、道路噪声振动、高速风噪、相关操作件声品质等内容。

（1）整车 NVH 主观评价

主观评价是评价者对车辆的主观感知印象，通过评价标准（评定分值或等级）来判断车辆 NVH 性能优劣的办法，通常需要适量的评价者和车辆的样本数量。整车 NVH 主观评分根据如表 1-2 所示原则进行，是人为把汽车噪声振动大小分为 10 个等级。第 1 级表示车辆噪声或振动非常大，顾客绝对不能接受，第 10 级表示车辆噪声或振动非常小，以至于在车内或者车外很难感知噪声振动，第 2~8 级介于第 1 级和第 10 级之间，噪声振动依次减小。主观评价表应详细记录评价车辆状态及其信息、路面、工况、天气、评价人员等相关信息，如果对多辆样车进行主观评价，评价结果一般以雷达图的形式展示，如图 1-7 所示。

表 1-2 整车 NVH 主观评分原则

主观评价		1	2	3	4	5	6	7	8	9	10
评价类别	NVH 性能评价	不可接受		差		边界	可接受	一般	好	非常好	极好
	顾客满意度评估	非常不满意		有一些不满意			比较满意		非常满意		完全满意
	希望改善对象	所有客户		普通客户			挑剔客户		专业评估人员		没有挑剔

注：性能感知差异，按照 0.25 分、0.50 分、0.75 分、1.00 分的等级进行区别评估。0.25 分指只有专业评估人员能够感知到，0.50 分指普通客户能够感知到，0.75 分指性能差异介于 0.50~1.00 分之间，1.00 分指所有客户能够感知到。
评分结果由项目驾评评估工程师综合团队意见最终给出。

（2）评价工况及常见 NVH 特征

整车 NVH 主观评价工况主要包括启动/熄火（新能源车是上电）、怠速、蠕行、加减速、巡航、瞬态、转向、制动、道路 NVH、坏路异响（比利时路、共振路、鹅卵石路等）、

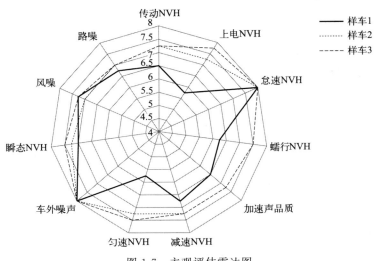

图 1-7 主观评估雷达图

附件操作声、提示音等。每个工况产生的 NVH 现象都不同，车辆评价过程应重点关注特定工况特有的 NVH 现象，如怠速工况存在如表 1-3 所示的 NVH 特征。

表 1-3 怠速工况常见 NVH 特征

1. 怠速动力传动常见 NVH 问题	2. 怠速鼓风机系统气流及阶次噪声问题
（1）发动机噪声（哒哒声/tick 噪声）	（1）间歇性气流分离噪声
（2）轰鸣声及 booming 噪声（耳压感）	（2）低频隆隆声
（3）怠速抖动（1 阶及间歇性抖动）	（3）高频吹纸声
（4）怠速拍振	（4）口哨声
（5）排气噪声（砰砰声/放炮声）	（5）风管气流回声
（6）正时链阶次啸叫（呜呜声/嗯嗯声）	（6）风管接口异常噪声
（7）发电机电磁噪声（呜呜声）	（7）鼓风机阶次啸叫
（8）活性炭罐电磁阀噪声（节奏感嘟嘟声）	（8）鼓风机电机啸叫、电刷噪声
3. 怠速空调系统常见 NVH 问题	4. 怠速鼓风机风门及执行器常见 NVH 问题
（1）空调压缩机工作呜呜声	（1）旋转开关异常噪声
（2）压缩机离合器接合冲击噪声	（2）阀门开启、关闭过程中的冲击噪声
（3）压缩机制冷系统 hiss/gurgle/growl/等异常噪声（啸叫声）	（3）阀门拍动噪声
（4）储液罐接合冲击噪声	（4）电磁阀 hiss 噪声
5. 怠速冷却常见 NVH 问题	6. 怠速暖风系统常见 NVH 问题
（1）冷却风扇 BPF 噪声（呼呼声）和拍频噪声	（1）咕嘟咕嘟的水流声
（2）冷却风扇电机电磁噪声	（2）水流冲击的高频噪声
（3）冷却水泵啸叫声	
（4）（冷却/燃油）管路（液体/流体）呜呜声	

（3）整车 NVH 目标

通过对研究车型进行全面的主观评价及客观测试后，接下来就是设定各项整车 NVH 性能客观指标，即整车 NVH 客观目标，其基本依据及流程如图 1-8 所示。

整车 NVH 客观目标具体值是根据标杆车、竞品车整车 NVH 性能测试数据和市场产品

图 1-8　整车 NVH 目标设定基本依据及流程

定位设定的。根据顾客使用工况占比及噪声振动的敏感度，整车 NVH 客观目标主要设定如下指标。

① 稳态工况：噪声客观值以声压级的 RMS 值体现；声品质客观值以车内噪声响度、语音清晰度、尖锐度体现；振动客观值以加速度或者速度的 RMS 值体现。

② 瞬态工况：噪声客观值以发动机稳定转速至额定转速的车内声压级体现；声品质客观值以发动机稳定转速至额定转速的车内噪声响度、语音清晰度、尖锐度体现；振动以发动机稳定转速至额定转速的加速度或者速度体现。

以某开发车型的怠速（稳态工况）及加速（瞬态工况）车内噪声为例，产品规划开发车型整车 NVH 性能一级目标定义 C，根据图 1-8 流程设定该车型怠速车内噪声目标如图 1-9 所示，加速车内噪声目标如图 1-10 所示。

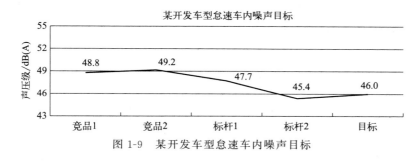

图 1-9　某开发车型怠速车内噪声目标

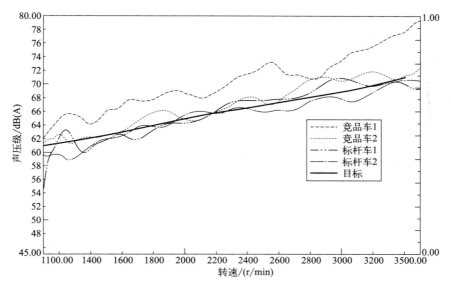

图 1-10　某开发车型加速车内噪声目标

1.2.2 整车NVH目标分解

整车NVH目标遵循自上而下进行，即设定目标-分解目标-验收目标，如图1-11所示，整车NVH目标设定后，这个目标就要分解至各个系统及零部件，如车内噪声分解至进气系统，进气系统就要设定进气管口噪声目标、辐射噪声目标、进气系统消声器的传递损失目标、空滤本体面板模态目标、空滤接附点原点动刚度目标等。

各系统的NVH初版目标设定后，还需与系统及零部件功能组进行评审，同时兼顾其他性能达成，确认工程方案的成本和投资，形成正式的各系统NVH目标文件输入至工程设计及开发。具体系统NVH目标设定见本书各系统NVH关键技术开发，系统NVH目标设定主要包括如图1-12所示的内容。

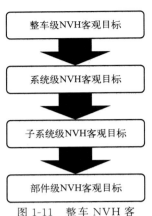

图1-11 整车NVH客观目标分解原则

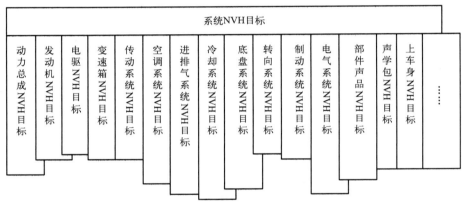

图1-12 主要子系统NVH目标

1.2.3 整车NVH数字化开发

由于整车NVH性能问题的系统性和复杂性，再加上物理样车整改及优化会带来开发周期及成本的增加，因此整车NVH数字化开发显得尤为重要。

汽车NVH数字化评价标准是针对汽车研发项目流程，结合整车NVH性能开发计划，制订项目工作计划及节点提交物，确定分析内容，并对分析结果进行评价及控制，从而在早期对汽车进行数字化评价。在样车出来之后，根据测试结果修正模型，应用NVH数字化评价体系快速锁定NVH问题根源，更有效地引导试验解决NVH问题，这也是目前客观测试评价汽车NVH最有效的手段之一。NVH数字化开发流程如图1-13所示。

NVH开发时间的长短影响到整车是否能准时上市，因此，很有必要把控好各个阶段、各个部件的工作计划。基于项目整车和零部件系统的NVH性能开发计划，NVH数字化评价体系主要集中在PR节点前。NVH数字化开发节点内容如图1-14所示。

随着项目的启动和项目节点的变化，不同的阶段、零部件、系统及整车，NVH仿真的对象、分析方法也不一致；随着项目节点的变化，CAE工程师仿真分析的工作重点也有所变化。在SC节点之前，CAE工程师主要针对竞品车或者标杆车的零部件、系统及整

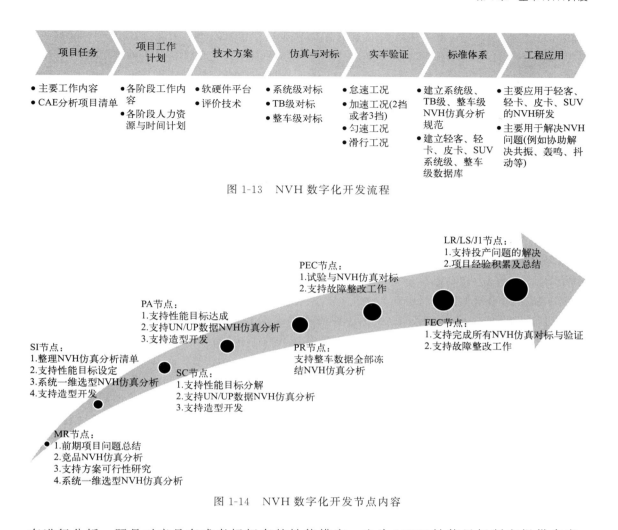

图 1-13　NVH 数字化开发流程

图 1-14　NVH 数字化开发节点内容

车进行分析,既是对竞品车或者标杆车的性能摸底,也为 NVH 性能目标制定提供参考;在 SC 至 PR 阶段,基于数字模型,对研发车型零部件、系统、整车进行全面的仿真分析及优化;PR 至 PEC 阶段,CAE 工程师对模型进行对标分析,针对样车中出现的 NVH 问题,CAE 工程师协助 NVH 工程师,对相关 NVH 问题进行仿真分析并提供优化建议。

NVH 仿真一般流程可分为前处理、求解器计算、结果后处理。前处理为模型搭建,如基于有限元方法进行仿真分析时,前处理包括模型的离散化、网格划分处理、零部件属性赋予以及连接关系、边界条件和载荷步设定等;求解器计算则为模型搭建完成以后,将模型提交到服务器计算;结果后处理则为对求解结果进行查看及分析,如模态分析时输出模态振型的结果云图及模态频率。

NVH 仿真分析方法较为复杂,一般而言,针对中、低频的结构噪声及振动,多采用有限元方法进行仿真分析,如各种零部件、系统及整车模态分析,车身及闭合件的各种刚度分析、各种传函分析,整车路噪分析等。针对中、高频的声学问题,多基于声学或声学与空气动力学相结合的方法进行分析,如针对发动机声辐射可以基于边界元的方法进行分析,进排气系统的管道声学分析,基于计算流体力学 CFD 和气动声学联合的整车风噪仿真分析等。多体动力学也是 NVH 仿真分析的重要手段,如利用多体动力学的方法对动力传动系统扭振进行仿真分析。另外，还有基于统计能量法的整车声学包开发等。

整车 NVH 问题可分解为源、路径及响应的问题，激励源和路径上各种零部件频率共振是最常见的 NVH 问题，模态分析是 NVH 仿真分析最基础、最重要的分析类型之一，对各种零部件、系统及整车进行模态分析是获得其固有频率最有效的方法。针对激励经传递路径放大的问题，对各系统及 TB 进行灵敏度分析，如振动灵敏度分析（VTF）、声振灵敏度分析（NTF）、传函分析（FRF）。对车辆的刚度特性研究也是 NVH 仿真分析的重要内容，由振动力学可知，系统的刚度与模态频率密切相关；而且刚度是系统受力时抵抗变形的能力体现，产品刚度不足，可能导致产品变形过大而影响产品的使用寿命，另外，车辆刚度不足还可能导致各种异响问题；车辆刚度分析内容较多，如各种安装点的静刚度分析，闭合件的窗框、水切、扭转刚度以及车身、车架的弯曲扭转刚度分析等；为研究各种衬套的隔振性能，对安装衬套的主被动侧安装点进行原点动刚度分析（国内一般称 IPI 分析）。为了对整车内或者系统的振动及噪声进行预测，进行多种响应分析，如整车怠、加速仿真分析，路噪仿真分析等。针对动力传动系统不平衡、车轮不平衡等随机振动的问题，可利用基于传函分析加蒙特卡罗方法进行大样本量分析。为优化解决各种相关 NVH 问题，还需进行各种贡献量分析、设计灵敏度分析（DSA），以及各种传递路径分析（TPA）和工作变形分析（ODS）等，另外还有各种管道的传递损失及插入损失分析等。

1.2.4　整车 NVH 测试验证

NVH 测试验证是整车 NVH 性能客观量化的重要手段，并且贯穿于物理样车开发验证及调试各阶段。每个主机厂均有各自的 NVH 试验验证体系、NVH 试验规范及试验项目，它系统地规范了在产品开发过程中各个阶段测试内容及试验要求。通过 NVH 试验测试，可以得到以下信息。

① 根据 NVH 测试数据可获得车辆整车 NVH 性能水平，具体如下：是否符合国家法规的要求；是否满足用户的需求；是否有竞争力；是否达到开发目标。

② 根据系统的 NVH 测试数据可指导系统 NVH 性能设计：各个系统 NVH 客观指标设定和结构设计；在系统选型及结构设计过程中评估是否能满足 NVH 目标的要求。

③ 根据 NVH 测试数据为物理样车 NVH 问题调试提供方案：是空气噪声还是结构噪声；是激励源太大还是传递路径存在放大；是哪个源太大；是哪条路径有问题。

整车及系统 NVH 客观指标是通过 NVH 测试获取的，因此每次测试的试验条件、测点、工况、路面等条件保持一致。车辆运行状态 NVH 试验测试分为静态 NVH 试验和动态 NVH 试验，静态 NVH 试验包括整车及系统的固有特性、NTF 及 VTF、声学传递损失、动刚度等测试；动态 NVH 试验是车辆在运行状态下进行的，比如加减速、路噪、坏路路面异响等测试。

NVH 测试也可分为整车 NVH 测试和系统 NVH 测试，整车 NVH 测试内容较多，一般包括怠速、通过噪声、动力总成系统、道路 NVH、风洞、开关门声品质等整车级测试；系统 NVH 测试主要包括动力总成系统（发动机、传动系统、前后桥、动力总成悬置系统）、车身系统（BIW、TB）、转向系统、进排气系统、电驱动系统、底盘系统（悬挂、车架及副车、制动系统、转向系统）等测试，如图 1-15 所示。每个系统的测试规范及详细内容均在后续各系统开发中详细阐述。

NVH 测试按照设备分类也可分为噪声测试和振动测试。在汽车行业常采用声强分析

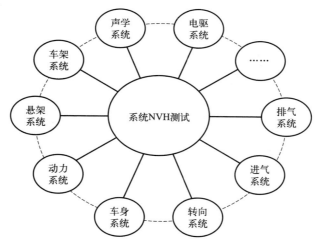

图 1-15 系统 NVH 测试内容

仪、频谱分析仪、声级计和传声器对车辆的噪声数据进行采集，根据噪声测试的目的不同，所采用的仪器也不同，声级计和频谱分析仪用于分析噪声的频率成分；声强分析仪则不同，它既可测噪声的声压级、声强级，也可绘制声强三维彩图。噪声主要有 4 个特征，即声压级、质点振速、声功率和频率，其中声压级和频率是主要参数，在汽车噪声测试中是主要的采集对象。振动测试方法有 3 种，即机械法、光测法和电测法；测试系统及仪器包括传感器放大系统、激励系统、分析仪和计算机。传感器放大系统包含传感器、适调放大器等相关连接部分，其中传感器最常用的为压电晶体式力传感器和加速度传感器；激励系统包含信号源、激振器和功率放大器，信号源可发出正弦、瞬态、随机和周期等信号，常用激振器有激振锤、电动激振器、机械激振器等；分析仪是对已经获得的振动信号进行数字化处理，进而得到多种多样的有用振动信息。

顾客对整车座椅、地板、方向盘、内饰板振动及车内噪声敏感度较高，为保证数据一致性，NVH 测试规范对车内噪声及振动测点、软件数据分析设置参数进行统一定义。

(1) 噪声及振动测点位置定义

① 车内噪声监测点如图 1-16 所示。

② 车内振动监测点。

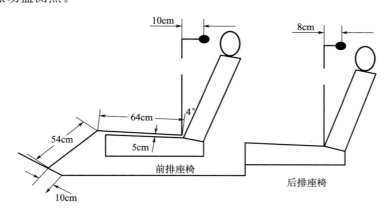

图 1-16 车内噪声监测点

a. 方向盘：安装在方向盘前端 12 点钟方向（X、Y、Z），参照方向盘局部坐标系统（Z 方向沿着转向管柱的方向），如图 1-17 所示。

图 1-17　方向盘振动测点

b. 换挡杆：安装于换挡杆球头位置，以换挡杆球面为坐标系，如图 1-18 所示（对于无换挡杆的新能源车型，该测点为可选项）。

图 1-18　换挡杆振动测点

c. 座椅导轨：驾驶员侧座椅导轨外侧前上端（须反映车身的振动），参照整车坐标系，如图 1-19 所示。

d. 发动机：布置于发动机缸体或缸盖，如图 1-20 所示。

图 1-19　座椅导轨振动测点

图 1-20　发动机本体振动测点

（2）软件数据分析参数设置定义

① 频率设定。

a. 噪声信号：25600Hz。分辨率：1Hz。

b. 振动信号：12800Hz。分辨率：1Hz。

② Online Process 选项设置：噪声选择 A 记权；噪声及振动计算方法选择 RMS；function 选择 autopower liners；window 选择 hanning；响度选择 loudness ISO 532B-diffuse field；语音清晰度选择 articulation index；最后选择 overall。

③ 采样模式设置：转速触发采样（tracked→tacho）。

第2章 PT NVH开发

PT（powertrain）系统由动力系统和传动系统组成。动力系统指发动机/驱动电机，是整车 NVH 的主要激励源。传动系统作为动力传递装置，直接承受来自动力源的激励，可能产生扭转共振、敲击、啸叫、颤振等多种 NVH 问题，是最易引起用户关注和抱怨的系统之一。对系统 NVH 进行优化控制是整车 NVH 性能开发过程中必不可少的环节。随着混动和纯电动汽车的推广，系统的构成和工作模式也在变化，为系统 NVH 性能控制带来了新的挑战。

2.1 传动系统 NVH 开发

2.1.1 传动系统简介

传动系统一般由离合器、变速箱、传动轴、桥（含主减速器、差速器和半轴）等组成。其基本功能是将发动机发出的动力传给汽车的驱动车轮，产生驱动力，使汽车能行驶。传动系统常见布置形式为前置后驱和前置前驱（含两驱和四驱）。

（1）前置后驱

前置后驱（FR），即发动机前置、后轮驱动。如图 2-1(a) 所示，发动机动力依次经过离合器、变速箱、传动轴、后桥传递到后车轮，所以后车轮又称为驱动轮。在此架构基础上，在变速箱后端增加分动器，分动器和前轮间增加前传动轴、前桥（含主减速器、差速器、半轴），形成前置后驱的四驱传动系统架构。

（2）前置前驱

前置前驱（FF），即发动机前置、前轮驱动。如图 2-1(b) 所示，前置前驱汽车，发动

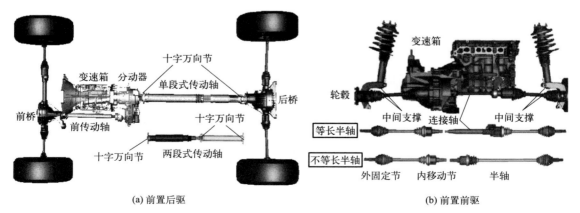

图 2-1 传动系统两种常见布置形式示意

机动力依次经过离合器、变速箱、驱动半轴传递给前车轮,前车轮称为驱动轮。

2.1.2 传动系统 NVH 开发流程

整车传动系统 NVH 开发主要包括目标设定、各节点管控签发等工作,具体开发流程如表 2-1 所示。

表 2-1 传动系统 NVH 开发流程

序号	节点	核心工作	主要工作内容	提交物
1	MR-KO	传动系统 NVH 性能定位,确定传动系统架构及策略	(1)了解市场主流车型整车状态传动系统 NVH 水平 (2)定义 NVH 属性定位 (3)收集以往车型传动系统数据、以往项目经验及总结 (4)竞品车及标杆车型 NVH 数据测试	(1)标杆车、竞品车整车及 TDE 系统 NVH 分析报告 (2)传动系统整车级 NVH 目标及关键系统级初版目标 (3)标杆车、竞品车传动系统布置及选型分析报告
2	KO-SI	传动系统概念方案设计,确定传动系统 NVH 性能目标	(1)结合竞品车及标杆车数据、整车 NVH 目标、以往项目经验,确定传动系统 NVH 目标清单 (2)传动系统概念方案设计 (3)传动系统设计参数及分析模型确认	传动系统属性目标策略及最终 NVH 目标
3	SI-SC	传动系统 NVH 性能数字样车评估	(1)传动系统虚拟预装配(DPA)检查,评估 DPA 达标情况,并确定优化措施 (2)传动系统模态、受力、振动响应数模计算机仿真(CAE)、评估目标达成情况,针对不达标项进行风险评估,确定优化方案	(1)传动系统 NVH 性能 CAE 分析报告 (2)传动系统 DPA 检查报告 (3)传动系统 NVH 目标达成状态及数字设计方案 (4)数字样车不达标关键风险问题设计优化报告
4	SC-PA	传动系统 NVH 性能下车体物理样车设计验证	(1)对下车体物理样车进行传动系统性能测试,评估达标状态 (2)对不达标问题,进行排查诊断,确定优化方案及时间计划 (3)传动系统台架数据达标状态评估	(1)传动系统 NVH 性能下车体物理样车验证及达标状态评估报告 (2)不达标关键风险问题设计优化报告 (3)传动系统设计方案发布
5	PA-PEC	传动系统 NVH 性能整车物理样车设计验证	(1)对整车物理样车进行传动系统 NVH 性能测试,评估达标状态 (2)对不达标问题,进行排查诊断,确定优化方案及时间计划	(1)传动系统 NVH 性能整车物理样车验证及达标状态评估报告 (2)物理样车不达标关键风险问题设计优化报告
6	FEC-OKTB	校核工装及量产车传动系统 NVH 一致性	对 TT/PP/MP 阶段样车进行跟踪,评估各阶段样车传动系统 NVH 性能	各阶段传动系统的 NVH 评估报告

2.1.3 传动系统 NVH 目标设定

为了更好地达成整车传动系统 NVH 性能目标，开发前期需要对传动系统进行 NVH 定义目标，避免开发过程中缺乏管控，导致出现 NVH 问题，影响项目进度。

2.1.3.1 离合器及双质量飞轮系统 NVH 目标

按照主观评估规范评估竞品车及标杆车水平，确定离合器及双质量飞轮整车级 NVH 主观目标。

在样车不同挡位运行工况下（启动/熄火、怠速、蠕行、起步和加减速等），关注以下声音及异响：a. 敲击（rattle）噪声；b. 离合器踏板抖动和隆隆声；c. 启动/熄火抖动；d. 加速轰鸣（booming）噪声；e. 整车抖动；f. 起步抖动。

完成标杆车与竞品车整车状态下噪声及变速箱一轴扭振测试，将主观目标客观化，将车内语音清晰度 ΔAI（ΔAI 通过最小二乘法获得）作为衡量 rattle 噪声水平的客观指标，根据标杆车和竞品车的客观数据制定 rattle 噪声水平。

分析标杆车和竞品车变速箱一轴点火主阶次扭振数值，根据大样本变速箱一轴扭振数据库，确定变速箱一轴点火主阶次扭振目标。

2.1.3.2 整车变速箱 NVH 目标

根据整车级主观评估规范，对标杆车、竞品车整车变速箱 NVH 性能进行主观评价打分，结合整车级属性目标，确定整车变速箱 NVH 性能主观目标，重点关注如下问题：a. 变速箱啸叫；b. 快踩（tip-in）与快松（tip-out）工况下的撞击（clunk）噪声；c. 换挡声品质。

根据主观评价得分，按照相关的实验规范完成标杆车与竞品车变速箱系统整车状态下噪声测试，将主观目标客观化。

① 对于变速箱啸叫车内噪声，目标值建议车内背景噪声大于阶次纯音 2dB。

② 换挡噪声可通过语音清晰度和响度评价。

结合整车属性目标，整车变速箱啸叫目标由变速箱悬置位移及变速箱近场辐射噪声组成，整车变速箱啸叫目标参数分解拓扑如图 2-2 所示。

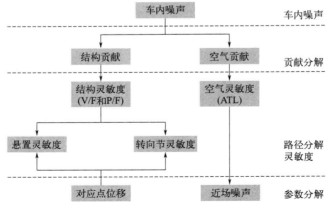

图 2-2 整车变速箱啸叫目标分解拓扑

结合变速箱啸叫目标分解方法，并参考竞品车变速箱近场噪声数据及悬置主动端位移值，最终确定变速箱啸叫目标值，各工况悬置安装点位移推荐限值见表2-2。

表2-2 各工况悬置安装点位移推荐限值

工况	阶次位移/mm	工况	阶次位移/mm
2挡加速	0.3	2挡减速	0.17
……	0.3	……	0.17
最高挡加速	0.3	最高挡减速	0.17

加速工况下变速箱近场辐射噪声目标如表2-3所示，实测变速箱近场辐射噪声值要求在表2-3中各值以下。

表2-3 加速工况下变速箱近场辐射噪声目标

频率/Hz	辐射噪声/dB(A)	频率/Hz	辐射噪声/dB(A)
300	64	900	82
500	75.5	1100	84.5
700	80	1400	88

减速工况下变速箱近场辐射噪声目标如表2-4所示，实测变速箱近场辐射噪声值要求在表2-4中各值以下。

表2-4 减速工况下变速箱近场辐射噪声目标

频率/Hz	辐射噪声/dB(A)	频率/Hz	辐射噪声/dB(A)
300	63	900	79.5
500	72	1100	82
700	76.5	1400	84.5

2.1.3.3 驱动半轴NVH目标

驱动半轴既是NVH激励源，也是发动机和变速箱激励的传递路径，分为整车级目标和系统级目标。

(1) 整车级目标

参照竞品车及标杆车的NVH水平，结合整车属性定位，确定整车级驱动半轴相关的NVH目标：

① 1/2挡全油门加速半轴激励的座椅和方向盘抖动；

② 0～50km/h急加速/急减速工况下敲击异响。

具体清单见表2-5。

表2-5 整车级驱动半轴NVH控制清单

工况	指标	单位	目标
手动模式1挡（全油门工况从蠕行开始加速到最高转速）	方向盘3向合成振动 半轴阶次分量振动峰值	mm/s	推荐≤9
	座椅导轨3向合成振动	mm/s	推荐≤5

续表

工况	指标		单位	目标
手动模式 2 挡(全油门工况从蠕行开始加速到最高转速)	方向盘 3 向合成振动	半轴阶次分量振动峰值	mm/s	推荐≤9
	座椅导轨 3 向合成振动		mm/s	推荐≤5
0～50km/h 急加速/急减速	车内敲击异响主观评分			推荐≥6

（2）系统级目标

作为激励源，驱动半轴整车级目标进一步分解出左转向节、右转向节、动力总成系统振动目标，再分解出轴向派生力、移动节夹角、圆周间隙目标。

作为传递路径，驱动半轴对发动机和变速箱激励的传递特性由模态频率分布和高频滑移力决定。其中驱动半轴零部件模态频率按如下避频原则确定：

① 传统燃油车避开发动机点火阶次激励最高频率（如直列四缸取 2 阶）；
② 电动车避开电机 1 阶激励最高频率；
③ 右半轴和右半轴加长杆相互避频大于 50Hz；
④ 半轴弯曲频率和变速箱壳体模态避频 50Hz。

系统级驱动半轴 NVH 目标清单见表 2-6。

表 2-6 系统级驱动半轴 NVH 目标清单

编号	目标条目	单位	目标
1	左/右移动节处夹角	(°)	根据节型推荐，AAR 移动节<8，GI 移动节<4
2	固定扭矩下移动节轴向派生力	N	推荐<60
3	左/右半轴圆周间隙	(°)	推荐<1
4	左半轴轴管弯曲频率	Hz	电动车：≥(1.15～1.1)×电机 1 阶激励，燃油车推荐 350～420
5	右半轴总成绕中间支架弯曲频率	Hz	电动车：≥1.15×电机 1 阶激励最高频率 燃油车：≥1.15×发动机点火阶次最高频率
6	右半轴轴管弯曲频率	Hz	电动车：≥(1.15～1.1)×电机 1 阶激励率，燃油车推荐 350～420
7	右半轴加长杆弯曲频率	Hz	电动车：≥(1.15～1.1)×电机 1 阶激励。燃油车：≥1.15×发动机点火阶次最高频率，且与右半轴弯曲避频 50 以上
8	左/右半轴总成高频滑移力	N	推荐≤75

2.1.3.4 传动轴 NVH 目标

传动轴既是 NVH 激励源，也是发动机和变速箱激励的传递路径，分为整车级目标和系统级目标。

（1）整车级目标

参照竞品车及标杆车的 NVH 水平，结合整车属性定位确定整车级传动轴相关的 NVH 目标：

① 最高挡全油门加速传动轴阶次激励的车内噪声,包括传动轴 1 阶和 2 阶分量;
② 最高挡全油门加速传动轴阶次激励的座椅振动,包括传动轴 1 阶和 2 阶分量;
③ 0~50km/h 急加速/急减速敲击异响;
④ D 挡或 R 挡起步异响。

整车级传动轴 NVH 目标见表 2-7。

表 2-7 整车级传动轴 NVH 目标

工况	指标		单位	目标
手动变速箱（MT）为最高挡全油门加速 65~130km/h；自动变速箱（AT）为选择挡位的最低车速 65~130km/h，电动车则为全油门加速 65~130km/h	后排右侧外耳噪声	传动轴 1 阶分量噪声	dB(L)	低端推荐≤88,高端推荐≤85
		传动轴 2 阶分量噪声	dB(L)	低端推荐≤85,高端推荐≤82
	前排左侧外耳噪声	传动轴 1 阶分量噪声	dB(L)	低端推荐≤88,高端推荐≤85
		传动轴 2 阶分量噪声	dB(L)	低端推荐≤85,高端推荐≤82
	座椅导轨 3 向合成振动	传动轴 1 阶分量振动	mm/s	低端推荐≤1.4,高端推荐≤0.8
		传动轴 2 阶分量振动	mm/s	低端推荐≤0.6,高端推荐≤0.4
0~50km/h 急加速/急减速	车内敲击异响主观评分			推荐≥6
D/R 挡起步	车内/车外异响主观评分			推荐≥7

（2）系统级目标

根据整车级传动轴噪声振动目标进一步分解到轴连接处的等效端面不平衡量、各万向节夹角值和摆动扭矩以及轴系圆周间隙。

传动轴作为发动机、变速箱、前桥、后桥激励的传递路径的重要部件,需要制定传动轴及其周围部件的模态分离目标。

系统级传动轴 NVH 目标清单见表 2-8。

表 2-8 系统级传动轴 NVH 目标清单

编号	目标条目	单位	目标
1	后传动轴最大万向节角度	(°)	十字万向节,推荐≤3 高速节,推荐≤6.5
2	后传动轴当量万向节角度	(°)	推荐≤3
3	前传动轴最大万向节角度	(°)	高速节,推荐≤6.5 十字万向节,推荐≤4
4	整车状态传动轴后桥面等效不平衡量（上限值）	g·cm	推荐≤30,或根据项目属性定义
5	整车状态传动轴中间支撑面等效不平衡量	g·cm	高端推荐≤18,低端推荐≤26,或根据项目属性定义
6	整车状态传动轴变速箱或分动器输出面等效不平衡量	g·cm	高端推荐≤80(乘用车),低端推荐≤120,或根据项目属性定义
7	整车状态传动轴前桥面等效不平衡量	g·cm	推荐≤30,或根据项目属性定义
8	前/后传动轴圆周间隙	(°)	推荐≤1

续表

编号	目标条目	单位	目标
9	十字万向节摆动扭矩(JAT)	N·m	推荐 0.7~2.5
10	台架上正反施加扭矩有无异响	—	无
11	PT bending 最低频率	Hz	≥1.1×最高车速下传动系统 1 阶激励频率
12	后桥点头模态和传动系统扭转模态相互分离	Hz	推荐≥5
13	板簧弹性模态与传动轴模态分离	%	≥20
14	轴管弯曲和扭转模态分离(200~800Hz)	Hz	≥50
15	各段轴管间弯曲模态分离(200~800Hz)	Hz	≥50
16	传动轴轴管弯曲和呼吸模态分离(200~2000Hz)	Hz	≥50
17	传动轴弯曲模态	Hz	推荐≥165
18	传动轴 bounce 模态(Y/Z)	Hz	推荐 22~25,推荐与转向系统模态避开≥5

2.1.3.5 桥 NVH 目标

(1) 整车级目标

参照竞品车和标杆车,确定整车级桥 NVH 目标见表 2-9。

表 2-9 整车级桥 NVH 目标清单

工况	指标		单位	目标
最高挡、次高挡分别全油门加速、半油门加速、减速	前排左侧外耳噪声	OA 与后桥齿轮阶次噪声 GAP	dB(A)	推荐≥10,或根据项目属性定义
		OA 与前桥齿轮阶次噪声 GAP	dB(A)	推荐≥10,或根据项目属性定义
	后排右侧外耳噪声	OA 与后桥齿轮阶次噪声 GAP	dB(A)	推荐≥10,或根据项目属性定义
		OA 与前桥齿轮阶次噪声 GAP	dB(A)	推荐≥10,或根据项目属性定义

(2) 系统级目标

根据整车级前/后桥目标进一步分解到桥齿轮啮合阶次垂向振动、圆周间隙、桥移动节夹角。

桥是发动机、变速箱、传动轴激励的传递路径的重要部件,需要制定桥模态及其与周边零件的模态分离目标。

系统级桥 NVH 目标清单见表 2-10。

表 2-10 系统级桥 NVH 目标清单

编号	目标条目	单位	目标
1	桥壳上齿轮啮合阶次垂向振动位移	μm	推荐≤0.5
2	桥半轴移动节夹角	(°)	AAR 移动节<8,GI 移动节<4
3	前/后桥圆周间隙	(°)	推荐≤6
4	后桥 Z 向弯曲模态	Hz	与传动系统扭转模态避频≥3

2.1.4 传动系统 NVH 设计指导

2.1.4.1 离合器/双质量飞轮系统 NVH 开发方案确定

离合器/双质量飞轮系统技术方案包括单质量飞轮、双质量飞轮、离合器和离合器管路方案，主要完成以下工作。

(1) 标杆车、竞品车离合器/双质量飞轮系统结构对比

离合器/双质量飞轮系统结构如下。

① 单质量飞轮：分为平飞轮和凹飞轮两种，结合布置空间，并平衡其他性能，选择飞轮类型，尽量把飞轮惯量做大。

② 离合器：分为大转角离合器和普通转角离合器，大转角离合器因离合器刚度低更有利于减振。

③ 双质量飞轮：分为普通双质量飞轮和带离心摆结构双质量飞轮，带离心摆的双质量飞轮减振更好，但价格更昂贵。

④ 离合器管路系统：检查离合器管路是否存在缓冲阀，带缓冲阀可以有效地降低踩离合器时离合器管路液体的波动，消除踩离合器异响和踩离合器踏板抖动 NVH 问题。

(2) 离合器/双质量飞轮系统 NVH 问题分析与评估

在项目前期对离合器/双质量飞轮系统的风险点问题进行分析与评估，主要内容如下。

① 敲击（rattle）和轰鸣（booming）噪声评估：根据传动系统扭振 CAE 分析报告，评估一轴扭振是否满足目标。

② 双质量飞轮及单质量飞轮动平衡要求：一般当双质量飞轮的总质量小于 10kg 时，双质量飞轮总成最大允许的不平衡质量为 250g·mm；当总质量超过 10kg 时，最大允许的不平衡质量为 300g·mm。单质量飞轮动平衡一般为 200g·mm 左右。

(3) 离合器/双质量飞轮系统数模 DPA 检查

根据 DPA 检查表，完成离合器/双质量飞轮系统数模的 DPA 检查与风险规避工作，主要检查内容如下。

① 靠近变速箱侧的离合器管路为软管，软管可以有效降低变速箱振动通过离合器管路传递到车内。

② 预留缓冲阀安装空间。

③ 离合器踏板安装点建议安装在前围刚度较高的地方。

(4) 技术开发方案评估及确定

在进行离合器缓冲阀设计参数实车验证时，根据离合器踏板抖动及踩离合器异响可接受度，最终确定离合器缓冲阀设计参数。

离合器和双质量飞轮的刚度阻尼设计参数按照以下流程确定。

① 对整车传动系统进行 CAE 建模，并进行传动系扭振分析，寻找最优刚度阻尼参数。

② 在整车状态下进行调校，在满足目标的情况下，确定最终离合器参数方案。

根据各项检查结果，提出结论性意见，最终确定离合器/双质量飞轮系统 NVH 相关的技术开发方案。

2.1.4.2 变速箱系统 NVH 开发方案确定

变速箱 NVH 技术方案包括变速箱齿轮加工精度、变速箱换挡系统等，主要完成以下工作。

(1) 标杆车、竞品车变速箱结构对标

完成标杆车、竞品车变速箱结构对比，为变速箱 NVH 开发方案确定提供参考。主要关注以下内容。

① 变速箱齿轮精度：变速箱齿轮精度等级一般在 7～8 级，其中齿轮加工精度越高，齿轮的几何形状及位置误差越小，噪声和振动也越小。

② 变速箱速比极差：变速箱速比极差一般分布在 1.8～1.1，在满足其他功能下变速箱速比极差越大，换挡顿挫越明显。

(2) 变速箱系统 NVH 问题分析与评估

根据变速箱现有问题、应规避问题及相关风险，提出对应的应规避问题及风险，需要关注的风险问题如下。

① 变速箱啸叫：根据齿轮传递误差 CAE 分析结果，评估变速箱齿轮传递误差是否满足要求。

② 换挡拉丝异响：检查换挡拉丝与车身连接是否存在橡胶隔振，如果没有橡胶隔振，变速箱的振动很容易通过拉丝传递到车内，易引起车内异响。

(3) 变速箱模块（含安装方式）数模 DPA 检查

根据 DPA 检查表，完成变速箱数模的 DPA 检查与风险规避工作，主要检查如下内容。

① 线束或管件与变速箱或车身连接是否存在隔振：隔振措施可以有效地降低变速箱振动通过线束和管件传递到车内，引起车内噪声和异响。

② 换挡拉丝与变速箱壳体隔振橡胶硬度：在满足耐久等其他性能下，橡胶硬度越低，隔振效果越好。

(4) 变速箱 NVH 技术开发方案评估及确定

对于变速箱齿轮参数设计，可以参照以下几点去选择。

① 模数的选择：在满足齿轮弯曲强度的前提下，选择较小的齿轮模数，由于其啮合重合度高，因此齿轮运行更加平顺，振动和噪声较小。

② 压力角的选择：在满足齿轮弯曲强度的前提下，压力角越小，齿轮的重合度越高，有利于降低齿轮啮合激励。

③ 螺旋角的选择：在满足其他设计要求下，螺旋角越大，传动越平稳，噪声越小。

④ 齿顶高系数的选择：在满足其他设计要求下，齿顶高系数越大，传动越平稳。

根据各项检查结果，提出结论性意见，最终确定变速箱 NVH 相关的技术开发方案。

2.1.4.3 驱动半轴 NVH 设计指导

前置前驱车型，变速箱和轮胎间采用驱动半轴连接。如图 2-3 所示，驱动半轴由内侧移动节、外侧固定节、轴管组成。NVH 设计主要完成以下内容：等速万向节选型、移动节油脂选型、移动节布置夹角方案设计、驱动半轴圆周间隙方案设计、半轴模态设计、半轴动力吸振器设计。

(1) 等速万向节选型

如图 2-4 所示，常用的内侧移动节有双偏置式球笼等速万向节（DOJ）、普通型三球销

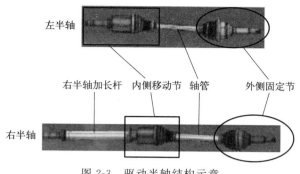

图 2-3 驱动半轴结构示意

图 2-4 不同移动节节型示意

等速万向节（GI）、双球环三球销等速万向节（AAR）。AAR 和 GI 均为三球销等速万向节，AAR 滚子包括内外环，滚子相对于销轴除了转动外还可以滚动。内侧移动节在转动过程产生轴向派生力（GAF），易引起 1、2 挡全油门加速座椅抖动。驱动半轴产生的轴向派生力越小越好。同等扭矩和角度边界条件下，DOJ 产生轴向派生力小于 AAR，AAR 产生轴向派生力小于 GI。根据以往项目经验，移动节夹角小于 4°时，推荐采用 GI；移动节夹角为 4°～8°时，推荐采用 AAR；移动节夹角大于 8°时，推荐采用 DOJ。

万向节传递同等扭矩下，移动节内部沟道尺寸越大，轴向派生力越小。节型尺寸选择主要满足耐久要求。在轴向派生力不满足目标的情况下，可以选择更大型号的移动节以减小轴向派生力。

（2）移动节油脂选型

移动节油脂对于全油门加速座椅抖动和敲击异响的影响是相反的。油脂黏度越低，轴

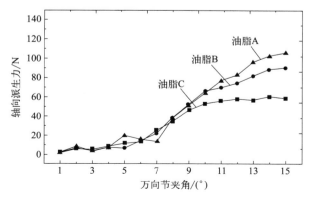

图 2-5 三种不同油脂移动节在台架上测试的轴向派生力随角度变化曲线

派生力越小，全油门加速座椅抖动越小。油脂黏度越高，急加速或急减速过程移动节内部的撞击能量越小，整车敲击异响越小。如图 2-5 所示是三种不同油脂移动节在台架上测试的轴向派生力随角度变化曲线。另外，油脂选择还需考核耐久后 NVH 性能，黏度过大的油脂可能导致移动节沟道磨损，进而导致耐久后加速工况下座椅抖动。

(3) 移动节布置夹角方案设计

如图 2-6 所示是驱动半轴的内侧移动节角度示意。移动节布置角度受载荷影响较大，一般需要空载和满载工况下对角度值进行评估。

图 2-6 驱动半轴的内侧移动节角度示意

如表 2-11 所示是某车空满载状态下万向节夹角。

表 2-11 某车空满载状态下万向节夹角

载荷	万向节夹角/(°)			
	左固定节	左移动节	右固定节	右移动节
空载	6.14	5.85	6.14	5.85
满载	4.78	4.52	4.78	4.52

移动节布置夹角主要影响 1、2 挡加速座椅抖动，根据整车抖动目标确定轴向派生力，进而确定万向节布置角度目标，详细步骤如下。

① 根据竞品车及属性定位，确定低挡位大扭矩情况方向盘和座椅 3 阶振动（追踪半轴转速）目标。

② 移动万向节轴向派生力系数 μ_g 估算。在轴向派生力台架上，模拟整车布置角度 δ、在固定扭矩下 T_0 测试轴向派生力 F_0。根据式(2-1)计算得到轴向派生力比例系数。不同厂家的移动万向节，由于其类型、结构、尺寸、油脂、制造工艺等不同，该轴向派生力系数存在差异。

$$\mu_g = \frac{\sqrt{3} F_0 R \delta}{T_0} \tag{2-1}$$

③ 标杆车整车抖动灵敏度估算。测试 1 挡全油门工况整车座椅及方向盘振动，跟踪传动轴转速，提取传动轴转速的 3 倍频振动，得到轴向派生力贡献的座椅振动-转速曲线 V_{SEAT} 和方向盘振动-转速曲线 V_{STWH}。结合派生力系数 μ_g、整车布置角度 δ、最大扭矩-转速曲线 T_R、移动节三柱槽壳沟道半径 R，根据式(2-2)确定轴向派生力，得到最大轴向派生力-转速曲线 F_R。根据式(2-3)计算座椅对轴向派生力的振动灵敏度 S_{SEAT} 和方向盘对轴向派生力的振动灵敏度 S_{STWH}。

$$F_R = \frac{\mu_g \delta T_R R}{\sqrt{3}} \tag{2-2}$$

$$S_{\text{SEAT}} = \frac{V_{\text{SEAT}}}{F_{\text{R}}}$$

$$S_{\text{STWH}} = \frac{V_{\text{STWH}}}{F_{\text{R}}} \tag{2-3}$$

④ 根据标杆车的整车抖动灵敏度及整车抖动目标，确定轴向派生力的目标 F_{target}。

⑤ 整车状态驱动半轴传递最大扭矩特性。根据发动机外特性曲线、变速箱速比及限扭值、轮胎打滑力矩（轮胎摩擦系数、轮胎滚动半径、轮胎承受载荷），确定驱动半轴承受的最大扭矩-转速曲线 T_{R}。

⑥ 计算驱动半轴角度目标。结合派生力系数 μ_{g}、整车布置角度 δ、最大扭矩-转速曲线 T_{R}、移动节尺寸 R，根据式（2-4）确定驱动半轴角度目标。

$$\delta = \frac{\sqrt{3} F_{\text{target}} R \mu_{\text{g}}}{T_{\text{R}}} \tag{2-4}$$

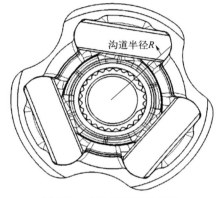

图 2-7 移动节的三柱槽壳沟道半径 R 的示意

如图 2-7 所示是移动节的三柱槽壳沟道半径 R 的示意。该半径大小与移动节型号有关。在布置角度不满足目标的情况下，可以选择更大型号的移动节。

（4）驱动半轴圆周间隙方案设计

驱动半轴圆周间隙主要由内移动节间隙和外固定节间隙组成。驱动半轴总成圆周间隙对敲击异响（clunk 噪声）影响较大，一般圆周间隙越小，发生敲击异响（clunk 噪声）的可能性越小。圆周间隙推荐 0.7°，一般不能差于 1°。驱动半轴总成圆周间隙测试条件推荐扭矩 200N·m，移动节固定节处角度为 0°。如表 2-12 所示，驱动半轴圆周总间隙为内侧移动节和外侧固定节圆周间隙之和，其中内侧移动节大于外侧固定节。减小内侧移动节圆周间隙的有效途径包括：减小滚针与球环之间的装配公差，减小球环与滚道之间的装配公差，增大球环中心到回转中心的距离。

表 2-12 驱动半轴总成圆周间隙

零部件	样件编号	总成圆周间隙/(′)		
		外侧固定节	内侧固定节	半轴总成
左半轴	1	7.4	26.4	33.8
	2	11.7	29.4	41.1
	3	10.3	23.1	33.4
	4	10.7	27.1	37.8
	5	8.5	28.0	36.5
	6	8.7	26.5	35.2
右半轴	7	11.7	28.1	39.8
	8	7.7	26.6	34.3
	9	6.7	23.9	30.6

续表

零部件	样件编号	总成圆周间隙/(')		
		外侧固定节	内侧固定节	半轴总成
右半轴	10	9.6	27.6	37.2
	11	13.7	32.1	45.8
	12	14.3	31.6	45.9

(5) 半轴模态设计

根据半轴模态目标设计半轴的结构、直径、长度。驱动半轴各轴杆可简化为简支梁，轴杆弯曲模态频率可根据轴系临界转速 n_K 计算。轴杆 1 阶弯曲频率的理论计算公式如下。

$$f_{\text{bending}} = \frac{n_K}{60} = 1.2 \times 10^8 \frac{\sqrt{D^2 + d^2}}{\frac{L^2}{60}} \qquad (2-5)$$

式中，n_K 是临界转速，r/min；L 是传动轴长度，即两万向节中心之间的距离，mm；D 是传动轴轴管的外径，mm；d 是传动轴轴管的内径，mm。

根据式(2-5)，驱动半轴弯曲模态频率主要由长度和轴管外径决定。通过增加中间支撑，合理布局各轴杆长度，设计轴杆弯曲模态频率。如图 2-8 所示，将实心轴改用空心轴，不但可以减轻半轴重量，还可有效提升弯曲模态频率。

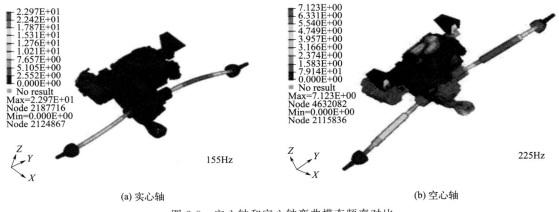

(a) 实心轴   (b) 空心轴

图 2-8 空心轴和实心轴弯曲模态频率对比

(6) 半轴动力吸振器设计

当发动机的阶次激励或变速箱齿轮啮合激励与半轴弯曲模态耦合共振时，易产生轰鸣（booming 噪声）、啸叫、调制噪声、减速 growl 噪声。在轴杆合适位置加装动力吸振器，可阻断异常振动经半轴传递到车内。如图 2-9 所示，半轴轴管增加吸振器后，半轴连接件振动显著降低。

① 动力吸振器的结构形式选择。

按照配置方式，分为内置式和外置式两

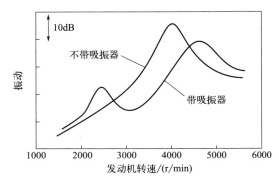

图 2-9 半轴吸振器效果示意

种，如图 2-10 所示。内置式吸振器通常用于外径较大的空心轴管内。这类吸振器结构简单，但装配工艺较为复杂。外置式吸振器通常用于实心轴或者直径较小的空心轴。这类吸振器通过卡箍或者加热膨胀后压缩在轴管外，其结构尺寸及安装位置受半轴周边空间的制约，需在前期设计阶段预留半轴包络空间。

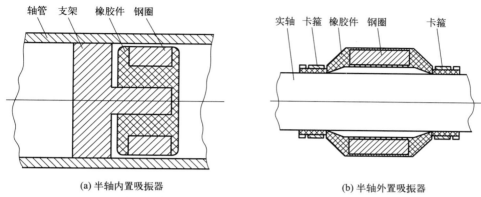

图 2-10 半轴吸振器结构形式示意

② 动力吸振器的特征参数选择。

决定动力吸振器吸振效果的主要参数为调频质量比、共振频率、阻尼特性。

a. 调频质量比。

吸振器的调频质量比，是指吸振器与半轴弯曲模态质量之比。不同质量比对振动衰减的影响如图 2-11 所示，质量比越大，两共振峰值点相距越远。由图 2-11 可见，质量比越大，半轴吸振器发挥抑制振动作用的频率带宽越大。然而，工程中吸振器调频质量受到成本及安装空间的制约，不可能太大。吸振器质量比一般取 0.1～0.3。半轴模态质量 M 通过半轴加速度幅值频响函数曲线估算，如图 2-12 所示，具体计算公式如下。

$$M=\frac{f}{H\delta_f} \tag{2-6}$$

其中 f 为共振峰值频率，H 为共振峰值幅值，δ_f 为曲线中 $0.707H$ 高度处两个点的频率差。

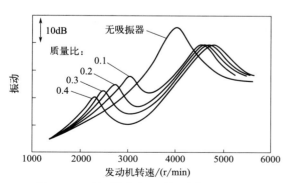

图 2-11 吸振器质量比对振动衰减的影响

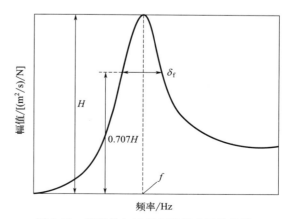

图 2-12 某半轴加速度幅值频响函数曲线

b. 共振频率。

吸振器共振频率根据最优调谐比来设计确定。调谐比是指吸振器的共振频率与半轴共振频率之比。调谐比影响两峰值点的轴向位置和峰值相对大小。如图 2-13 所示，当调谐比大于 1 时，系统的振动特性曲线向高频段移动，高端峰值减小，低端峰值增大；当调谐比小于 1 时，结果相反。实际工程中根据整车灵敏度需求调整调谐比，通常会选择调谐比略小于 1。

c. 阻尼特性。

吸振器的阻尼大小对振动衰减效果起着举足轻重的作用，通常用耗散因子表示阻尼的大小。半轴 1 阶弯曲模态的耗散因子一般为 0.1~0.15。如图 2-14 所示，增大吸振器的耗散因子可以减小半轴的共振峰值。工程上推荐吸振器的耗散因子不能小于 0.12，最好大于 0.2。

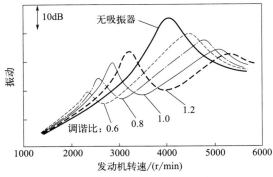

图 2-13 吸振器频率调谐比对振动衰减的影响

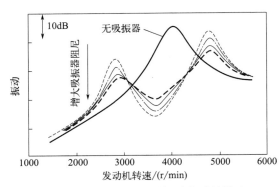

图 2-14 吸振器阻尼对振动衰减的影响

③ 吸振器的安装位置选择。

吸振器的最佳安装位置为模态振型位移最大点附近，即模态振型反节点附近。半轴 1 阶弯曲模态振型反节点为半轴中部，从理论上来说吸振器最佳安装位置在半轴中部。如图 2-15 所示，表示同一吸振器安装在不同位置后振动衰减效果。当吸振器安装在半轴中部 1/3 区域时，振动衰减效果变化不大；但当吸振器安装位置超出半轴中部 1/3 区域时，其衰减效果显著降低。工程中推荐吸振器安装在半轴中部 1/3 区间内，若受空间限制必须安装在该区间以外，则需显著加大质量比以强化吸振器效果。

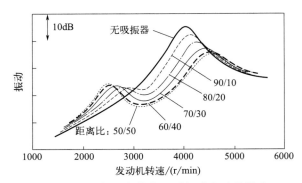

图 2-15 吸振器安装位置对振动衰减的影响

2.1.4.4 传动轴子系统 NVH 设计指导

如图 2-16 所示，前置后驱架构，变速箱到轮胎间采用传动轴和后桥连接，对于该架构的 4 驱车型，分动器通过后传动轴和后桥连接到后轮，分动器采用前传动轴和前桥连接到前轮。传动轴由联轴节、轴管组成。设计中主要完成以下任务：PT bending 方案设计、联轴节选型、联轴节布置夹角方案设计、传动系统动平衡方案设计、传动轴模态方案设计、传动轴吸振器及调频方案设计。

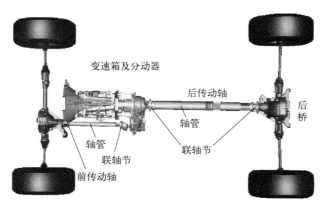

图 2-16　纵置后驱（四驱）车传动轴架构

（1）PT bending 方案设计

PT bending 是动力传动系统整体的弯曲模态，根据其振型主导结构可分为动力总成主导型和传动轴主导型。如图 2-17 所示，动力总成主导的 PT bending 的关键结构因素是动力总成；传动轴主导的 PT bending 的关键结构因素是传动轴。一般来说，单段细长轴的动力传动系统，PT bending 是传动轴主导型，双段轴结构的动力传动系统，PT bending 是动力总成主导。如果该最低弯曲振型是传动轴主导型，则 PT bending 必须满足目标，即高于最高车速传动轴 1 阶激励频率。如果该最低弯曲振型是动力总成主导型，在不满足 PT bending 目标的情况下，是否有 NVH 问题取决于传动系统动不平衡量和整车灵敏度。

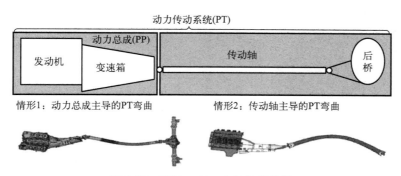

图 2-17　PT bending 主导类型分类

如图 2-18（a）所示是动力总成主导的弯曲模态，弯曲位移主要在动力总成后端，且模态频率与动力总成弯曲频率相差较小；如图 2-18（b）所示是传动轴主导的弯曲模态，弯曲位移主要在传动轴上，且模态频率与动力总成弯曲频率相差较大。

通过调整传动外径管、壁厚、变速箱输出轴支撑轴承位置可有效提升传动轴主导的弯曲模态频率；通过加强动力总成刚度可有效提升动力总成主导的 PT bending。

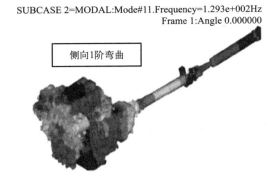

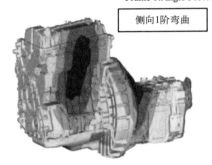

(a) 动力总成主导的弯曲　　　　　　　　　(b) 传动轴主导的弯曲

图 2-18　PT bending CAE 仿真示意

(2) 联轴节选型

后驱车传动系统常见联轴节有普通十字万向节、高速节、弹性联轴器，具体结构如图 2-19 所示。

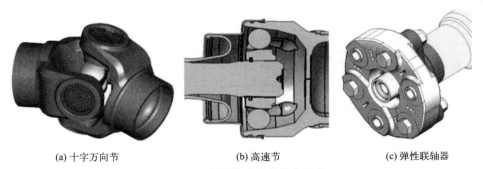

(a) 十字万向节　　　　　(b) 高速节　　　　　(c) 弹性联轴器

图 2-19　常见传动轴联轴节示意

① 普通十字万向节。

普通十字万向节是非等速节，输入轴匀速转动，输出轴每旋转 1 圈波动 2 次。普通十字万向节影响 NVH 激励主要有 4 种。

a. 扭转激励。

由主动节叉与被动节叉间的角速度变化而导致，角速度波动正比于角速度的平方。扭矩变化取决于传动轴系统动力学特性。对于多个十字万向节的传动轴，角速度波动计算公式如下。

$$\Delta\omega = \beta_e^2 \omega^2 \tag{2-7}$$

式中，ω 是万向节角速度；β_e 是多个万向节等效当量夹角，其计算公式如下。

$$\beta_e = \sqrt{\theta_1^2 \pm \theta_2^2 \pm \theta_3^2} \tag{2-8}$$

式中，θ_1、θ_2、θ_3 是万向节夹角；正负号对应万向节的姿态相位。

若角速度波动目标＜400rad/s^2，则在转速 3600r/min 时，当量角度目标小于 3°。

b. 惯性激励。

惯性激励是由传动轴惯性矩引起转矩波动，该转矩波动呈周期性变化，正比于转动惯量和万向节夹角，理论公式如下。

$$\Delta T = I\Delta\omega_p = I\theta_{max}^2 \omega^2 \tag{2-9}$$

式中，ω 是万向节角速度；θ_{max} 是最大万向节夹角；I 是传动轴转动惯量。

该惯性激励容易在小油门或减速时激励变速器产生嗒嗒异响。若单个万向节产生的加速度目标＜1000rad/s^2，则在转速 3600r/min 时，万向节最大角度目标小于 4.5°。

c. 附加弯矩激励。

垂直于节叉，幅值正比于扭矩和万向节夹角。

$$M = T\sin\phi\tan\theta \tag{2-10}$$

式中，T 是万向节输入扭矩；θ 是万向节夹角；ϕ 是万向节转过的角度。

附加弯矩主要影响大油门加速工况整车座椅及方向盘抖动和最高挡加速传动轴 2 阶噪声。

d. 万向节铰接扭矩激励。

阶次特征为传动轴的 4 阶激励，其理论计算公式如下。

$$T_f = \left(\sqrt{F_a^2 + F_r^2} + \frac{M}{L}\right)\mu R_p + F_r \mu R_c \tag{2-11}$$

式中，F_a 为传动轴轴向力；F_r 为传动轴径向力；M 为万向节反作用力矩，其余符号代表万向节尺寸，具体如图 2-20 所示。铰接扭矩主要影响加速传动轴 4 阶噪声。

② 高速节。

高速节为等速节，旋转过程中转速不波动，扭矩也不波动，故不存在十字万向节的扭转激励和惯性激励，同时附加弯矩小且无周期性波动。理论公式如下。

$$\begin{aligned} \omega_1 &= \omega_2 \\ T_1 &= T_2 \\ T_1' &= T_2' = T_1 \tan\frac{\alpha}{2} \end{aligned} \tag{2-12}$$

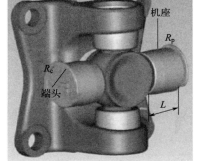

图 2-20　十字万向节结构示意

式中，ω_1 为万向节输入角速度；T_1 为万向节输入扭矩；ω_2 为万向节输出角速度；T_2 为万向节输出扭矩；T_1'、T_2' 为万向节对输入轴和输出轴的附加弯矩；α 为万向节输入轴和输出轴轴心线夹角。

高速节产生激励的阶次特征与内部滚子数有关，常见滚子数为 6 和 8，故常见的激励阶次特征为传动轴 6 阶或 8 阶。同样，万向节角度下，高速节产生的激励更小。万向节角度大于 4°时，推荐选择高速节。

③ 弹性联轴器。

弹性联轴器相当于一个隔振器，可有效隔断动力总成振动传递到传动轴及桥，有利提升车内中频声品质。考虑耐久可靠性，推荐设计角偏移不大于1°。

联轴节布置夹角设计如下。

动力总成输出轴轴线、后桥输入轴轴线、各段传动轴轴线不共线，必须采用联轴节连接。联轴节角度对传动系统 NVH 影响较大。联轴节布置夹角是指输入轴线和输出轴轴线间的夹角，具体如图 2-21 所示。

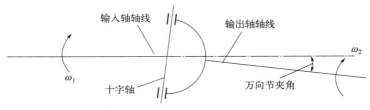

图 2-21 十字万向节夹角示意

如图 2-22 所示，各联轴节布置夹角由动力总成输出轴中心线、后桥输入轴中心线、各段传动轴中心线在整车坐标系下的倾斜角度确定。动力总成输出轴中心线倾斜角度由悬置布置位置确定，各段传动轴中心线倾斜角度由中间支撑位置确定，后桥输入轴倾斜角度由悬挂硬点、悬挂行程位置、后桥与悬挂安装姿态确定。空载、满载悬挂行程位置不同，后桥输入轴倾斜角度变化加大，影响靠近后桥的 2 个联轴节布置夹角。故布置角度设计时，需综合考虑空载、满载状态布置角度，保证角度最差状态满足布置夹角目标。

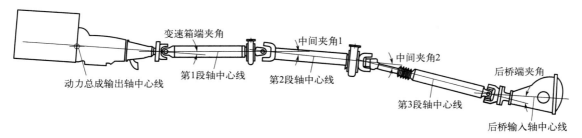

图 2-22 3 段式传动轴的动力传动线布置示意

当传动轴存在多个十字万向节时，各十字万向节产生的总附加弯矩和扭转激励具有矢量性，各十字万向节输入节叉相位影响多个十字万向节的附加弯矩和扭转激励的合成值。

如图 2-23 所示，传动轴两端节叉相位为 0°时，则轴两端十字万向节的输入节叉相位相差 90°。

图 2-23 传动轴节叉相位角度关系示意

如下当量角计算公式中，与第一个万向节输入节叉相位为 0°的十字万向节，正负符号取正；与第一个十字万向节输入节叉相位为 90°的十字万向节，正负符号取负。

$$\beta_e(当量角度) = \sqrt{\theta_1^2 \pm \theta_2^2 \pm \theta_3^2} \tag{2-13}$$

(3) 传动系统动平衡方案设计

传动系统动平衡可用多个面的等效动不平衡量进行衡量。如图2-24所示，2段式传动轴可以等效为传动轴变速箱侧、中间支撑侧、传动轴后桥侧3个面的等效不平衡量。

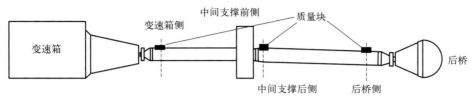

图2-24 传动轴动平衡等效面示意

传动轴后桥侧等效面处总动不平衡数学模型达式如下。

$$\text{Min}|\overrightarrow{Total_{\text{im}}}|=|\overrightarrow{Inter_{\text{im}}}+\overrightarrow{Cross_{\text{im}}}+\overrightarrow{DS_{\text{im}}}+\overrightarrow{ReAx_{\text{im}}}| \quad (2\text{-}14)$$

条件：

$$|\overrightarrow{Inter_{\text{im}}}|\leqslant r_{\text{im}}, |\overrightarrow{DS_{\text{im}}}|\leqslant Dr_{\text{im}}, |\overrightarrow{ReAx_{\text{im}}}|\leqslant Re_{\text{im}}$$

式中，$\overrightarrow{Total_{\text{im}}}$为等效面处总动不平衡；$\overrightarrow{Inter_{\text{im}}}$为制造公差部件在装配中产生的动不平衡，$r_{\text{im}}$为设计上限值；$\overrightarrow{DS_{\text{im}}}$为传动轴本身的动不平衡，$Dr_{\text{im}}$为设计上限值；$\overrightarrow{Cross_{\text{im}}}$为其他等效面交互影响产生的动不平衡；$|\overrightarrow{ReAx_{\text{im}}}|$为后桥本身的动不平衡，$Re_{\text{im}}$为设计上限值。

传动系统动不平衡除受传动轴、后桥、变速箱单个零部件的动不平衡影响外，还受装配中产生的动不平衡影响，需要在设计上预先考虑。

① 单一零部件动不平衡。

动不平衡主要与旋转件对旋转中心的质量分布有关。旋转件采用周向均布分布结构，避免出现不对称结构。尽可能采用轻质材料，减小单件质量。

② 连接配合尺寸公差。

装配中产生的传动系动不平衡大小与传动轴质量、轴孔配合公差、桥跳动量有关。桥跳动和轴桥配合公差示意如图2-25所示。传动轴后桥端等效端面动平衡量计算公式如下。

$$\overrightarrow{Total_{\text{im}}}=\overrightarrow{DS_{\text{mass}}}(\overrightarrow{Rad_{\text{im}}}+\overrightarrow{Ax_{\text{im}}}+\overrightarrow{Clear_{\text{im}}})\times\frac{1}{2}+\overrightarrow{Cross_{\text{im}}}+\overrightarrow{DS_{\text{im}}}+\overrightarrow{ReAx_{\text{im}}} \quad (2\text{-}15)$$

式中，$\overrightarrow{DS_{\text{mass}}}$为传动轴质量；$\overrightarrow{Rad_{\text{im}}}$为后桥径向跳动；$\overrightarrow{Ax_{\text{im}}}$为后桥轴向跳动；$\overrightarrow{Clear_{\text{im}}}$为后桥和传动轴配合公差。

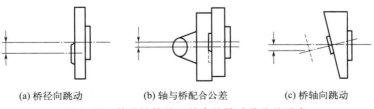

图2-25 传动轴等效面结合处跳动及公差示意

通过控制传动轴、后桥、变速箱连接法兰的设计公差，可以减小连接法兰配合公差，从而降低装配中产生的动不平衡量。由于传动轴后桥端动不平衡灵敏度高，后桥端连接法兰推荐采用过渡配合。具体配合公差根据传动轴后桥端等效动不平衡目标确定。轴孔配合公差、桥跳动量可以通过传动轴后桥等效端面的综合跳动量体现。

③ 动不平衡轻重点匹配设计。

轻重点匹配原理是通过零部件间相对角度调整来抵消单件动不平衡的。轻重点匹配需要保证圆形法兰螺栓安装孔周向均布，孔位数越多，轻重点匹配越精确。如图 2-26 所示，若后桥法兰孔位 8 孔均布，则后桥法兰和传动轴法兰存在 8 种安装位置，轻重点匹配相位最大误差 22.5°。工程中，零部件厂商对传动轴的后桥侧端面和变速箱侧端面做动不平衡检测，并标记好轻重点位置。整车厂装配过程中选择法兰安装位置，使后桥重点和传动轴轻点周向角度差最小，变速箱重点和传动轴轻点周向角度差最小。

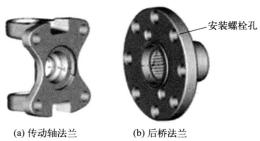

(a) 传动轴法兰　　(b) 后桥法兰

图 2-26　均布安装孔的法兰示意（安装孔位 8 个）

（4）传动轴模态方案设计

影响传动轴模态的关键结构参数有传动轴段数、材料、传动轴结构尺寸（长度、壁厚、外径）。

① 传动轴分段设计。

传动轴长度对传动轴弯曲模态具有重大影响。当传动轴模态过低，无法达到目标要求时，最有效的方法是将传动轴分段，保证每段传动轴的弯曲模态足够高。根据以往项目经验，当单段钢质传动轴长度达到 1.3m 以上时，需分析 PT bending1 阶弯曲和传动轴 1 阶弯曲频率是否避开最高车速的传动系统 1 阶激励频率，以确定传动轴段数。当传动轴分段时，传动轴本身需要增加中间支撑，车架或车身需要增加安装位置。

在传动轴分段设计过程中，避免传动轴长度过长和相邻长度相差太小，以满足 PT bending 目标、传动轴弯曲模态与 2 阶激励避频目标、相邻段传动轴弯曲模态分离目标。可根据式 (2-15) 初步确定各段传动轴长度。如图 2-27 所示是 3 段式传动轴长度示意，其中每段轴长度分别为 L_1、L_2、L_3，L_{1C} 和 L_{2C} 为距离中间支撑的长度。

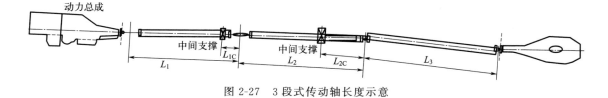

图 2-27　3 段式传动轴长度示意

② 中间支撑设计。

如图 2-28 所示，中间支撑包括橡胶、橡胶支架、轴承。其中橡胶的刚度和阻尼影响中间支撑的隔振及传动轴刚体模态（即传动轴 bounce 模态）。

传动轴 bounce 模态频率受传动轴质量、中间支撑橡胶刚度影响。一般通过调整中间支撑橡胶动刚度来调节传动轴 bounce 模态频率。

如图 2-28 所示，中间支撑轴承轴向端面和轴管轴肩增加尼龙减摩垫片，可以减小传动轴起步异响（ting noise）。

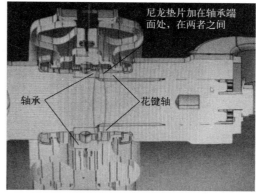

图 2-28　传动轴中间支撑及尼龙减摩垫示意

③ 传动轴材料选择。

传动轴材料有钢、铝和复合材料等，常见的材料是钢铁。

高弯曲刚度材料有利于提升传动轴的弯曲模态，低扭转刚度有利于减小由于齿轮跳动和传递误差产生的扭转响应。实践中，部件的质量是提升平衡能力的限制因素之一。故轻质材料不仅可以减小传动轴单件动不平衡量，而且可以减小配对法兰盘跳动量导致的不平衡量。传动轴采用高弯曲刚度、低扭转刚度、低密度（轻质）的材料，有助于提升 NVH 性能。

采用轻质材料可以减轻传动轴重量，在刚度相同的情况，可以提升传动轴模态。同等重量要求下可以设计更大外径尺寸的传动轴，弯曲模态可以做到更高，单段传动轴将可以取代多段传动轴设计。

④ 传动轴结构尺寸设计。

传动轴弯曲模态与传动轴外径正相关，与传动轴壁厚和长度反相关。呼吸模态与传动轴外径和长度反相关，与壁厚正相关。模态设计中，先根据弯曲模态确定长度和外径，再根据呼吸模态确定壁厚。

为实现模态分离，传动轴外径可以采用阶梯轴，同一段轴具有 2 个以上外径。如图 2-29 所示的一段阶梯轴管，中间外径大，两端外径小。

图 2-29　阶梯传动轴轴管示意

花键是传动轴中的薄弱环节，增大花键外径，减小花键长度，可提升传动轴弯曲模态。如图 2-30 所示，左侧花键外径比右侧花键更利于提升传动轴弯曲模态。

（5）传动轴吸振器及调频方案设计

设计过程中由于成本及结构限制，传动轴模态频率目标、传动轴模态与周围部件模态频率分离目标无法达成，此时传动轴动力吸振器是一个很好的补救措施。传动轴动力吸振器包括平动吸振器和旋转吸振器。按安装形式可分为内置吸振器和外置吸振器。后驱车传动轴外

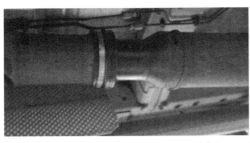

图 2-30 传动轴花键结构示意

径大，较适合采用内置吸振器，可布置于轴管轴向中间位置。后驱车外置吸振器只能布置在外径较小的位置。如图 2-31 所示是安装在法兰处的扭转吸振器（TVD）。如图 2-32 所示是安装在移动节叉上的吸振器。

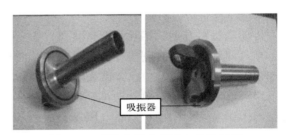

图 2-31 安装在法兰处的扭转吸振器（TVD）　　图 2-32 安装在移动节叉上的吸振器

传动轴动力吸振器设计参考半轴动力吸振器设计。调频吸振器（tuned absorber）安装在模态振型反节点上吸振效果最优。

2.1.4.5 桥子系统 NVH 设计指导

如图 2-33(a) 所示，独立式桥由桥壳、主减齿轮（含差速器）、桥轴管等组成。如图 2-33(b) 所示，非独立式桥由桥壳、主减齿轮（含差速器）、半轴、内侧移动等速节、外侧固定等速节等组成。独立桥比非独立桥增加了等速节。

桥 NVH 设计中桥模态和齿轮啸叫控制是关键，需要主要完成以下任务：主减齿轮速比设计、主减齿轮设计、桥模态方案设计、独立桥（铰接桥）的万向节设计。

（1）主减齿轮速比设计

轮胎阶次和传动系统阶次接近，将产生令人厌烦的拍振现象。桥的速比（主减速比）避免采用整数速比，推荐距离整数至少 0.25。

（2）主减齿轮设计

为使桥齿轮啸叫振动满足目标，需要注意如下齿轮设计事项。

① 齿数选择。

齿轮组主从动轮齿数推荐互为质数，即两个齿轮齿数无公约数。主动齿轮和从动齿轮各齿啮合概率相同，可减小因加工误差导致的周期性激励。

② 重合度（啮合系数）。

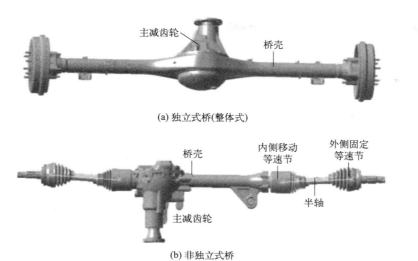

图 2-33 独立和非独立式桥结构示意

在满足强度要求和空间限制要求下，重合度尽可能大。采用高重合度齿轮副，多个齿在不同点啮合，有利于减小齿轮啮合力。某汽车厂齿轮推荐最小可接受重合度见表 2-13。

表 2-13 某汽车厂齿轮推荐最小可接受重合度

最小重合度	桥准双曲面齿轮	行星斜齿轮	非行星斜齿轮		
			第1	第2	第3~第5
轮廓 profile	1.20				
横向 transverse		1.40	1.10	1.40	1.50
面 face/	2.20				
轴向 axial		1.60	1.30	1.60	1.40
总 modified	2.50				
总 total		3.00	2.40	3.00	3.20

平行轴斜齿轮的总重合度(total)＝横向重合度＋轴向重合度；双曲面齿轮总重合度(modified)＝$\sqrt{(轮廓重合度)^2+(面重合度)^2}$。

③ 齿轮工艺。

a. 采用齿轮修形，保证齿轮啮合接触位于齿轮中间位置，传递误差尽可能小。

b. 提高齿轮精度，可增加磨齿工艺。磨齿可根据啸叫工况，选择磨加速面齿或减速面齿。

c. 齿轮设计时，轮廓修形应该做到啮出/啮入＞1，在不减小（微量减小）重合度前提下一般控制该比例为 1.2～1.5。啮入（approach action）指齿轮开始啮合到啮合点在节圆。啮出（recess action）指齿轮啮合点在节圆到齿轮啮合离开。

(3) 桥模态方案设计

传动系统扭转模态和桥壳弯曲模态都在发动机点火阶次激励范围内，当传动系统扭转模态和桥壳弯曲模态分离不满足目标时，发动机点火激励易被放大，引起车内噪声偏大。

桥壳弯曲模态可通过调整桥壳外径及壁厚实现。一般后桥 1 阶弯曲模态在 50～75Hz。

当后桥模态分离困难时,可在后桥增加吸振器,衰减后桥振动。吸振器设计可参考半轴动力吸振器设计。

(4)独立桥(铰接桥)的万向节设计

独立桥(铰接桥)中内侧移动万向节选型和布置角度可参照驱动半轴方案设计。

2.2 悬置系统 NVH 开发

2.2.1 悬置系统简介

动力总成悬置系统将动力总成与车体连接在一起,是振动衰减的主要路径之一,其目的在于衰减动力总成的低频振动,隔离其高频振动向车内的传递从而降低车内振动噪声,并以动力总成作为动力吸振器抑制车体的振动。其主要实现以下功能。

① 隔离振动:尽可能降低动力总成和汽车车架或车身之间的振动传递,满足汽车平顺性和舒适性要求。

② 支撑和定位:支撑动力总成重量,具有控制动力总成相对运动和位移的功能,能够克服和平衡因最大扭矩输出或紧急制动而产生的反作用力和惯性力,避免零部件之间相互碰撞。

③ 衰减路面激励:作为动力吸振器衰减由路面→悬架→车身的振动激励。

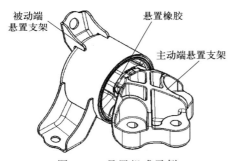

图 2-34 悬置组成示例

2.2.1.1 悬置系统组成

悬置系统一般由三个或四个悬置组成,悬置一般主要由悬置橡胶和主被动端悬置支架构成,如图 2-34 所示。

2.2.1.2 悬置典型结构

根据悬置形状,悬置被分为衬套悬置、塔型悬置、拉杆悬置等;根据受力情况,可以将悬置分为压缩型悬置、剪切型悬置和复合型悬置;根据是否充液,可以将悬置分为橡胶悬置和液压悬置;根据其控制逻辑,又可分为半主动悬置和主动悬置。悬置结构示例如图 2-35 所示。

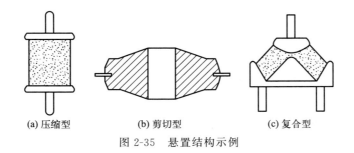

图 2-35 悬置结构示例

2.2.1.3 悬置系统布置架构

前驱车和后驱车的悬置系统布置形式通常不同,动力总成既有横置的,也有纵置的;前驱车的动力总成通常是横置的，后驱车动力总成通常是纵置的。

（1）副车架支撑式悬置系统布置

所有承载悬置全部布置在副车架上，当动力总成输出扭矩较大时，在发动机皮带轮侧增加抗扭拉杆来抵抗动力总成的大扭矩，如图 2-36 所示。

特点：

❶ 三个悬置安装在副车架上共同支撑动力总成的质量；

❷ 副车架采用软垫与车架连接，使发动机与车身之间形成二级隔振，大大提高垂向隔振率和高频隔声性能。

（2）扭矩轴四点式悬置系统布置

通常在发动机右上方和变速器左上方各有一个悬置，位置尽量靠近扭矩轴，这种悬置系统一般会有两个防扭悬置（前、后悬置）布置在副车架上，纵向上靠近变速器大端面；防扭悬置可能是橡胶衬套，也可能是塔式液压悬置，如图 2-37 所示。

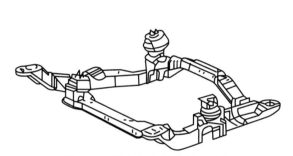

图 2-36 副车架支撑式悬置系统

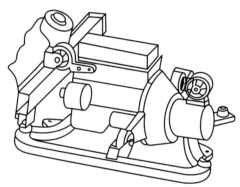

图 2-37 扭矩轴四点悬置系统

特点：

❶ 采用四点悬置系统，承载能力强，抗扭转反力矩大，抗冲击性能好；

❷ 前、后悬置的隔振性能受悬置支架和副车架模态频率影响较大。

布置原则：

❶ 左、右悬置的位置尽量靠近动力总成扭矩轴，调整前后悬置的安装夹角，使其在静载状态下的弹性主轴汇交于扭矩轴上；

❷ 为了提高怠速隔振性能，调整悬置安装位置，使前悬置不受静载荷，后悬置尽可能少受静载荷；

❸ 悬置尽可能布置在动力总成振动最小的地方，即节点处。

（3）扭矩轴三点悬置系统布置

与扭矩轴四点悬置系统类似，只是采用一个"狗骨头"式的防扭拉杆，连接在变速器壳体底部（也有的连接在油底壳上），如图 2-38 所示。

特点：

❶ 左、右悬置承受发动机的大部分重量，对左、右悬置抗冲击要求高；

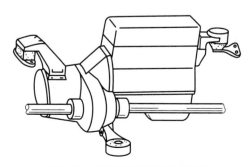

图 2-38 扭矩轴三点悬置系统

❷ 左、右悬置和后拉杆共同提供抗扭转反扭矩，一般左、右悬置在整车 X 向刚度较大；

❸ 拉杆悬置 Z 向受力小，隔振性能较好。

（4）前置纵置动力总成悬置系统布置

前置纵置动力总成后驱车的悬置系统通常有三个悬置，变速器悬置布置在动力总成靠近变速器的弯曲模态节点上，通常在变速器壳体的前底部，发动机悬置布置在发动机的左右两侧，在变速器悬置的打击中心上；其他影响悬置布置的因素比如悬置交点（发动机扭矩只使发动机扭转）和重量等也需要考虑，如图 2-39 所示。

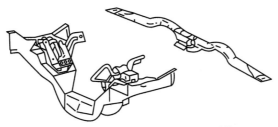

图 2-39 前置纵置动力总成悬置系统

特点：

❶ 前置纵置后驱动总成侧倾角度小，悬置系统通常有三个悬置；

❷ 发动机左、右悬置基本对称布置在发动机缸体的左、右两侧，并向内倾斜一定的角度；

❸ 后悬置布置变速器输出轴尾部，通常在变速器壳体的底部或顶部。

2.2.2 悬置系统 NVH 开发流程

整车悬置系统 NVH 开发流程主要包括目标设定、各节点管控签发等工作，各节点具体工作如表 2-14 所示。

表 2-14 悬置系统 NVH 开发流程

序号	节点	核心工作	主要工作内容	提交物
1	MR-KO	悬置系统架构及策略的确定	（1）基础设计和架构评估 （2）硬件选择和设计 （3）以往车型悬置数据分析 （4）以往项目经验总结 （5）PALS 定义分解	悬置系统选型分析报告
2	KO-SI	悬置性能 NVH 初步目标确定和悬置系统理论设计 CAE 相关分析模型搭建	（1）竞品车和标杆车悬置性能分析 （2）NVH 性能初步目标设定 （3）悬置设计参数及分析模型确认 （4）悬置系统概念方案设计	（1）标杆车和竞品车悬置部件结构及布置分析报告 （2）标杆车和竞品车悬置系统 NVH 性能分析报告 （3）悬置系统属性目标策略及初步 NVH 目标报告 （4）PP 物理参数分析报告 （5）悬置系统设计 CAE 模型搭建 （6）PT 载荷报告、TB 结构传递灵敏目标报告 （7）悬置布置分析报告 （8）悬置系统概念设计报告

续表

序号	节点	核心工作	主要工作内容	提交物
3	SI-SC	悬置系统性能目标及方案CAE评估	(1)悬置初版目标及概念方案确认 (2)数字样车悬置NVH性能分析 (3)悬置NVH目标达成状态及设计方案确定	(1)悬置系统NVH目标确定 (2)悬置系统概念方案确定 (3)悬置系统概念方案优化设计报告 (4)悬置支架NVH性能优化分析报告 (5)悬置整车响应CAE分析模型 (6)PT模态分离分析报告 (7)换挡性能CAE分析报告 (8)悬置整车响应CAE分析报告 (9)悬置系统NVH目标达成分析 (10)悬置系统设计方案确定
4	SC-PA	悬置系统M1阶段样车性能DV验证签发	(1)悬置安装点NVH性能分析 (2)M1悬置样件及样车准备 (3)悬置安装点NVH性能分析 (4)悬置安装点NVH性能确定 (5)关键件NVH性能初步验收	(1)悬置安装点NTF和VTF第一轮分析报告 (2)悬置单腔模结构DV验收报告 (3)M1悬置样件及样车需求清单 (4)悬置安装点NTF和VTF第二轮分析报告 (5)悬置安装点NTF和VTF性能分析报告 (6)悬置单腔模NVH性能验收签发报告 (7)悬置路径整车响应风险CAE评估分析报告 (8)悬置系统设计方案发布以及悬置2D图
5	PA-PEC	悬置多腔模样件PV验收和悬置工装件及样车准备	悬置关键件NVH验收	(1)悬置多强模件PV性分析报告 (2)悬置安装点传递函数及动刚度签发报告 (3)悬置路径整车响应CAE对标分析报告 (4)悬置系统方案签发报告
6	FEC-LR	工作样车NVH评审及设计总结	悬置工装样车NVH评审样车传动系统NVH性能	(1)工作样车主观驾评跟踪表 (2)悬置系统NVH总结报告
7	LR-JOB1	量产签署	量产悬置整车NVH签署	量产车NVH主观驾评结果
8	JOB1-OKTB	量产NVH一致性校核	—	—

2.2.3 悬置系统NVH目标设定

悬置系统NVH目标设定包括悬置系统整车级NVH目标设定、悬置系统刚体模态NVH目标设定以及悬置系统支架模态与动刚度NVH目标设定三部分。

2.2.3.1 悬置系统整车级NVH目标设定

悬置系统整车级NVH目标主要包括怠速、启动/熄火以及3挡加速工况被动侧振动,整车级NVH目标设定主要步骤如下。

第一步:完成标杆车及竞品车悬置系统NVH性能主观评价及对标分析测试报告。

第二步：基于标杆车及竞品车悬置系统测试报告，根据项目主观评价得分及拟达到的性能定位分，初步给出悬置被动侧振动目标或目标区间。

第三步：对同平台车悬置系统的 NVH 弱点问题进行收集、分析，提出规避意见或否定意见。

第四步：以标杆车、竞品车对标分析所确定的初步参考目标值或目标值区间为主要依据，根据平台化目标进行必要的调整，完成悬置系统被动侧振动目标的确定。

（1）怠速工况被动侧振动目标制定

悬置系统怠速工况被动侧振动目标为怠速关空调工况（手动挡车型包括 P 与 R 挡怠速，自动挡车型包括 P、D 与 R 挡怠速）5～100Hz 被动侧振动均方根值（RMS）（表 2-15）和发动机点火阶次频率下被动侧振动值（表 2-16）。

表 2-15　怠速关空调工况 5～100Hz 被动侧振动 RMS 目标

评价指标		单位	建议值
前悬置	X	mm/s	≤0.25
	Y	mm/s	≤0.20
	Z	mm/s	≤0.40
后悬置	X	mm/s	≤0.25
	Y	mm/s	≤0.25
	Z	mm/s	≤0.30
左悬置	X	mm/s	≤0.30
	Y	mm/s	≤0.20
	Z	mm/s	≤0.50
右悬置	X	mm/s	≤0.30
	Y	mm/s	≤0.20
	Z	mm/s	≤0.50

表 2-16　怠速关空调工况发动机点火阶次频率下被动侧振动目标

评价指标		单位	建议值
前悬置	X	mm/s	≤0.20
	Y	mm/s	≤0.20
	Z	mm/s	≤0.25
后悬置	X	mm/s	≤0.20
	Y	mm/s	≤0.20
	Z	mm/s	≤0.20
左悬置	X	mm/s	≤0.25
	Y	mm/s	≤0.20
	Z	mm/s	≤0.45
右悬置	X	mm/s	≤0.25
	Y	mm/s	≤0.20
	Z	mm/s	≤0.45

（2）启动/熄火工况被动侧振动目标制定

悬置系统启动/熄火工况被动侧振动目标是以时域数据为评价基础，对悬置被动侧振动进行1～32Hz带通滤波，分别取各悬置X向、Y向和Z向滤波后的时域数据峰-峰值的最大量级作为目标，见表2-17。

表2-17 启动工况被动侧振动时域数据峰-峰值目标

评价指标		单位	建议值
前悬置	X	g	≤0.025
	Y	g	≤0.030
	Z	g	≤0.045
后悬置	X	g	≤0.025
	Y	g	≤0.030
	Z	g	≤0.050
左悬置	X	g	≤0.035
	Y	g	≤0.030
	Z	g	≤0.050
右悬置	X	g	≤0.035
	Y	g	≤0.030
	Z	g	≤0.050

（3）3挡全油门加速工况被动侧振动目标

悬置系统被动侧振动目标：a. 随着发动机转速变化的整体振动曲线，见图2-40；b. 发动机点火阶次频率下的振动曲线，见图2-41。

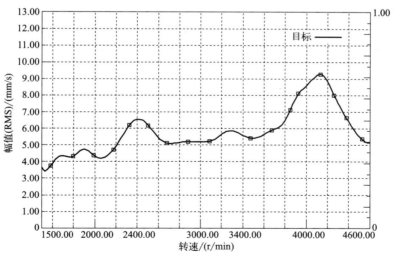

图2-40 加速悬置被动侧振动目标

2.2.3.2 悬置系统刚体模态NVH目标设定

悬置系统刚体模态是指在整车模态范围内（＜20Hz）动力总成与悬置系统形成的6个较低频率，前驱横置车型的动力总成刚体模态见图2-42，后驱纵置车型的动力总成刚体模

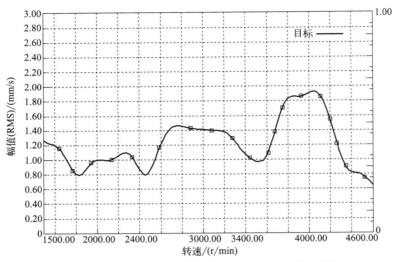

图 2-41 加速悬置被动侧振动发动机点火阶次频率目标

态见图 2-43；悬置系统刚体模态目标包括刚体模态频率范围与解耦率要求以及刚体模态避频要求。

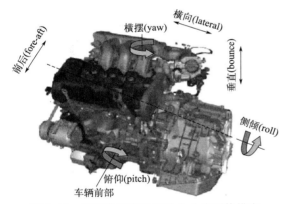

图 2-42 前驱横置车型的动力总成刚体模态

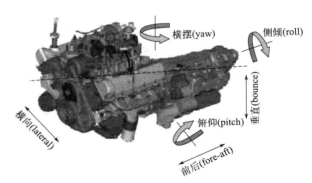

图 2-43 后驱纵置车型的动力总成刚体模态

(1) 刚体模态频率范围与解耦率要求

一般来说，6 个刚体模态在半阶频率（约 5Hz）和整车最低响应频率（约 19Hz）之间，6 个刚体模态应该互相解耦，避免一个模态的共振影响到其他模态，然而完全的解耦很难实现，刚体模态频率范围与解耦率要求目标见表 2-18。

表 2-18 刚体模态频率范围与解耦率要求目标

序号	系统分类	条目	建议值	单位
1	悬置系统	roll 模态频率范围	6～11	Hz
2	悬置系统	bounce 模态频率范围	8～12	Hz
3	悬置系统	fro-aft 模态频率范围（FWD） lateral 模态频率范围（RWD）	≥8	Hz

续表

序号	系统分类	条目	建议值	单位
4	悬置系统	roll 模态频率解耦率	≥85	%
5	悬置系统	bounce 模态频率解耦率	≥85	%
6	悬置系统	fro-aft 模态频率解耦率（FWD） lateral 模态频率解耦率（RWD）	≥70	%

（2）刚体模态避频要求

主要的刚体模态相互之间需要与激励频率和其他系统模态进行避频，防止由于共振导致振动放大。刚体模态频率避频要求目标见表 2-19。

表 2-19 刚体模态避频要求目标

序号	系统分类	条目	建议值	单位
1	悬置系统	roll、bounce 模态频率与发动机 0.5 阶和 1 阶激励频率间隔	≥1	Hz
2	悬置系统	roll、bounce 模态频率与打气泵激励频率间隔	≥1	Hz
3	悬置系统	roll 模态频率与 bounce 模态频率间隔	≥1	Hz
4	悬置系统	roll 与 fore-aft 模态频率间隔（FWD） roll 与 lateral 模态频率间隔（RWD）	≥1	Hz
5	悬置系统	roll、bounce 模态频率与车架主要模态（1 阶弯曲/1 阶扭转）间隔	≥1	Hz
6	悬置系统	roll、bounce 模态频率与悬挂 hop 模态频率间隔	≥1	Hz
7	悬置系统	roll、bounce 模态频率与车架主要模态（1 阶弯曲/1 阶扭转）间隔	≥1	Hz
8	悬置系统	启动第一次点火转速激励频率与 roll 模态频率间隔	≥1	Hz
9	悬置系统	扭转减振器共振频率与 roll 模态频率间隔	≥1	Hz

2.2.3.3 悬置系统支架模态与动刚度 NVH 目标设定

悬置主动侧支架各向的 1 阶模态频率应该在发动机常用转速（一般为 600～6000r/min）对应的频率外，从而可以保证主动侧支架在发动机常用转速内不发生共振，避免整车级问题的发生；通常悬置主动侧支架 1 阶模态频率不低于 480Hz，同时被动侧支架的 1 阶模态频率需要与主动侧支架 1 阶模态频率避开 20% 以上，并且为了保证悬置传递尽量小的振动，需要尽量提升悬置主被动侧支架的动刚度。

悬置系统主动侧支架 1 阶模态频率目标可以用下面的公式进行计算。

$$F=\frac{(A+200)\times 2B\times 1.15}{60}(\text{Hz}) \qquad (2\text{-}16)$$

式中，F 为最小共振频率；A 为最大发动机转速；B 为发动机点火阶次。

以三点悬置布置的四缸发动机为例，悬置主动侧支架 1 阶模态频率目标是

$$F=\frac{(6000+200)\times 2\times 2\times 1.15}{60}=475(\text{Hz})$$

悬置主被动侧支架模态与动刚度要求目标见表 2-20。

表 2-20　悬置主被动侧支架模态与动刚度要求目标

序号	系统分类	条目	建议值	单位
1	悬置系统	悬置主动侧支架 1 阶模态频率	≥500	Hz
2	悬置系统	悬置被动侧支架 1 阶模态频率与主动侧支架 1 阶模态频率分离	≥20	%
3	悬置系统	悬置主动侧支架动刚度	≥2000	N/mm
4	悬置系统	悬置被动侧支架动刚度	≥10000	N/mm

2.2.4　悬置系统 NVH 设计指导

悬置系统 NVH 设计指导主要包括悬置橡胶设计与悬置支架设计两部分。

2.2.4.1　悬置橡胶设计

悬置橡胶设计包含悬置动静刚度曲线设计与阻尼曲线设计，通过橡胶动静刚度曲线与阻尼曲线的设计，从而确定悬置橡胶的结构。

(1) 悬置静刚度曲线设计

悬置静刚度曲线是悬置受力与悬置位移的对应曲线，悬置的静刚度指悬置静刚度曲线中力的变化量与位移变化量的比值，悬置每个方向（X、Y 和 Z）都有一条对应的静刚度曲线。

静刚度曲线是由悬置尺寸、形状、方向和橡胶的体积决定的，悬置静刚度曲线也被用来研究动力总成的运动包络和耐久。

① 静刚度曲线设计一般原则。

典型悬置采用五段式静刚度曲线，如图 2-44 所示；前驱横置车型并且扭矩轴布置形式的悬置系统，典型工况在静刚度曲线的工作点要求如下。

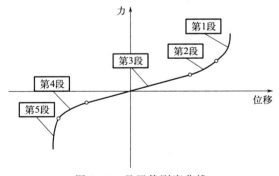

图 2-44　悬置静刚度曲线

a. 静载工况，悬置的工作点在第 3 段（线性段）内，对于左、右悬置而言，橡胶悬置 Z 向静载位移约 5mm，液压悬置（考虑到 NVH 性能）的静载位移可以较大一些，但不大于 8mm；四点悬置设计方案如果要使悬置系统 NVH 性能表现较好，则最好使前悬置静载不受力，后悬置仅受小部分力；三点拉杆悬置设计方案如果要使悬置系统 NVH 性能表现较好，则最好使后悬置不受力。

b. 3 挡全油门加速工况，悬置的工作点在第 3 段内，或靠近第 3 段的软拐点。

c. 2挡全油门加速工况，悬置的工作点在第2段内。

d. 1挡全油门加速工况，悬置的工作点在第1段内。

e. 倒挡30％油门开度加速工况，悬置的工作点在第3段内，或靠近第3段的软拐点。

f. 倒挡全油门加速工况，悬置的工作点在第5段内。

② 静刚度曲线设计一般步骤。

静刚度曲线设计的目的是确定悬置各方向的静刚度曲线，主要包括：悬置静刚度值、悬置线性段长度、悬置非线性段位移。

步骤1：确定悬置静刚度值。

设定悬置静刚度曲线，需先确定悬置线性段静刚度，悬置线性段静刚度主要由悬置系统刚体模态频率以及静载位移决定。

通过优化悬置三向动刚度，使悬置系统刚体模态和解耦率满足设计要求。

悬置线性段静刚度为在模型中优化后的悬置三向动刚度除以动静比，通常液压悬置主方向动静比大概为2，橡胶悬置动静比大概为1.3。

步骤2：确定悬置线性段长度。

对于悬置静载承力方向（如左、右悬置Z向），线性段长度一般为10～12mm。

对于悬置抗发动机扭矩方向，线性段正、负方向长度一般通过3挡全油门加速工况和倒挡30％油门开度加速工况工作点确定。

悬置非主要方向的线性段长度（单位：mm）一般为（－5,＋5）。

对于三点悬置系统，左、右悬置X方向线性段正、负方向最大长度应比3挡全油门加速工况和倒挡30％油门开度加速工况工作点大1～2mm；后悬置线性段正方向最大长度可设为5～8mm，负方向可设为5mm；某三点悬置车型悬置线性段长度见表2-21。

对于四点悬置系统，左、右、前、后悬置抗扭矩方向线性段正、负方向最大长度应比3挡全油门加速工况和倒挡30％油门开度加速工况工作点大1～2mm；某四点悬置车型悬置线性段长度见表2-22。

表2-21 某车三点悬置车型悬置线性段长度

悬置	线性段长度/mm		
	X	Y	Z
左悬置（橡胶衬套）	（－5,5）	（－5,5）	（－10,0）
右悬置（塔式液压）	（－5,5）	（－5,5）	（－10,0）
后悬置（拉杆）	（－10,5）	（－5,5）	（－5,5）

表2-22 某车四点悬置车型悬置线性段长度

悬置	线性段长度/mm		
	X	Y	Z
左悬置（橡胶衬套）	（－5,5）	（－5,5）	（－10,0）
右悬置（塔式液压）	（－5,5）	（－5,5）	（－10,0）
前悬置（橡胶衬套）	（－5,5）	（－5,5）	（－12,12）
后悬置（橡胶衬套）	（－5,5）	（－5,5）	（－12,12）

步骤 3：确定悬置非线性段位移。

分析 2 挡全油门加速工况悬置受力、位移，保证悬置的工作点在第 2 段内；分析 1 挡全油门加速工况悬置受力、位移，保证悬置的工作点在第 1 段内；分析倒挡全油门加速工况悬置受力、位移，保证悬置的工作点在第 5 段内。

第 2 段静刚度一般为第 3 段静刚度的 3 倍，第 2 段长度一般为 5mm，特殊情况下，后拉杆 X 向第 2 段静刚度一般为第 3 段静刚度的 2 倍，第 2 段长度为 8~10mm。

悬置静刚度曲线的总限位长度推荐值（单位：mm），左、右悬置 X、Y 向（-15，15），Z 向（-20，10）；前、后悬置 X、Y 向（-10，10），Z 向（-15，15）；后拉杆 X 向（-15，15），Y、Z 向（-10，10）。

（2）悬置动刚度曲线设计

动刚度曲线是在一定预载或预位移条件下频率对悬置刚度的曲线。通过该曲线可以详细设计悬置主簧的尺寸、形状、角度和配方，该曲线也定义了悬置的类型（传统的，液压的，或其他的），并且该曲线也被输入模型用于预测振动和噪声。

在系统级，动刚度曲线通过分析每个工况（如急速、1 挡全油门加速工况）的力或位移，定义出每个关键工作点的频率和动刚度，将每个悬置的这些工作点拟合起来就形成了悬置动刚度曲线。

无论是分析还是测试都可以发现，预载和振幅会影响悬置动刚度。对传统悬置来说，预载对动刚度有明显影响，并与主簧承载方式有关（如压缩型、有角度悬置和剪切型等），随着预载的增大，动刚度增大，压缩型悬置动刚度增大的比例要大于有角度悬置和剪切型悬置（在预载方向），剪切型悬置的动刚度增大比例最小；振幅（激励位移）同样会显著影响动刚度，同样与主簧承载方式有关（如压缩型、有角度悬置和剪切型等），随着振幅增大，动刚度降低，压缩型悬置动刚度降低的比例要大于有角度悬置和剪切型悬置（在预载方向），剪切型悬置的动刚度降低比例最小。

动刚度曲线一般可以分为两部分，包括低频动刚度曲线与高频动刚度曲线，低频范围为 2~50Hz，高频范围为 50~1000Hz。

悬置动刚度曲线设计一般步骤主要包括：确定低频动刚度曲线以及确定高频动刚度曲线。

步骤 1：确定低频动刚度曲线。

确定 2~50Hz 区间低频动刚度曲线。通过动力总成刚体模态频率、解耦率以及急速工况悬置被动侧振动等目标组成的约束条件来确定最优的低频动刚度曲线。

根据制造可行性、耐久性以及装配条件（如当把悬置安装在排气管附近时，若不使用隔热罩，悬置与排气管的距离至少为 100mm），初步确定悬置动刚度、悬置类型、悬置布置位置。

根据初步确定的悬置动刚度、悬置类型以及悬置布置位置等，计算悬置系统刚体模态频率与解耦率，进行目标评估及动刚度曲线设计。

根据 2~50Hz 区间的动刚度曲线，在急速工况下，分析整车悬置被动侧振动大小，并进行数字化目标评估及工程设计，其具体流程见图 2-45。

步骤 2：确定高频动刚度曲线。

通过步骤 1 确定 2~50Hz 低频区间的动刚度曲线，然后根据橡胶特性变化规律，通过低频动刚度曲线预测高频动刚度曲线。

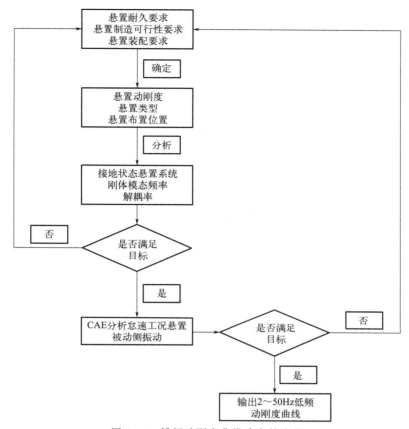

图 2-45 低频动刚度曲线确定的流程

(3) 悬置阻尼曲线设计

阻尼曲线描述的是动力总成悬置对一定预载或位移，在一定频率带激励的能量消耗量，该曲线用于定义悬置的尺寸、形状、角度、配方（也就是橡胶主簧中组成成分及比例）和悬置形式(是传统型悬置、液压悬置还是其他悬置等)。

悬置的阻尼对衰减振动效果明显，相位角越大（在 10~14Hz），振动越低。

阻尼曲线是通过各种运行工况（包括怠速、1 挡全油门等工况）工作点定义的阻尼来确定的。

2.2.4.2 悬置支架设计

对悬置主被动侧支架 1 阶模态频率进行 CAE 分析，主动侧 1 阶模态频率需要满足悬置系统主动侧支架 1 阶模态频率目标，被动侧支架的 1 阶模态频率需要满足与主动侧支架 1 阶模态频率避开 20% 以上，如果 CAE 分析结果不满足，需要对悬置支架结构进行优化使其达到目标。

对悬置主被动侧支架动刚度进行 CAE 分析，主被动侧动刚度需要满足主被动侧动刚度目标，动刚度目标一般为通用目标，例如前驱横置车型主动侧支架动刚度通用目标为 2000N/mm、被动侧支架动刚度通用目标为 10000N/mm，如果 CAE 分析结果不满足，需要对悬置支架结构进行优化使其达到目标。

2.3 进气系统 NVH 开发

2.3.1 进气系统简介

空气从进气管口进来,流入进气空滤器,空气中的灰尘和杂质被过滤网滤掉。干净的空气流入增压器,进行进气压力增压,经过中冷进气管流入中冷器进行空气温度降低处理,最后通过中冷出气管、节气门、进气歧管进入发动机气缸。发动机空气吸入量通过节气门阀门控制,其中节气门由发动机 ECU(elecmal control unit)控制。发动机 ECU 收集节气门和燃油油量信号,根据发动机工作曲线调节空气和燃油进入发动机缸内的比例,使得发动机燃烧性能达到最佳。

进气系统由进气空滤器总成、进气消声器、中冷进气管、中冷出气管、进气压力传感器、节气门、进气歧管等组成,如图 2-46 所示。

图 2-46 进气系统组成

1—进气管口;2—通气管道;3—进气空滤器总成;4—进气谐振腔;5—进气消声器;6—增压器;
7—中冷进气管;8—中冷器;9—中冷出气管;10—进气压力传感器;11—节气门;12—进气歧管

2.3.2 进气系统 NVH 开发流程

整车进气系统 NVH 开发流程主要包括目标设定、各节点管控签发等工作,各节点具体工作见表 2-23。

表 2-23 进气系统 NVH 开发流程

序号	节点	核心工作	主要工作内容	提交物
1	MR-KO	进气系统性能定位	布置形式确定 初版进气目标制定,支持进气系统发包	进气系统 NVH 初版目标报告

续表

序号	节点	核心工作	主要工作内容	提交物
2	KO-SI	进气系统 NVH 目标制定	对标杆车、竞品车进气系统 NVH 进行摸底分析 与供应商沟通，进行进气系统定厂	进气系统 NVH 终版目标报告
3	SI-SC	进气系统数字样车签发	对数字样车进行 CAE 分析及优化工作	进气系统 CAE 分析报告
4	SC-PA	进气系统 M1 样车 DV 验证工作	对 M1 样车进行整车级进气系统 NVH 调音工作	进气系统 M1 阶段签发报告
5	PA-PEC	进气系统 VP 样车 PV 验证	对 VP 样车进行进气系统工装样件 NVH 验证工作	进气系统 VP 阶段签发报告
6	FEC-LR	TT 样车进气系统 NVH 评审及设计总结	进气系统 TT 样车 NVH 评审	进气系统 TT 样车主观驾评跟踪表、进气系统 NVH 总结报告
7	LR-JOB1	量产签署	进气系统整车 NVH 签署	量产车 NVH 主观驾评结果
8	JOB1-OKTB	量产 NVH 一致性校核	—	—

2.3.3 进气系统 NVH 目标设定

根据整车 NVH 属性要求，以标杆车、竞品车对标分析结果为主要依据，完成进气系统 NVH 目标的确定。进气系统 NVH 目标设定如表 2-24 所示。

表 2-24 进气系统 NVH 目标设定

序号	名称	目标	设定依据
1	进气管口辐射噪声	推荐≤105dB(A)	标杆车和竞品车
2	空滤壳体模态	汽油车型推荐≥250Hz 柴油车型推荐≥183Hz	标杆车和竞品车
3	车内加速气流噪声	推荐≤背景噪声+3dB(A)	标杆车和竞品车
4	车内丢油门泄气噪声	推荐<45dB(A)	标杆车和竞品车

(1) 进气管口辐射噪声

进气口噪声属于发动机的空气动力噪声，其主要成分包括周期性压力脉动噪声、涡流噪声、进气管的气柱共振噪声和气缸的亥姆霍兹共振噪声等。进气口噪声是进气系统重要的噪声之一。进气口噪声值参考范围如表 2-25 所示。

表 2-25 进气口值噪声参考范围

平台车型	发动机类型	转速范围/(r/min)	噪声值参考范围/dB(A)
SUV	汽油	1000~5000	70~105
轻客	汽油	1000~5000	70~105
	柴油	1000~4000	75~105

续表

平台车型	发动机类型	转速范围/(r/min)	噪声值参考范围/dB(A)
皮卡	汽油	1000~5000	70~100
皮卡	柴油	1000~4000	75~100
轻卡	柴油	1000~3500	80~105

（2）空滤壳体模态

进气气流激励空滤壳体，壳体振动会向外辐射噪声，自身的结构设计必须满足一定的刚度和强度要求，其固有频率要高于发动机点火激励的频率，一般四冲程发动机的要求按如下公式控制。

$$F > \frac{发动机最高额定转速}{60} \times 2 \times 安全系数 \tag{2-17}$$

式中，一般推荐安全系数为 1.25。

提高空滤壳体固有频率的方法有：a. 在空滤内外壳体表面增加带有特征的加强筋；b. 空滤壳体避免存在大面板结构；c. 选用弹性模量更大的材料；d. 增加壳体壁厚。

（3）车内加速气流噪声

车内加速气流噪声主要包含进气管口、空滤出管、中冷进管和中冷出管的辐射噪声。其中进气管口噪声见表 2-25。空滤出管、中冷进管和中冷出管的辐射噪声主要为增压器气流（whoosh&hiss）噪声。

在油门瞬间加大或者减小时，叶轮转速在相对短的时间内迅速提升或者瞬间降低，压气机接近喘振工作线，造成气流从叶片或扩压器上分离，气流不稳定引起压气机工作不稳定和振动时产生增压器 whoosh&hiss 噪声。进气 whoosh&hiss 噪声推荐 $\Delta F \leq 3dB(A)$，参考图 2-47。

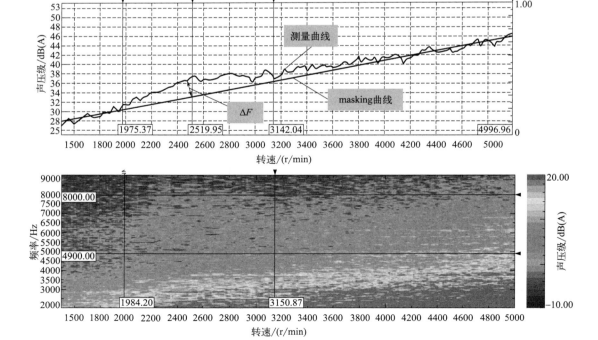

图 2-47 进气 whoosh&hiss 噪声

(4) 车内丢油门泄气噪声

当急收油门使节气门开度迅速减小时,增压器叶轮在惯性作用下还在做功,为了防止由于高压气体在节气门与增压器之间来回振荡导致增压器零件损坏,泄压阀会及时打开。在这个泄压过程中,会形成泄气噪声,严重影响了乘客的舒适度。车内丢油门泄气噪声推荐<45dB(A),参考图2-48。

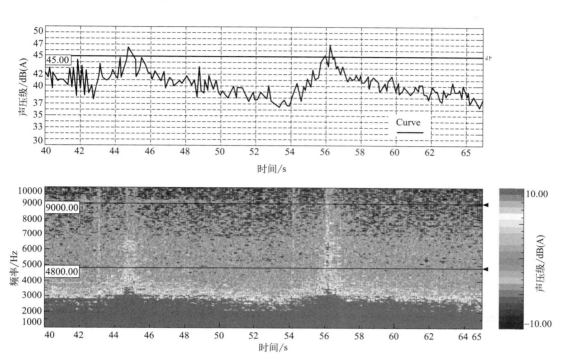

图 2-48　车内丢油门泄气噪声

2.3.4　进气系统 NVH 设计指导

在进气系统 NVH 目标确定工作后,进一步进行进气系统 NVH 设计。本工作包括进气口位置的设计、空滤总成的设计、旁支消声器的设计和柔性连接管的设计。

设计总体依据:进气系统的 NVH 问题类型、用户抱怨问题及项目定位。

设计总体原则:进气系统应避免因进气管路过长导致的声腔和结构模态,进而减少产生低频共振问题。

2.3.4.1　进气口位置的设计

进气口的位置选择要考虑以下两个因素。

① 针对 NVH 性能,进气管口噪声是进气系统的主要噪声源,故在前期设计时,让进气口远离汽车车内驾驶员及乘客的人耳。

② 针对发动机性能,尽可能避免进气口吸入水、灰尘、雪及其他杂质;进气口的温度影响发动机的燃烧效率,故进气口尽可能布置在温度较低的环境中。

综合以上因素,进气口布置位置通常有以下三类。

① 进气口布置在冷却风扇或中冷器上方或前方。

这类布置，优点为车内 NVH 性能较好、有足够冷空气进入发动机，发动机燃烧效率较好；缺点为进气口易吸入水、灰尘、雪及其他杂质，如图 2-49 所示。

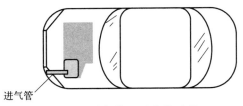

图 2-49　进气管口远离发动机

② 进气口布置在发动机舱内（发动机前方或上方）。

这类布置，优点为进气口不易吸入水、灰尘、雪及其他杂质，车内 NVH 性能一般（部分声音通过车身前围传递至车内）；缺点为发动机舱内空气温度较高，发动机燃烧效率较差，如图 2-50 所示。

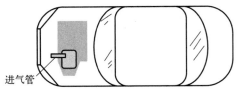

图 2-50　进气管口在发动机的前面或者上方

③ 进气口布置在车身翼子板里面。

这类布置，优点为进气口不易吸入水、灰尘、雪及其他杂质，进气口所处的温度较低，发动机燃烧效率较好；缺点为车内 NVH 性能较差（车内翼子板到车内的吸隔声性能较差，声音易传递至车内；进气口空气声易与车身翼子板结构产生共振，产生轰鸣声），如图 2-51 所示。

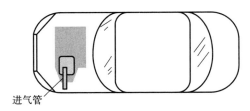

图 2-51　进气管口在侧板里面

2.3.4.2　空滤总成的设计

空滤总成的功能有两个：一是过滤吸入的空气，防止各种杂质进入发动机，影响发动机使用寿命；二是空滤总成相当于一个扩张消声器，用来消除进气口的中低频噪声。如图 2-52 所示为空滤总成简易示意。

其传递损失为

$$\mathrm{TL}=10\lg\frac{1}{T_\mathrm{w}}=10\lg\left[1+\frac{1}{4}\left(\frac{1}{m}-m\right)^2\sin^2\left(\frac{2\pi L}{\lambda}\right)\right] \quad (2\text{-}18)$$

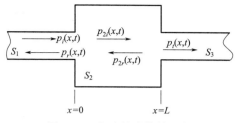

图 2-52 空滤总成简易示意

式中，$m=S_1/S_2$，称为扩张比；L 为空滤总成的长度。

根据以上公式，主要影响因素为扩张比和空滤总成的长度。扩张比越大、空滤总成长度越大，传递损失越大，即消声性能越佳。增大扩张比主要通过减小管道面积或空滤总成的面积。减小管道面积会导致进气阻力增大，降低发动机功率；空滤总成面积主要根据发动机舱安装空间确定。故在设计过程中，需要平衡空滤总成的传递损失和发动机的功率。此外，将进气管延伸至空滤总成内，也会提升空滤总成的传递损失。具体如图 2-53 所示。

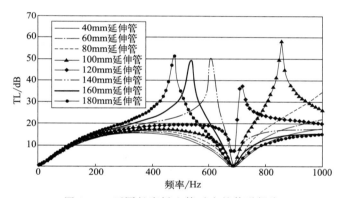

图 2-53 不同长度插入管对应的传递损失

在汽车设计初期，就必须预留出足够的空间（一般要求空滤容积≥5×发动机排量）来安装空滤。此外，气流激励空滤本身振动会向外辐射噪声，自身的结构设计必须满足一定的刚度和强度要求，其固有频率一般要高于可能激励的频率，通常要求≥400Hz。提高空滤壳体固有频率的方法有：在空滤内外壳体表面增加带有特征的加强筋、空滤壳体避免存在大面板结构、选用弹性模量更大的材料、增加壳体壁厚。另外，由于空滤固定在车身上，为防止振动通过托盘和橡胶垫传递到车身上引起共振，需要车身接附点刚度足够高，这样橡胶垫才能起到较好的隔振作用。

2.3.4.3 旁支消声器（共振消声器）的设计

旁支消声器主要有亥姆霍兹消声器和 1/4 波长管。这种消声器因连接在进气主管上，故又称为抗性消声器（共振消声器）。相对空滤总成，旁支消声器主要消除单一频率或者频率较窄的噪声，主要应用在频率 50~1000Hz。此外，根据旁支消声器消声原理，该消声器需布置在进气系统声腔模态的反节点位置。空滤总成一般为进气系统的声腔模态节点，故不建议将该消声器布置在空滤总成上。

(1) 亥姆霍兹消声器

亥姆霍兹消声器主要布置在进气主管路上，包含喉管和消声容器，如图 2-54 所示。当声波从进气主管路进入消声容器后，进气主管路、喉管和消声容器交界处的声阻抗发生变化，使沿进气主管道传播的声波向声源方向反射回去，达到消声的作用。

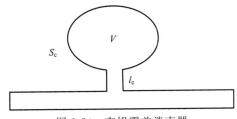

图 2-54 亥姆霍兹消声器

图 2-54 中 S_c、l_c、V 分别是连接管的截面面积、长度和容积。当声阻抗为零时，系统达到共振，此时在声速 c 下的频率为

$$f = \frac{c}{2\pi}\sqrt{\frac{S_c}{Vl_c}} \tag{2-19}$$

根据分析进气主管路、喉管和消声容器交界处的声压及声速边界条件，可计算出亥姆霍兹消声器的传递损失为

$$TL = 10\lg\left[1 + \left(\frac{\frac{\sqrt{\frac{S_c V}{l_c}}}{2S_m}}{\frac{f}{f_r} - \frac{f_r}{f}}\right)^2\right] \tag{2-20}$$

式中，V 为消声容器的体积；l_c 为喉管的长度；S_c 为喉管的横截面积；S_m 为进气主管路的横截面积。

从以上公式看，传递损失与消声容器的形状无关联。

在汽车开发前期，需要对进气系统进行 DPA（destructive physical analysis）检查，保证有足够的空间布置亥姆霍兹消声器。

传统的亥姆霍兹消声器只能消除 1 个中心频率及其周边频率噪声。为了增加消声频率范围，可采用 2 个消声容器外部串联和内部串联方式，如图 2-55 和图 2-56 所示；其中 2 个消声容器外部串联方式可消除 2 个中心频率，2 个消声容器内部串联方式虽然也可消除 2 个中心频率，但其传递损失相对减小。

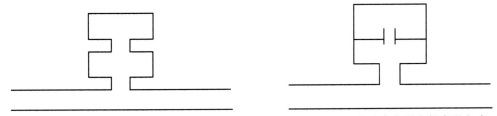

图 2-55 两个消声容器外部串联方式　　　　图 2-56 两个消声容器内部串联方式

（2）1/4 波长管

1/4 波长管主要也布置在进气主管路上，主要由封闭的喉管组成，如图 2-57 所示。当声波从进气主管路进入喉管后，声波被喉管的封闭面反射至主管路内，部分反射声波的频率相位与主管路内相同频率的声波相互抵消，从而降低主管路内某些频率的声压值。

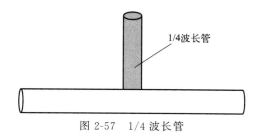

图 2-57　1/4 波长管

传递损失为

$$\mathrm{TL} = 10\lg\left[1+\frac{1}{4}\left(m\tan\frac{2\pi L}{\lambda}\right)^2\right] \tag{2-21}$$

式中，L 为喉管的长度；m 为喉管的横截面积与主管道横截面积的比值。

当 $\frac{2\pi L}{\lambda} = \frac{2n-1}{2}\pi(n=1,2,3\cdots)$ 时，其传递损失达到最大。此时，喉管的长度为 $L = \frac{2n-1}{4}\lambda$。当 $n=1$ 时，喉管的长度为主管道波长的 1/4（1/4 波长管名字的由来），其共振频率为

$$f_0 = \frac{(2n-1)c}{4L} \tag{2-22}$$

影响 1/4 波长管传递损失的参数有喉管的长度、喉管的横截面积与主管道横截面积的比值。

2.3.4.4　柔性连接管的设计

进气系统的一端与发动机相连，另一端与车身连接，因此降低发动机的振动传递到车身上是十分必要的。进气导流管道中应设计一段比其他进气管道刚度小得多的管道，大大降低传递到车身上的振动，防止振动和振动产生的噪声传到车内。另外，柔性连接管道较其他管道容易直接辐射进气系统的噪声，柔性连接管道的位置应尽可能远离车厢或者是包裹柔性连接管。

2.4　排气系统 NVH 开发

2.4.1　排气系统简介

汽车排气系统是指安装在车辆底盘上，用于控制车辆排气污染和排气噪声的装置。它由排气歧管、排气后处理装置（含汽油车催化转化器、柴油车后处理装置等）、柔性管、消声器、排气管总成和悬挂总成等零部件组成，如图 2-58 所示。

其中，排气歧管主要是指发动机燃烧后的废气从缸盖气道出口到各分支管汇总到一起的

图 2-58 某排气系统

整段管路；排气后处理装置主要是指装在汽车排气系统中最重要的机外净化装置，它可将汽车尾气排出的一氧化碳（CO）烃类化合物（HC）和氮氧化物（NO_x）等有害气体通过氧化和还原作用转变为无害的二氧化碳、水和氮气，又称三元催化器。柔性管一般是指安装在热端与冷端之间，用于两连接端的运动解耦，使发动机的振动不能或部分传递到排气系统冷端。消声器是控制排气尾管噪声最为关键的元件，其内部结构设计直接决定了整套排气系统的消声性能。悬挂总成用于承受排气系统静态和动态力，而且还可解耦排气系统传递至车身的力。

2.4.2 排气系统 NVH 开发流程

整车排气系统 NVH 开发主要包括排气系统结构 NVH 以及声学 NVH 开发。在进行 NVH 开发过程中，主要依据排气系统 NVH 开发同步图进行。其中主要节点工作内容见表 2-26。

表 2-26 排气系统 NVH 开发流程

序号	节点	核心工作	主要工作内容	提交物
1	MR-KO	排气系统性能定位	评估潜在的排气 NVH 风险 排气系统布置评估 初版排气目标制定，支持排气系统发包	排气系统布置评估报告 排气系统 NVH 初版目标报告
2	KO-SI	排气系统 NVH 目标制定	对标杆车、竞品车排气系统 NVH 进行摸底分析 与供应商沟通进行排气系统定厂	排气系统 NVH 终版目标报告
3	SI-SC	进气系统数字样车签发	对数字样车进行 CAE 分析及优化工作	排气系统 CAE 分析报告
4	SC-PA	排气系统 M1 样车 DV 验证工作	对 M1 样车进行整车级排气系统 NVH 调音工作	排气系统 M1 阶段签发报告
5	PA-PEC	排气系统 VP 样车 PV 验证	对 VP 样车进行排气系统工装样件 NVH 验证工作	排气系统 VP 阶段签发报告
6	FEC-LR	TT 样车排气系统 NVH 评审及设计总结	排气系统 TT 样车 NVH 评审	排气系统 TT 样车主观驾评跟踪表、排气系统 NVH 总结报告
7	LR-JOB1	量产签署	排气系统整车 NVH 签署	量产车 NVH 主观驾评结果
8	JOB1-OKTB	量产 NVH 一致性校核	—	—

2.4.3 排气系统 NVH 目标设定

排气系统目标设定依据，主要根据以下内容进行。

① 完成标杆车及竞品车排气系统 NVH 性能主观评价及对标分析测试报告。

② 基于标杆车及竞品车排气系统测试报告，根据项目主观评价得分及拟达到的性能定位分析，初步给出排气系统 NVH 开发目标或目标区间。

③ 对同平台车排气系统的 NVH 弱点问题进行收集、分析，提出规避意见或否定意见。

④ 以标杆车、竞品车对标分析所确定的初步参考目标值或目标值区间为主要依据，根据平台化目标进行必要的调整，完成排气系统 NVH 最终的目标确定。

排气系统 NVH 性能设定依据见表 2-27。

表 2-27　排气系统 NVH 性能设定依据

输入	过程	输出
(1) 排气系统 TGW 数据 (2) 前期项目经验总结 (3) 竞品车 (4) 排气系统 NVH 数据库 (5) 项目目标定位	排气系统 NVH 驾评及测试依据： (1) 车辆排气尾口噪声半消声室测试规范 (2) 整车排气系统模态测试规范 (3) 排气消声器面板固有频率测试规范 (4) 整车排气系统壳体辐射噪声半消声室测试规范 (5) 整车排气系统吊钩力 NVH 测试规范	排气系统 NVH 目标

(1) 排气系统尾管口目标设定

排气系统尾管噪声是衡量排气系统消声效果的一个主要性能指标。根据竞标车的水平以及开发样车的市场定位，确定该样车的 NVH 声学性能目标，包括冷机怠速、热机怠速、热机急加速、起步蠕行、全油门/部分油门加减速带挡滑行、高转速气流噪声、最高挡位，如表 2-28 所示。

表 2-28　排气系统尾管口噪声目标设定

序号	目标条目	目标	设定依据
1	冷机怠速：排气尾管口噪声	建议≤64dB(A)	标杆车和竞品车
2	热机怠速(不带或带加负载)：排气尾管口噪声	建议≤60dB(A)	标杆车和竞品车
3	热机急加速：排气尾管口噪声	建议≤80dB(A)	标杆车和竞品车
4	起步蠕行：排气尾管口噪声	建议≤62dB(A)	标杆车和竞品车
5	全油门/部分油门加速：排气尾管口噪声	建议≤110dB(A)	标杆车和竞品车
6	带挡滑行：排气尾管口噪声	建议≤98dB(A)	标杆车和竞品车
7	高转速气流噪声	建议≤100dB(A)	标杆车和竞品车
8	最高挡位：排气口噪声	建议≤60dB(A)	标杆车和竞品车

(2) 消声器目标设定

消声器目标设定主要包括消声器容积设定和消声器模态设定。消声器容积指排气系统所有消声器的容积之和。消声器的容积决定了其消声量，因此容积确定的正确与否，将直接影响到整车的噪声水平。消声器的模态设定包含消声器壳体的模态频率、吊钩约束模态、消声器支架模态设定等，如表2-29所示。

表2-29 消声器目标设定

序号	目标条目	目标	设定依据
1	消声器容积与发动机功率比	建议0.1～0.3	标杆车和竞品车
2	消声器壳体的模态频率	建议≥600Hz	标杆车和竞品车
3	吊钩约束模态	建议≥250Hz	标杆车和竞品车
4	消声器支架模态	建议≥250Hz	标杆车和竞品车

(3) 吊钩目标设定

为了确定发动机从排气系统传递到车身侧吊钩的动态输入载荷，需要对排气系统车身侧的吊钩力进行把控。排气系统传递到车上吊钩处载荷计算方法为

$$F_r = K_r(X_{exh} - X_{body}) \tag{2-23}$$

式中，K_r为排气吊耳动刚度；X_{exh}为排气侧吊钩随频率变化的位移；X_{body}为车身侧吊钩随频率变化的位移。

排气系统吊钩目标设定主要包括急速及加速工况目标设定，如表2-30所示。

表2-30 吊钩力目标设定

序号	目标条目	目标	设定依据
1	加速2阶吊钩力	建议≤5N	标杆车和竞品车
2	加速4阶吊钩力	建议≤2.5N	标杆车和竞品车
3	加速6阶吊钩力	建议≤1.5N	标杆车和竞品车
4	急速2阶吊钩力	建议≤5N	标杆车和竞品车
5	急速4阶吊钩力	建议≤1N	标杆车和竞品车
6	急速6阶吊钩力	建议≤1N	标杆车和竞品车

2.4.4 排气系统NVH设计指导

排气系统设计时必须考虑到排气污染、NVH、可靠性、发动机功率损失等。其中排气系统NVH设计包括排气系统的结构性能设计和排气系统声学性能设计。排气系统的结构性能设计主要内容有排气系统整体布置设计、排气系统挂钩及吊耳设计、波纹管设计。排气系统声学性能设计主要内容有消声器设计、排气管路设计。

排气系统通过排气挂钩、吊耳与汽车相连，是结构声传递的一个重要路径。通过优化结构设计可以减少结构声传递到车内的声音，改善汽车NVH。一般流程为：前期通过CAE仿真或者借用标杆车、竞品车的结构设计形成初步的方案，后期通过整车测试调校达到最好状态。排气系统结构振动CAE设计流程和测试调校流程如图2-59与图2-60所示。

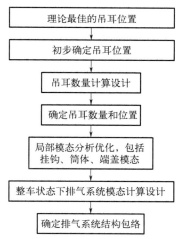
图 2-59 排气系统结构振动 CAE 设计流程

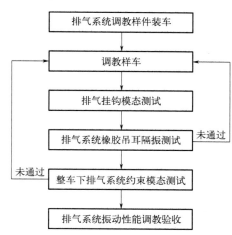
图 2-60 排气系统结构振动测试调校流程

对于排气系统声学性能,根据制定的目标进行分解,逐步实现声学方案的设计,流程如图 2-61 所示。

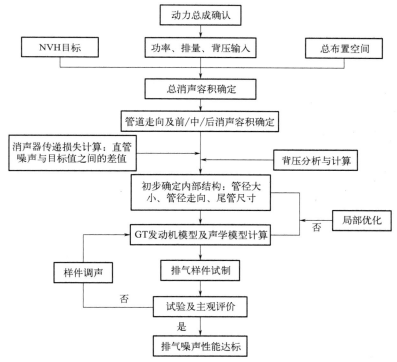
图 2-61 排气系统声学性能设计流程

2.4.4.1 整体布置设计

对一个完整的排气系统,从前到后,一般布置次序是排气歧管、催化转化器(后处理)、补偿器(波纹管)、副消声器、主消声器。排气系统的布置形式主要受发动机特性参数(气缸排列形式、排量和气缸数等)与汽车底盘空间的影响。排气系统常见的布置形式为单后消单排、单后消双排、双后消双排形式，如图2-62所示。

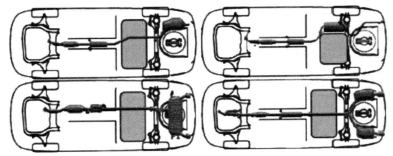

图2-62 排气系统布置形式

2.4.4.2 排气挂钩及吊耳设计

排气挂钩系统是由两个挂钩和一个吊耳组成的。与排气系统连接的一边叫主动端，其挂钩称为主动挂钩；与车体相连的一端叫被动端，其挂钩称为被动挂钩。排气系统挂钩设计的目的就是尽量减小通过排气系统传递到车身的振动，主要通过优化动力总成传递到排气系统的振动和排气系统传递到车身的振动两条振动传递的途径解决，同时避免振动传递过程部件产生的共振而引入新的振动激励源。挂钩的设计主要包括挂钩位置设计、挂钩数量设计、挂钩模态设计。

（1）挂钩位置设计

挂钩位置应该布置在模态位移比较小的地方，减少振动往车内传递引起车内振动噪声。挂钩位置主要依据平均驱动自由度位移法的理论，以及总布置空间位置和车身侧的刚度情况进行确定。

（2）挂钩数量设计

挂钩数量影响排气系统的力平衡。如果挂钩数量过少，车身侧的挂钩受力可能过大，导致吊耳变形量过大，存在可靠性风险；如果挂钩数量过多，造成设计冗余，增加成本。验证挂钩力平衡最基本的方法是对挂钩进行静态力平衡计算，计算吊耳的车身侧约束点的支反力和位移。一般设计目标值要求：支反力≤50N，位移≤5mm。

（3）挂钩模态设计

发动机的激励容易传递到挂钩本体，激起挂钩固有模态，进而引起结构共振。挂钩共振后，会数倍甚至数十倍地放大发动机激励，振动容易通过挂钩传递至车身，进一步引起车内地板的振动与噪声问题。因此，在进行排气系统设计时，应该对排气挂钩模态进行管控。挂钩模态目标值必须大于发动机最高转速时的主阶次频率。整车上要求设计目标值≥250Hz。

通常采用空心挂钩结构，使挂钩满足模态的设计。若挂钩初步设计不满足要求，可以在挂钩的侧面增加一截，与原挂钩进行焊接，来提升整体的刚体模态。

某挂钩分析结果如图2-63所示，模态测试结果如图2-64所示。

（4）橡胶隔振设计

采用隔振率评价一个橡胶吊耳工作效率。隔振率指的是主动端振动与被动端振动大小的比值。如果隔振率越大，隔振器的隔振效果就越好。加速度隔振率用分贝形式表达为

$$T_{dB} = 20\lg \frac{|a_a|}{|a_p|} \quad (2\text{-}24)$$

式中，a_a为主动端的加速度；a_p为被动端的加速度。通常设计标准隔振率在15dB。

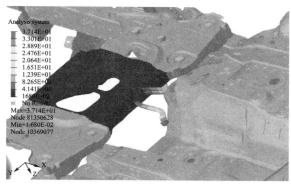

图 2-63 某挂钩分析结果

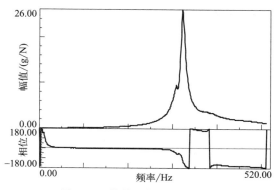

图 2-64 某挂钩模态测试结果

橡胶的设计还与吊钩力和系统的模态相关。橡胶的设计主要采用刚度合适的波纹管和橡胶吊耳。可以通过动态力的分析方法进行橡胶刚度设计,在发动机质心位置施加扭矩,提取车身侧挂钩的动态力,要求支反力≤10N。计算频率范围为 20~200Hz。

目前主要推荐中间有橡胶条的吊耳,这种吊耳的动刚度较低,乘用车排气系统前端 2 个吊耳推荐采用硅胶材料(图 2-65)。

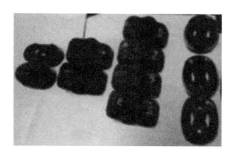 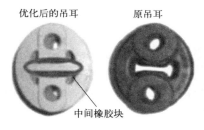 

图 2-65 橡胶选型

2.4.4.3 波纹管设计

波纹管的作用:隔离大位移振动,比如路面激励(坏路,起伏路);隔离发动机的振动;隔离高频振动,比如涡轮增压器啸叫;降低排气系统温度升高所产生的形状变化,弥补零部件制造安装误差。主要分为承载式、非承载式两种结构(表 2-31)。考虑到排气系统的振动解耦作用,目前主要采用非承载式波纹管。

表 2-31 波纹管的分类

波纹管类型	结构形式	优点	缺点
承载式波纹管		长度较短,可在更小的空间内使用;其后面不直接加挂钩,强度高	约束解耦能力较差,排气系统前后干扰
非承载式波纹管		约束解耦能力较好,排气系统前后独立	长度较长,所需空间较大,后面需加挂钩,强度低

2.4.4.4 系统模态设计

一般情况下，在整车 NVH 性能设计阶段，要求排气系统第 1 阶模态（垂向弯曲、横向弯曲以及扭转模态）必须和整车的主要激励频率（发动机怠速 2 阶）避开 3Hz；此外还必须与车身第 1 阶弯曲模态避开 3Hz。

在项目开发阶段，需要重点关注 20~200Hz 内排气系统的模态，该频率段内排气系统的模态比较容易引起整车 NVH 问题。因此在设计排气系统时，应该使 20~200Hz 频率范围内排气系统的模态数量尽可能少，如果该频率范围内模态数量过多，就可能与整车上的某个系统模态相耦合，引起相应的振动或噪声问题。

2.4.4.5 消声器设计

消声器是汽车上最为常用的消声结构，它主要安装于管路上，起到消除排气噪声的作用。汽车上常用的排气消声器有阻性、抗性以及阻抗复合式。这三种消声器的消声原理大致如下。

① 阻性消声器：顾名思义类似于电路中的电阻，主要利用阻性材料吸收声波中的能量，导致管路气流中的声波能量不断降低，从而起到吸声的效果。常见的阻性材料（也可称为吸声材料）有吸声棉、吸声毛毡，吸声劈尖等。当声波在传播过程中碰到这些阻性材料时，就会被困在阻性材料内的空隙中，或者会在阻性材料的结构间来回传播，从而不断地被吸收。众所周知，声波的频率越低，其波长也就越长，当声波的波长远大于阻性材料的空隙时，那么声波就会直接通过阻性材料，就起不到良好的消声效果，因此该种消声器仅对中、高频的噪声源有比较好的消声效果。由于存在该种消声特征，因此这种消声器的消声能力主要受阻性材料的吸声系数、阻性材料的长度（一般等于消声器长度）和阻性材料的表面积的影响。

② 抗性消声器：顾名思义类似于电路中的电感和电容，主要是利用管路上元器件的声阻抗不匹配，声波在不同声阻抗界面间来回反射、折射，导致管路中原来的声波与后面反射、折射的声波相互抵消，从而导致噪声能量不断降低，起到吸声的效果。管路上截面积不同（突然扩大或者突然缩小），或者在垂直管路方向加装共振腔等会引起管路的声阻抗不匹配。众所周知，声波波长越长，越容易发生反射和折射，因此抗性消声器一般对中、低频噪声源有比较好的消声效果。

③ 阻抗复合式消声器：顾名思义就是阻性消声器和抗性消声器的强强结合。它主要是结合抗性消声器中、低频较好的消声效果和阻性消声器较好的中、高频的消声效果，从而用一种消声器达到对全频率（低、中、高频率）范围内均有较好的消声效果。只是在实际应用中，阻性和抗性两种消声措施在某些频率内会相互耦合，相互影响，因此阻抗复合式消声器并不是阻性和抗性消声器的简单叠加关系。根据设计经验，通常会在排气系统气流的上游（发动机出口端）设置抗性消声器，然后再设置阻性消声器。在设计过程中，应该合理选择三种消声器，利用三种消声器间的不同组合，获得更宽消声频段和更好的消声效果。

消声器设计时除了需要考虑选择不同的消声器类型外，还需要考虑消声器的消声容积、消声器位置以及消声器截面形状。

(1) 消声容积设计

消声器的容积是排气系统上所有消声器件体积之和，它是整个排气系统消声性能的基础。根据整车排气系统开发经验，排气系统要想有比较好的消声效果，则排气系统的所有消声器容积和需达到发动机气缸总体积的10倍左右。消声器设计阶段，其容积的初步设计主要考虑的因素有发动机的最大功率和最大扭矩，即

$$V_m = 1.36KP$$

式中，V_m 为排气系统所有消声器的总容量，L；P 为发动机最大输出功率，kW；K 为常数，与整车NVH性能要求相关，NVH性能要求越高，K 的取值越大，一般推荐值为 0.1~0.3。

(2) 消声器位置设计

消声器的存在对排气系统内最大压力的位置有影响，进而影响排气系统整体的辐射噪声。此外，对于排气系统中常用的抗性消声器而言，不同位置，其声能的有效反射能力的差异非常明显。因此，消声器在整车排气系统中的安装位置对其消声性能存在较大的影响，在设计时，也需要重点考虑。

如图2-66所示，整车排气系统总长 L 是指发动机出口到排气尾管之间的距离，包括发动机出口到消声器前端之间的距离 L_1、消声器的总长和消声器后端到排气尾管的距离 L_2，即 $L=L_1+$消声器的总长$+L_2$。排气系统的中间管道及尾管长度过长都容易产生驻波及冲击波噪声。因此行业内对于其安装位置建议如下。

① $L_1/L=0$~0.21、0.37~0.47、0.6~0.72、0.85~0.94。
② 最不利的位置为：$L_1/L=0.21$~0.37、0.47~0.6、0.72~0.85、0.94~1.00。

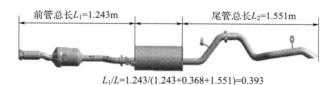

$L_1/L=1.243/(1.243+0.368+1.551)=0.393$

图2-66 某排气系统消声器位置

(3) 消声器截面形状设计

① 消声器的截面形状往往会影响其局部模态，截面形状尽量避免扁平状，并尽可能往圆形靠近。
② 在设计开发过程中，通过CAE进行优化，满足消声器的端盖模态≥600Hz、筒体模态≥400Hz的目标。

2.4.4.6 排气管路设计

(1) 排气系统中间管道长度设计

排气系统中间管道不宜过长，否则容易产生驻波和冲击波噪声。推荐值中间管道不宜超过1m，超出推荐值的消声器要重点验证是否存在驻波和冲击波问题（图2-67）。

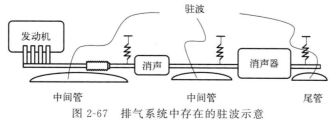

图2-67 排气系统中存在的驻波示意

① 排气系统中间管道驻波的产生原因及驻波的频率计算式。

歧管、消声器、中间管道截面面积不同，因此在交界处声阻抗不匹配，这就导致排气系统中间管道中入射波和反射波同时存在，即存在驻波。假设中间管道两边的消声器足够大，也可以认为中间管道的两边处在"两端开放"边界条件。如果管道太长，管道中声的模态很容易与管道的结构模态产生共振。这样的低频率很容易把结构本身的固有频率激励起来。一旦结构的模态被激励起来，这个振动就会通过挂钩传递到车体。

排气系统中存在的驻波可以看成一个"两端开放"的边界条件来计算，因此排气系统中驻波的频率为

$$f = \frac{(2n-1)c}{2L} \tag{2-25}$$

式中，$n = 1, 3, 5 \cdots$；c 是声速；L 是管子长度。

控制中间管道产生驻波的方法：增加消声器消除驻波，合理布置消声器从而减小中间管道的长度。

② 排气系统中间管道冲击波的产生原因及频率计算式。

由于发动机气缸的活塞运动加之气门周期性关闭，会在排气系统中产生压力脉冲波，压力脉冲波属于非线性波，在过长的排气管路中传播若没有任何消声元件打断，波形会自行产生畸变，从而产生冲击波。冲击波的能量远高于未发生畸变的基波，可以将消声器壳体的中、高频模态激起，通过排气消声器壳体振动向外辐射出噪声，如图 2-68 所示。

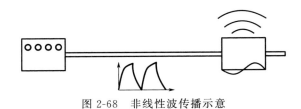

图 2-68 非线性波传播示意

产生冲击波与必要距离 D 等多个因素有关，具体公式如下。

$$D = \frac{c p_s}{5 f P} \tag{2-26}$$

若排气歧管到排气系统第一个消声元件之间的管路距离小于 D，就会有产生冲击波的风险。所以通过改变上述参数可以避免冲击波。实际上控制声速 c、增大背压 p_s 以及减小声音频率 f 都不可行，只有控制传递路径中利用阻性消声器衰减压力脉冲波，才能降低声压幅值，从而抑制冲击波噪声。

控制中间管道产生驻波的方法：中间管道增加阻性消声器，衰减声压幅值从而减小冲击波对主消声器壳体的激励，主动切断激励源。

(2) 排气管径设计

① 消声器进、出口管的管径设计。

整车排气系统管路是指发动机出口到排气尾管之间的管路，包括发动机出口到消声器前端之间的管路，消声器后端到排气尾管的管路。为了得到排气系统好的消声性能和低的背压，排气系统管路内的排气流速应分别低于 0.35 倍、0.25 倍的声速。由此可以得到排气系统的最小管径。

假设某发动机最大功率下，对应的排气系统流量 $m(\text{kg/h})$、温度 $T(\text{K})$、压力 $p(\text{Pa})$，

排气气流密度为 $\rho(\mathrm{kg/m^3})$，且在对应的温度 T 下，气流声速为 $c(\mathrm{m/s})$，最小的排气管流通面积 $S_{\min}$ 为

$$S_{\min} = \frac{m}{900c\rho}$$

根据 $S = \pi d^2/4$，可推算出最小排气管内径为 $d = 2\sqrt{(S_{\min}/\pi)}$。

② 消声器排气尾管直径的设计。

对于抗性消声器来说，其扩张室的扩张比是一个非常重要的消声参数，扩张比越大，消声效果越好；扩张比越小，消声效果越差。而对于汽车排气系统所用到的抗性消声器，其扩张比受排气系统进气管路与出气管路截面积的影响，可近似看成是进气管路与尾管截面积之比。通常情况下，排气系统的尾管直径等于或小于进气管的直径。所以要想获得比较好的消声效果，则要求尾管的管径越小越好。然而当整车排气流量一定时，排气系统尾管的直径越小，排气气流流速越大。排气系统气流再生噪声大小与流速大小成正指数相关，即流速越大，气流噪声也越大。此外，管径越小，排气系统的背压也会增加，导致性能严重恶化。因此在排气系统设计时，需要综合考虑。

(3) 排气尾管长度设计

受限于乘用车底盘上有限的布置空间，一般情况下乘用车很少有比较大的消声器。如果在底盘可用最大的边界条件下，排气系统的总消声容积不能满足整车消声量的需求，特别是 20~250Hz 低频消声量不足时，有时会采用长尾管设计方案，这样可以利用长尾管设计方案将汽车排气引到车尾的同时，排气噪声源也可以远离驾驶室，达到增加消声的效果。此外，随着管路长度的增加，尾管模态频率会逐步往低频移动，导致排气系统噪声的共振频率也会往低频移动，从而增加了排气系统的低频消声能力。

然而尾管并不是越长越好，因为排气系统尾管两端（消声器端和大气端）也存在声阻抗不匹配的问题，也符合前面驻波产生的条件，随着尾管长度的增加，驻波的频率也会往低频移动。研究表明，尾管的长度推荐范围为 250~350mm，当尾管长度超过 1m 时，就有可能产生排气低频驻波问题。此问题尤其在商用车上更加明显，后续设计时要重点关注。

(4) 排气尾管结构形式设计

排气尾管结构对排气口噪声影响较大，主要包含排气尾管长度及切口形式、排气尾管与装饰尾管的装配方式。排气尾管结构形式见表 4-2。

① 排气长尾管可有效降低低频轰鸣声，见表 2-32 中结构 1、2 所示，推荐结构 2 形式。

② 斜切口排气尾口比圆切口排气尾口的噪声辐射效率要高，见表 2-32 中结构 2、3 所示，推荐结构 3 形式。

③ 光滑平顺的排气尾口，有利于减小气流再生噪声，见表 2-32 中结构 4~6 所示，优先推荐结构 4 形式，其次为结构 6 形式。

④ 带装饰尾管下，排气尾管伸长有利于气流在装饰尾管内形成再生噪声，见表 2-32 中结构 6、7，推荐结构 7 形式。

表 2-32 排气尾管结构形式

结构	说明	附图
1	排气短尾管	

续表

结构	说明	附图
2	排气尾管伸长（圆切口）	
3	排气尾管伸长（斜切口）	
4	排气尾管无卷边装饰	
5	排气尾管卷边，未贴合装饰	
6	排气尾管卷边，贴合装饰	
7	排气尾管伸长（带卷边贴合装饰）	

2.5 空调系统 NVH 开发

2.5.1 汽车空调系统简介

汽车空调系统是实现对车厢内空气进行制冷、加热、换气和空气净化的装置，它可以为车内人员提供清晰的视野和舒适的环境；其主要结构包括制冷系统、通风与空气净化系统（HVAC）和控制系统等部分，如图 2-69 所示。

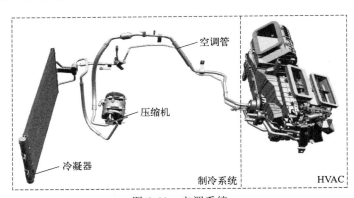

图 2-69 空调系统

2.5.2 空调系统 NVH 开发流程

整车空调系统 NVH 主要包括空调系统结构 NVH 以及声学 NVH。在进行 NVH 开发过程中，主要依据空调系统 NVH 开发同步图进行，同步图中明确规定了关键节点，具体需要做哪些工作、牵头责任方、工作内容、评审内容和指导依据，其中主要节点工作内容如表 2-33 所示。

表 2-33 主要节点工作内容

序号	节点	核心工作	主要工作内容	提交物
1	MR-KO	空调系统NVH前期分析	(1)新技术方案评估 (2)空调系统布置方案初步评估	(1)新技术方案风险评估报告 (2)空调系统布置方案初步评估报告
2	KO-SI	空调系统NVH目标设定	(1)标杆车空调系统NVH测试 (2)标杆车空调系统结构、布置及性能分析 (3)制冷系统NVH目标设定 (4)HVAC系统NVH目标设定	(1)竞品车/标杆车空调系统NVH测试报告 (2)空调系统NVH初版HC (3)空调系统NVH DPA检查清单
3	SI-SC	数字样车评审	(1)制冷系统DPA检查及CAE分析 (2)HVAC系统DPA检查 (3)制冷系统半工装件供应商NVH台架验证 (4)HVAC系统半工装件供应商NVH台架验证	(1)制冷系统安装点动刚度及支架模态分析报告 (2)制冷系统NVH台架测试报告 (3)HVAC系统NVH台架测试报告
4	SC-PA	M1样车空调系统调校测试	M1样车空调系统NVH调校测试	M1阶段空调系统NVH调校测试
5	PA-PEC	VP样车空调系统调校验证	(1)空调系统零部件台架验收 (2)VP样车空调系统部件NVH及性能验收	(1)空调系统NVH台架验收报告 (2)VP阶段空调系统PV验收报告
6	PEC-OKTB	投产阶段空调系统NVH一致性跟踪	TT/PP/MP阶段空调系统NVH一致性跟踪及质量问题处理	空调NVH质量一致性问题处理

2.5.3 空调系统 NVH 目标设定

空调系统NVH目标设定包括HVAC系统和制冷系统NVH目标设定，具体内容如下。

2.5.3.1 HVAC系统NVH目标设定

HVAC总成目标包括HVAC整车目标及HVAC单体台架目标。目标主要是根据鼓风机挡位（风量）、循环模式、温度门等工况条件，对总声压级和响度进行设定。

（1）整车HVAC系统NVH目标设定

以标杆车、竞品车整车对标测试值为主要依据，根据PALS目标进行必要的调整，完成HVAC总成的总声压级和响度目标设定。

① 以标杆车、竞品车HVAC总成整车测试值为主要参考，按鼓风机挡位、循环模式、温度门位置设定总声压级、响度目标值，再根据车型所属平台数据库及PALS对基本目标值进行调整，整车HVAC噪声目标如表2-34所示。

② 整车HVAC主观评价目标需关注如表2-35所述异响是否存在，主观目标为不能存在异响。

表 2-34　整车 HVAC 噪声目标

序号	鼓风机转速	进气形式	模式	温度门位置	总声压参考值/dB(A)	响度参考值/soneGD
1	高挡 H				≤65	≤22
2	中挡 M	内循环吹面全冷			≤55	≤17
3	低挡 L				≤38	≤12
4	高挡 H				≤63	≤20
5	中挡 M	外循环吹面全冷			≤53	≤16
6	低挡 L				≤35	≤10
7	高挡 H				≤63	≤20
8	中挡 M	外循环吹脚全热			≤53	≤16
9	低挡 L				≤35	≤10
10	高挡 H				≤63	≤20
11	中挡 M	外循环除霜全热			≤53	≤16
12	低挡 L				≤35	≤10

表 2-35　整车 HVAC 异响目标

序号	工作模式	工况	异响现象	是否存在异响
1	HVAC	吹面-全冷-内循环、吹面-全冷-外循环、吹脚-全热-外循环、除霜-全热-外循环、等模式鼓风机低挡到高挡	间歇性气流分离噪声	无异响
2			低频隆隆声	无异响
3			高频吹纸声	无异响
4			漏泄吹哨声	无异响
5			风管气流回声	无异响
6			风管接口异常产生的异响	无异响
7			鼓风机阶次啸叫	无异响
8	驱动器	全热-全冷、内循环-外循环、吹脸-吹脚-除霜、等模式切换瞬态	间歇性驱动电机声	无异响
9			驱动器引起的振动噪声	无异响
10			风门连杆凸轮机构异响	无异响
11			打开门系时的粘连剥离声	无异响
12			关闭门系时的挤压声	无异响
13			门系/门轴的漏风啸叫	无异响
14			门系在气流作用下产生的颤振	无异响
15			鼓风机不平衡振动噪声	无异响
16	热交换器/暖芯	怠速/加速	"咕嘟咕嘟"水流声	无异响

（2）HVAC 单体台架 NVH 目标确定

以标杆车、竞品车 HVAC 单体台架对标测试值以及同平台车 HVAC 单体水平分析对比结果为依据，按照"取其严"的原则，确定 HVAC 单体总声压级及响度目标值。此外，还需确定 HVAC 鼓风机阶次噪声控制要求。

① 工况模式。按模式及不同电压、流量形成 HVAC 单体噪声总体水平目标，见表 2-36

和表 2-37。

② HVAC 鼓风机阶次噪声控制要求。

从 FFT 窄频谱图上分析,在 3～12.8V 电压范围内,任意 FFT 窄频谱图上表现出的阶次噪声峰值都不能超过其相邻包络线 10dB(A)。

鼓风机转速在 500～4000r/min 升速范围内,任何单一的阶次噪声的声压级水平至少低于在对应转速下的总声压级 10dB(A)。

表 2-36　定电压 HVAC 台架噪声目标

序号	模式	单位	目标(参考值)
1	3.8V/9.0V/12.8V:吹脸全冷内循环	dB(A)	35～60
2	3.8V/9.0V/12.8V:吹脸全冷外循环		35～60
3	3.8V/9.0V/12.8V:吹脚全热内循环		35～60
4	3.8V/9.0V/12.8V:吹脚全热外循环		35～60
5	3.8V/9.0V/12.8V:除霜全热内循环		35～60
6	3.8V/9.0V/12.8V:除霜全热外循环		35～60
7	3.8V/9.0V/12.8V:吹脸吹脚全冷外循环		35～60
8	3.8V/9.0V/12.8V:吹脚除霜全热外循环		35～60

表 2-37　不同风量下 HVAC 台架噪声目标

序号	模式	HVAC 单体噪声总体水平目标值(参考值)							
		100(CMH)		200(CMH)		300(CMH)		400(CMH)	
		/dB(A)	/sone	/dB(A)	/sone	/dB(A)	/sone	/dB(A)	/sone
1	吹面/全冷/内循环	30	10	45	14	55	18	65	22
2	吹面/全冷/外循环	30	10	45	14	55	18	65	22
3	吹脚/全热/外循环	30	10	45	14	55	18	65	22
4	除霜/全热/外循环	30	10	45	14	55	18	65	22

2.5.3.2　制冷系统 NVH 目标设定

制冷系统 NVH 目标设定包括制冷系统整车 NVH 目标设定及制冷系统单体台架 NVH 目标设定两部分,具体内容如下。

(1) 制冷系统整车 NVH 目标设定

以标杆车、竞品车整车对标测试值为主要依据,根据 PALS 目标进行必要的调整,完成制冷系统目标设定。整车级压缩机 NVH 目标主要是控制压缩机运行时的阶次噪声(与运行转速相关的"呜呜"声),压缩机吸合时候的瞬态冲击噪声。此外,对压缩机启停时候的车身和方向盘振动也需要进行管控。

压缩机整车目标如表 2-38 所示。

表 2-38　压缩机整车目标

序号	目标条目	目标(参考值)
1	怠速开空调车内压缩机主阶次噪声峰值	≤30dB(A)
2	怠加速至 4000r/min 空调开,车内 OA 与压缩机主阶次差值	≤15dB(A)
3	怠速压缩机吸合、断开车内响度增加值	≤1soneGF
4	怠速压缩机吸合、断开车内方向盘振动 200Hz 以内峰值(R_{ss})	≤1mm/s
5	怠速压缩机吸合、断开车内座椅导轨振动 200Hz 以内峰值(R_{ss})	≤0.3mm/s
6	冷媒 hiss 噪声峰值响度	≤6.5soneGF

(2) 制冷系统台架 NVH 目标设定

以标杆车、竞品车制冷系统台架测试值及常规通用值为依据,设定压缩机台架单体振动、噪声目标,如表 2-39 所示。

表 2-39　压缩机台架目标

序号	目标条目	目标(参考值)
1	1000~6000r/min 稳定转速压缩机近场声压级 OA	≤75dB(A)
2	1000~6000r/min 加速压缩机安装耳振动 OA(16~800Hz)	≤20mm/s
3	1000~6000r/min 加速压缩机本体主动侧 1 阶次振动	≤10mm/s
4	1000~6000r/min 加速压缩机吸气管压力脉动 OA(16~800Hz)	≤6(rms)kPaG
5	1000~6000r/min 加速压缩机排气管压力脉动 OA(16~800Hz)	≤1(rms)kPaG

2.5.4　空调系统 NVH 设计指导

空调系统技术开发方案的确定主要包括 HVAC 系统 NVH 开发设计、压缩机 NVH 开发设计、空调系统管路技术方案设计、膨胀阀技术方案设计。需要根据空调系统的振动、噪声类型、用户抱怨问题、项目定位以及标杆车、竞品车水平来确定。

2.5.4.1　HVAC 系统 NVH 开发设计

HVAC 系统开发设计包括 HVAC 箱体、风管、鼓风机方案设计,其中 NVH 设计要求具体如下。

(1) HVAC 箱体方案设计要求

① HVAC 箱体壳体应采用网状加强筋。

② HVAC 箱体结构不能存在孔洞、间隙,避免产生啸叫。

③ 对于 NVH 定位较高的项目,建议在 HVAC 箱体壳体包裹吸声棉,如图 2-70 所示。

④ HVAC 系统噪声特性如图 2-71 所示,需要注意评估 500Hz 以下低频气动噪声风险;在项目前期可借助 CAE 仿真结果指导设计,分析项如表 2-40 所示。

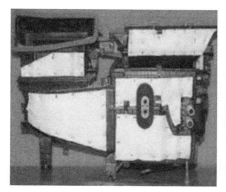

图 2-70 HVAC 包裹吸声棉

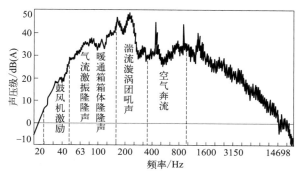

图 2-71 HVAC 系统噪声特性

表 2-40 HVAC 流场 CAE 分析项

序号	流场分析内容	评估控制点
1	HVAC 箱内部流线分析图	内部不能存在明显的涡流、回流、风速分布,需满足流线均匀流畅的要求
2	流动速度云图	HVAC、风管、出风口风速要均匀、对称;评估出风速度(6～8m/s 较为合理)
3	HVAC 声场分布图	HVAC 内部声能级为参考参数,与内部流线结果比照分析

a. HVAC 系统压力损失:仿真结果在风量为 500m³/h 时,风道压力损失＜120Pa。

b. 出风速度:6～8m/s 较为合理。

c. HVAC 泄漏量要求:一般在 150Pa 压力下,HVAC 单体空气总的漏泄量应小于 0.2m³/min。

(2) HVAC 风管方案设计要求

① 出风口面积:在满足造型的前提下,较大的出风口面积可以减少风管压力损失,提升系统风量,风口平均面积为 53～61cm² 时为宜。

② 风管走向要尽量减少转弯、避免流道截面发生突变;建议风管角度变化为＜40°或＞14°,如图 2-72 所示。

③ 对于 NVH 定位较高的项目,建议在风管壳体包裹吸声棉。

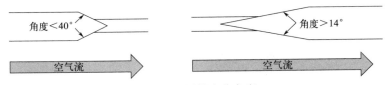

图 2-72 风管变化角度

(3) HVAC 鼓风机方案设计要求

① 鼓风机挡位：挡位数建议设置 7~8 挡，风量升速更平缓。

② 鼓风机电机及控制方式：对于 NVH 定位较高的项目，建议使用无刷电机、PWM 控制；其他项目可采用有刷电机。

③ 鼓风机与空调箱应为隔振连接。

④ 鼓风机的不平衡要求：鼓风机（包括叶轮和电机）上下单平面的动不平衡必须小于 8g·mm；

⑤ 鼓风机安装点位置应避开电机冷却风道出风口（图 2-73）。

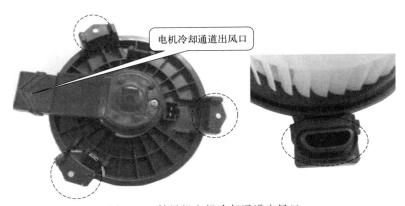

图 2-73 鼓风机电机冷却通道出风口

⑥ 鼓风机电机和外壳间需采用橡胶隔振结构。

2.5.4.2 压缩机 NVH 开发设计

压缩机技术方案包括压缩机类型、排量、控制方式、离合器类型及安装方式等，NVH 建议如下。

① 压缩机类型：传统燃油车型大多采用活塞摇摆式，电动车型多采用涡旋式。

② 对于传统燃油车，使用外控式变排量压缩机能有效降低压缩机频繁吸合、断开的风险，内控式变排量次之、定排量压缩机最差。对于 NVH 定位较高的项目优先考虑采用外控式变排量压缩机。

③ 压缩机离合器的类型影响压缩机吸合、断开时噪声大小；橡胶吸盘吸合声音最好，橡胶弹簧钢片次之，弹簧钢片最差。对于 NVH 要求较高的车型，建议采用橡胶吸盘离合器（图 2-74）。

④ 压缩机应安装在刚度较高的位置。

⑤ 对于活塞型压缩机，主阶次应与其他链系部件主阶次、变速箱油泵主阶次、发动机主阶次分离 10%。

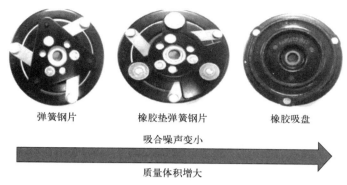

图 2-74　离合器形式

⑥ 压缩机安装在发动机上，支架频率应满足 $f \geqslant AB \times 1.2/60$。

式中，f 为最小共振频率；A 为最大发动机转速；B 为发动机发火阶次；1.2 为安全修正系数。

压缩机安装在电驱上，支架频率应满足 $f \geqslant A \times 1.2/60$。

式中，f 为最小共振频率；A 为最大电驱转速；1.2 为安全修正系数。

压缩机独立安装在副车架或纵梁上，支架频率应满足 $f \geqslant A \times 1.2/60$。

式中，f 为最小共振频率；A 为最大压缩机转速；1.2 为安全修正系数。

⑦ 对于独立安装在副车架或纵梁的电动压缩机，设计要求如下。

a. 压缩机需采用二级隔振设计（图 2-75）。

b. 对于 NVH 要求较高车型，建议设计专有支架并采用硫化衬套形式。

(a) 二级隔振

(b) 硫化衬套

图 2-75　压缩机隔振形式

2.5.4.3　空调系统管路技术方案设计

空调系统管路主要影响压力脉动噪声、啸叫传递等，NVH 方案设计包括空调管路类型、材质、扩张腔设计、隔振结构方案、管路布置原则等，具体如下。

① 膨胀阀出来的直管长度达到低压管直径 5 倍。

② 橡胶管长度大于 30cm。

③ 承载式车型：空调管安装点优先选择刚度较大的地方如车身纵梁；安装点间隔距离 150～300mm。

非承载式车型：优先选择安装在车架上，其次考虑安装在刚度较大的车身上；安装点间隔距离 150～300mm。

④ 管路弯角大于 90°。

⑤ 近压缩机侧和靠近膨胀阀侧预留扩张腔增加空间，尺寸大小：规格 $A \times B$（mm）为 50×70，如图 2-76 所示。

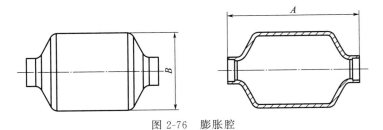

图 2-76 膨胀腔

⑥ 管路固定管夹采用两级隔振，隔振形式如图 2-77 所示。一般对于 NVH 要求低的车型建议工字型隔振 [图 2-77(a)]，SUV 及高端皮卡平台优先采用锯齿型隔振 [图 2-77(b)]。

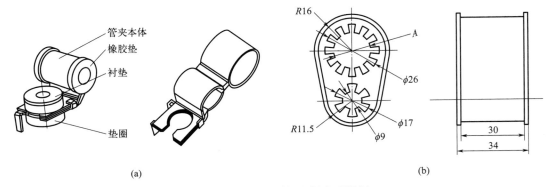

图 2-77 工字型隔振和锯齿型隔振

⑦ 管路和 TXV 连接处，管内部不能有凸台；两段低压管路连接处内部间隙不超过 0.2mm。

2.5.4.4 膨胀阀技术方案设计

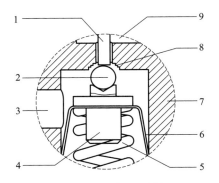

图 2-78 膨胀阀流道剖面
1—阀针；2—钢球；3—制冷剂进口；4—钢球座；
5—弹簧；6—阻尼夹；7—阀体阀壁；
8—节流均压环；9—制冷剂出口

膨胀阀安装在蒸发器入口管路上，是一种感压和感温元件，用于调整和控制进入蒸发器的制冷剂流量，保证制冷剂在蒸发器内完全蒸发（图 2-78）。膨胀阀参数直接影响开空调时车内冷媒 hiss 噪声，技术设计包括作动值、旁通阀方案确定。

① 膨胀阀作动值需实车匹配空调系统，参数非越大越好或越小越好。

② 优先建议使用带旁通阀方案，有利于优化 hiss 噪声。

③ 针对膨胀阀本体内弹簧抖动产生的异响，可增加阻尼夹（蝶形簧片）优化规避此类噪声。

2.6 冷却系统 NVH 开发

2.6.1 冷却系统简介

冷却系统目前主要包括冷却模块、冷却水泵和水路设计,其中冷却模块通常包括电子风扇、散热器、中冷器和冷却模块隔振垫等(图2-79)。冷却系统主要用于对发动机(或增程器)、变速箱、电机和电池包等进行冷却散热,使汽车动力系统处于高效运行区间。

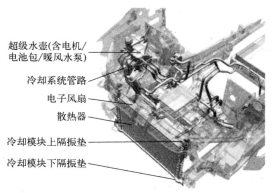

图 2-79 冷却系统示意

2.6.2 冷却系统 NVH 开发流程

整车冷却系统 NVH 开发流程主要包括目标设定、各节点管控签发等工作,各节点具体工作如表 2-41 所示。

表 2-41 冷却系统 NVH 开发流程

序号	节点	核心工作	主要工作内容	提交物
1	MR-KO	冷却 NVH 前期分析	前期冷却 NVH 性能调研及分析 冷却 NVH 问题收集汇总及分析 冷却 NVH 开发技术交流 竞品车冷却 NVH 数据收集	冷却 NVH 策略分析报告
2	KO-SI	冷却 NVH 目标设定	竞品车数据分析 冷却 NVH 目标设定	冷却 NVH 目标初版
3	SI-SC	冷却数模检查 冷却系统台架测试 冷却系统 CAE 仿真分析和评估	冷却系统 DMU 检查及风险评估 冷却系统台架测试 冷却系统相关零部件 CAE 分析	DMU 检查结果 冷却系统台架测试报告 冷却系统 CAE 仿真分析和优化报告 冷却系统目标更新
4	SC-M1DC	冷却系统 M1 样车整车评估	冷却系统 M1 样车摸底测试、问题诊断及优化方案验证	冷却系统 M1 样车摸底测试报告
5	M1DC-PEC	冷却系统 VP 样车整车签发	冷却系统 VP 样车签发测试、针对 M1 优化方案进行验证并确认最终工程化方案	冷却系统 VP 样车签发测试报告
6	FEC-OKTB	冷却系统 TT/PP/MP 整车状态确认及跟踪	对 TT/PP/MP 阶段样车进行主观驾评及客观测试(样车随机抽查),评估各阶段样车冷却系统 NVH 表现	TT 样车冷却系统 NVH 主观驾评及客观测试报告 PP 样车冷却系统 NVH 主观驾评及客观测试报告 MP 样车冷却系统 NVH 主观驾评及客观测试报告

2.6.3 冷却系统 NVH 目标设定

冷却系统 NVH 目标设定，主要根据以下原则进行。

① 进行标杆车及竞品车冷却系统 NVH 性能主观评价及对标分析测试报告编写。

② 基于 NVH 性能测试报告以及主观评价结果和项目对 NVH 性能定位，制定冷却系统 NVH 初版性能目标或目标区间。

③ 梳理冷却系统的 NVH 问题，同时导入本轮目标制定中，提出 NVH 意见。

④ 结合平台化目标进行必要的调整，完成冷却系统 NVH 目标确定。

一般来说，冷却系统 NVH 目标设定主要包含冷却模块 NVH 目标设定、电子水泵 NVH 目标设定和集成水壶 NVH 目标设定。

(1) 冷却模块 NVH 目标设定

冷却模块 NVH 不仅与本体硬件 NVH 相关，而且和控制策略、整车关键系统密切关联，因此通常包含电子风扇转速设定、电子风扇噪声振动目标设定和冷却模块自身模态目标设定，如表 2-42 所示。

表 2-42 冷却模块 NVH 目标清单

序号	目标条目	目标(参考值)
1	电子风扇高速挡转速大小风扇基频相隔(双风扇)	≥4Hz
2	电子风扇基频与转向系统模态频率相隔	≥3Hz
3	电子风扇基频与发动机主阶次频率相隔	≥3Hz
4	冷却模块模态与怠速发动机 2 阶频率(4 缸机)相隔	≥3Hz
5	冷却模块台架风扇 1 阶噪声	≤20dB(A)
6	冷却模块台架风扇 BPF 噪声	≤68dB(A)
7	冷却模块台架噪声 20～25600Hz RMS 值	≤78dB(A)
8	电子风扇静不平衡量	≤30g·mm
9	电子风扇动不平衡量	≤15000g·mm^2
10	电子风扇偏摆	≤1.5mm

(2) 电子水泵 NVH 目标设定

电子水泵主要由电子控制单元、过水单元和电机单元三部分组成，主要作用是对冷却液加压，保证其在冷却系统中循环流动，确保汽车保持在一个合适的工作温度，保证正常的行车安全。NVH 目标通常包含电子水泵噪声振动和隔振率目标等设定，如表 2-43 所示。

表 2-43 电子水泵 NVH 目标清单

序号	目标条目	目标(参考值)
1	电子水泵隔振衬套隔振率	≥15dB(A)
2	电子水泵台架近场 50cm 噪声水泵 1 阶噪声值	≤40dB(A)
3	电子水泵台架近场 50cm 噪声	≤45dB(A)
4	电子水泵台架水泵本体 1 阶振动	≤3mm/s
5	电子水泵台架水泵本体振动	≤4mm/s

（3）集成水壶 NVH 目标设定

集成水壶是指将冷却水壶、电子水泵和水阀等集成在一起，使冷却系统布置更加集成化和模块化。通常包含集成水壶噪声振动和隔振率目标，如表 2-44 所示。

表 2-44 集成水壶 NVH 目标清单

序号	目标条目	目标（参考值）
1	集成台架-水泵工作时集成水壶近场 50cm	≤60dB(A)
2	台架-水阀工作时集成水壶近场 50cm 噪声	≤60dB(A)
3	台架-水泵和水阀工作时集成水壶本体振动	≤5.5mm/s
4	集成水壶衬套隔振率	≥15dB(A)

2.6.4　冷却系统 NVH 设计指导

2.6.4.1　冷却系统布置设计

传统汽车和新能源汽车冷却系统在整车上布置方式上大体相同，冷却模块一般布置在整车前端，如图 2-80 所示。

（1）冷却模块与前端布置

伴随着汽车的多元化发展，安装在发动机前舱的零部件数量增加，这使得前舱的布置更加紧凑和复杂，使得冷却模块的布置空间非常有限。冷却模块上下端气流的障碍物会导致通过风扇的气流不均匀，可能导致扇叶 BPF（blade pass frequency）噪声凸显，障碍物最小化需要在前期进行考虑，建议在前舱布置时最大化冷却模块与发动机前舱其他零部件间距。

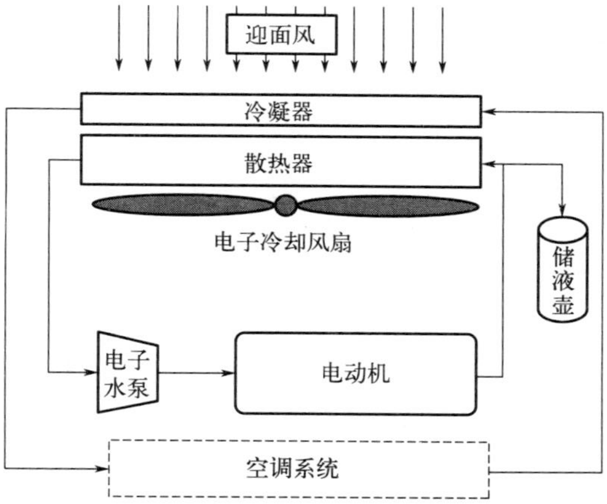

（2）风扇扇叶与风架间隙要求

风扇尖端间隙指的是风扇扇叶尖部与风架之间的间隙，具体如图 2-81 所示。减小尖端间隙可提高冷却效率并降低尖端涡流噪声。

为了保证风扇扇叶尖部和风架在高速旋转中不发生接触，所以风扇尖端间隙不可能无限小。具体的设计建议如下。

图 2-80　冷却系统布置示意

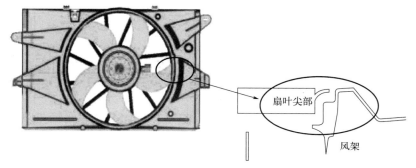

图 2-81　风扇尖端间隙示意

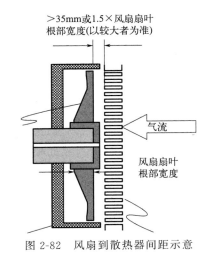

图 2-82 风扇到散热器间距示意

① 对于直径小于或等于 300mm 的风扇，风扇尖端间隙建议控制在 3～5mm 之间。

② 对于直径大于 300mm 的风扇，风扇尖端间隙必须大于 0.01×风扇直径（mm），并且小于 0.01×风扇直径（mm）+2mm。

(3) 风扇与散热器布置

一般风扇通过插接或者螺栓固定在散热器支架上，风扇和散热器之间会存在一段间距，如图 2-82 所示，该空间间隙会影响气流流动，从而使得噪声发生变化。风扇和散热器之间的间距越大，越能减少气流干扰，降低噪声。一般建议为大于 35mm 或安全系数 1.5×风扇扇叶根部宽度（以较大者为准）。

(4) 护风罩设计要求

① 护风罩的形状应保证气流从护风罩到风扇的平稳过渡，以改善噪声水平。

② 将护风罩安装到散热器上，而不是直接安装到车身上。

2.6.4.2 冷却系统刚体模态设计

(1) 冷却模块模态设计要求

一般来说，建议冷却模块的模态避开怠速工况下发动机的 2 阶激励频率 3Hz 以上，避免出现怠速抖动问题，通常建议冷却模块模态设计在 18～22Hz 之间。

(2) 橡胶设计

冷却模块模态与冷却模块隔振垫橡胶的材料、静刚度和动刚度有较大的关系，常见要求如下。

① 橡胶材料：橡胶减振垫通常采用的材料为三元乙丙橡胶（EPDM）或者天然橡胶（NR）。通常推荐减振垫硬度不大于 45(Shore)。

② 橡胶静刚度：橡胶静刚度是指橡胶在一定的位移范围内，其所受压力（或拉伸力）变化量与其位移变化量的比值。

③ 橡胶动刚度：橡胶动刚度是指橡胶在一定的位移范围和一定的频率下，其所受压力（或拉伸力）变化量与其位移变化量的比值。橡胶减振垫的动刚度试验在动态力学测试系统上进行，对冷却模块会施加不同的预载力以及不同的位移量得到相应的动刚度数据，该数值由冷却模块模态、可靠性确定，同时也与橡胶结构形状、材料等相关。一般来说动刚度和静刚度之间成比例关系，目前大部分橡胶材料的动静比在 1.4～3 之间。

2.6.4.3 电子风扇设计

电子风扇 NVH 设计主要包括转速、不平衡量、风扇叶片和风扇电机等，具体要求和建议如下。

(1) 转速设计要求

当两个振源的激励幅值和频率接近时，整体对外表现出振动幅值以一种很低的频率周期性变化的现象，由于该现象具有明显的"强-弱-强-弱"的节拍属性，让人能敏感察觉，因此称为"拍频"。风扇转速的设计，需要规避风扇 1 阶频率与发动机点火频率的耦合问题，两者耦合容易导致风扇与发动机拍频，或者大小风扇之间拍频。

在电子风扇选型时，单风扇的转频设定需要与发动机 2 阶（如 4 缸机）避开 3Hz，对于大小风扇的转速设定，需要大小风扇转速分离 3~5Hz。为了避免频率耦合，风扇转频与转向管柱模态频率避开 3Hz。

（2）不平衡量设计要求

电子风扇以一定的转速运转时，冷却系统风扇运转时的振动通过安装点传递至车身，影响整车怠速振动。若风扇本身不平衡不满足要求，很容易通过安装点将低频振动传到车内。这种低频振动通常与风扇的 1 阶不平衡量有关，对应频率为

$$f = \frac{n}{60} \tag{2-27}$$

式中，n 为风扇转速。对于不同直径的电子风扇，对于不平衡量有不同的要求。具体如下。

① 静不平衡量：$<0.0075(g \cdot cm/mm) \times$ 直径(mm)。

② 动不平衡量：

a. 当风扇直径<350mm 时，最大动不平衡量<16000g·mm²；

b. 当风扇直径为 350~380mm 时，最大动不平衡量<20000g·mm²；

c. 当风扇直径>380mm 时，最大动不平衡<24000g·mm²。

（3）风扇叶片设计要求

风扇叶片按照旋转的角度来看分为前缘倾斜和后缘倾斜两种。当旋转的角度与叶片的角度同向时为前缘倾斜风扇，当旋转角度与叶片的角度相反时为后缘倾斜风扇。经过验证，相同转速下前缘倾斜风扇比后缘倾斜风扇 BPF 噪声低 2~3dB(A)。

风扇叶片根据叶片之间的间隙分为等距和不等距两种。叶片间距均匀的风扇，在穿过固定物体（例如风扇导流罩）时会引起空气分布的波动。这种噪声是周期性的，习惯称为 BPF 噪声。BPF 噪声频率与风扇转速和叶片数量有关。减少 BPF 噪声的常用方法是使用不对称的扇叶间距。相比等间距扇叶风扇来说，总体声压级保持相对不变，但能量会分布在更宽的频率范围内。

（4）风扇电机设计要求

风扇电机噪声一般指电机阶次噪声，通常为 20 阶（转子数量）。开发过程中需要关注电机在 ON-OFF 过程中阶次啸叫水平，需要在电机匹配上选择低噪声电机以满足设计目标要求。

2.6.4.4 电子水泵选型设计

无论是传统汽车的发动机还是电动汽车的驱动电机，都是以冷却液为冷却介质的。由于传统汽车发动机中冷却系统的水泵属于机械式水泵，因此由发动机驱动。而根据电动汽车的特点，采用机械式水泵不太现实，因此采用电动水泵。

水泵的 NVH 设计，主要关注水泵的台架振动噪声，水泵的台架振动噪声必须满足目标要。除了水泵的台架振动噪声外，更关注水泵整车安装后的 NVH 表现，常常会出现台架满足目标，而整车不满足目标的情况。所以在整车设计过程中，需要重点考虑水泵的安装点位置的动刚度以及水泵是否采用二级隔振措施。水泵 NVH 性能设计的原则归纳为：

① 水泵安装点位置优先推荐动力总成及副车架等刚度大的位置；

② 水泵安装建议采用 2 级隔振；

③ 为防止水泵转速过高引起的振动噪声问题，建议在整车状态下，水泵常用占空比不高于 70%。

2.6.4.5 集成水壶布置设计

新能源汽车热管理系统技术不断的迭代以实现各回路热量与冷量需求的内部匹配，确保能耗达到最优值。越来越多的主机厂开始采用热管理集成方案将各冷却水路回路和空调系统进行集成控制，如特斯拉 Modle 3 将电机冷却水泵、电池包冷却水泵、热交换器（chiller）和四通阀等集成在一起，特斯拉称为超级水壶；在四通阀的基础上特斯拉 Modle Y 进一步升级到八通阀，将冷却与空调模块化和集成化，既减少了零件数量和管路数量，又降低了零部件成本和装配成本。

集成水壶的 NVH 设计，主要关注水泵（多个水泵）和水阀的噪声。在整车设计过程中，需要重点考虑集成水壶的安装点位置的动刚度以及是否采用二级隔振措施。集成水壶设计的原则归纳为：

① 集成水壶安装点位置优先推荐动力总成及副车架等刚度大的位置，避免安装在前围钣金上；

② 集成水壶安装建议采用 2 级隔振。

2.7　低压燃油系统 NVH 开发

2.7.1　低压燃油系统简介

汽车低压燃油系统的主要功能是根据发动机运转工况需要，向发动机提供一定数量的清洁燃油，同时存储燃油以保证汽车的续航里程。

低压燃油系统主要包括油箱、低压燃油泵、活性炭罐、燃油滤清器、燃油管、蒸气管以及油门踏板等，如图 2-83 所示。

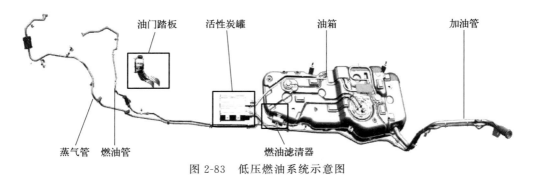

图 2-83　低压燃油系统示意图

2.7.2　低压燃油系统 NVH 开发流程

整车低压燃油系统 NVH 开发流程主要包括项目前期目标设定、数字样车设计方案评审检查及风险评估、实车签发调校等工作，流程中明确规定了节点、核心工作、主要工作内容和主要工作输出等，具体内容如表 2-45 所示。

表 2-45　整车低压燃油系统 NVH 开发流程

序号	节点	核心工作	主要工作内容	提交物
1	MR-KO	低压燃油系统 NVH 初版目标设定	根据项目 NVH 性能定位,结合分析的低压燃油系统 NVH 问题,进行风险评估 收集竞品车 NVH 数据,结合 NVH 数据库,制定并输出低压燃油系统 NVH 初版目标	低压燃油系统布置方案风险评估报告 低压燃油系统 NVH 初版目标报告
2	KO-SI	低压燃油系统 NVH 目标确定及输出	收集竞品车低压燃油系统结构布置以及 NVH 性能数据,编写竞品车低压燃油系统 NVH 测试报告 结合相关竞品车数据,与燃油系统设计工程师和供应商讨论确定目标	竞品车低压燃油系统 NVH 检测分析报告 低压燃油系统 NVH 目标报告
3	SI-UNV1	低压燃油系统设计方案 DPA 检查及问题优化	跟踪低压燃油系统 CAE 分析结果,并评估风险,组织 CAE/系统设计工程师三方进行讨论 燃油系统的台架试验证和优化,针对未达标项,进行讨论确定下一步优化建议	低压燃油系统目标 低压燃油系统 CAE 分析报告 低压燃油系统 NVH 台架测试报告
4	UNV1-M1DJ	低压燃油系统设计方案 DPA 检查	对低压燃油系统方案设计、相关 CAE 分析结果以及供应商台架测试结果再次进行检查,评估风险并组织 CAE/系统工程师/供应商一起讨论确定最终方案	低压燃油系统目标 低压燃油系统 CAE 分析报告 低压燃油系统 NVH 台架测试报告
5	M1-M1DC	M1 样车 NVH 摸底测试及问题调教	对 M1 阶段进行低压燃油泵台架和整车验证测试,评估风险和达标情况 对存在的 NVH 问题进行诊断、改制方案验证,并和系统设计工程师讨论、确定工程化方案	低压燃油系统 M1 阶段台架和整车摸底签发报告
6	M1DC-FEC	VP 样车 NVH 摸底测试及问题调教	对供应商提供的 VP 工装样件进行台架和整车测试报告进行评估,并验证前期 M1 整改方案效果 对 VP 样车低压燃油系统状态进行最终 NVH 签发验证	低压燃油系统工装件台架测试报告 低压燃油系统 VP 阶段整车摸底签发报告
7	FEC-OKTB	一致性跟踪评估	对 TT/PP/MP 阶段样车进行跟踪,评估各阶段样车低压燃油系统 NVH 性能	低压燃油系统 NVH 主观驾评表
8	OKTB 后	经验教训总结	对项目低压燃油系统开发过程中存在的 NVH 问题进行经验教训总结 更新低压燃油系统 NVH 开发流程及项目目标体系文档,并导入后续项目	低压燃油系统经验教训总结报告

2.7.3 低压燃油系统 NVH 目标设定

低压燃油系统 NVH 目标设定主要包括整车状态下车内及近场燃油系统振动噪声，燃油系统与车身安装点 NTF/IPI，以及台架状态下燃油泵振动噪声；同时除客观测试目标外，还需包含各工况下的主观评分。

2.7.3.1 低压燃油系统振动噪声目标设定

(1) 低压燃油系统整车振动噪声目标设定

低压燃油系统整车 NVH 目标设定，重点规避燃油泵脉动噪声、活性炭罐电磁阀噪声、油箱油液晃动噪声等，一般从客观及主观两个方面进行设定，主要关注内容如表 2-46 和表 2-47 所示。

表 2-46 低压燃油系统整车 NVH 客观目标清单

		工况			单位	建议目标
燃油泵噪声	热机/发动机开	怠速/关空调	车内噪声	油泵 1/2/3/4/5 阶次噪声最大值	dB(A)	≤30.0
	发动机关	油泵继电器短接	车内噪声	1/2/3/4/5 阶次最大值		≤30.0
				500~2000Hz 峰值		≤20.0
				>2000Hz 峰值		≤5.0
				<500Hz OA		≤32.0
				500~2000Hz OA		≤27.0
				>2000Hz OA		≤25.0
				全频段 OA		≤35.0
油门踏板	发动机关	全行程	全行程回位		sone GD	≤15.0
		半行程	全行程回位			≤10.0
	发动机开	DG WOT/POT 油门踏板振动	各转速频率峰值		mm/s	≤2.0

表 2-47 低压燃油系统整车 NVH 主观目标清单

序号	主观评估项(VER)			须规避问题	目标建议
1	活性炭罐电磁阀噪声	怠速	P 挡热机怠速	正常热机后，是否存在活性炭罐电磁阀嘟嘟声（需评估高温环境≥35℃）	主观车内无活性炭罐电磁阀噪声
2		熄火	热机怠速后熄火	正常热机熄火后，是否存在活性炭罐电磁阀嘟嘟声（需评估高温环境≥35℃）	主观车内无活性炭罐电磁阀噪声
3	FLVV 阀噪声	怠速	油箱满油位、活性炭罐电磁阀开启工作	评估此时车内 FLVV 阀工作噪声	主观车内无 FLVV 阀体噪声
4	CVS 阀噪声	怠速、加速		评估 CVS 阀开启和关闭时工作噪声	主观车内无 CVS 阀体噪声

续表

序号	主观评估项(VER)		须规避问题	目标建议
5	油箱油液晃动噪声	5～0km/h 轻度制动	油箱油液晃动噪声	主观车内无油箱油液晃动噪声
6		10～0km/h 轻度制动		
7		D 挡蠕行		

(2) 低压燃油系统台架振动噪声目标设定

根据低压燃油系统 NVH 台架试验测试规范，完成标杆车、竞品车燃油泵单体噪声测试（重点关注燃油泵电机啸叫，炭刷、换向器等噪声），并将结果与数据库进行对比分析，综合确定燃油泵 NVH 目标。通常控制各频率段的噪声峰值及声压级，具体如表 2-48 所示。

表 2-48 油箱总成系统台架目标清单

序号	目标条目	单位	目标(建议值)
1	油箱总成,<500Hz 峰值	dB(A)	≤30
2	油箱总成,500～2000Hz 峰值	dB(A)	≤37
3	油箱总成,>2000Hz 峰值	dB(A)	≤27
4	油箱总成,<500Hz 声压级	dB(A)	≤39
5	油箱总成,500～2000Hz 声压级	dB(A)	≤46
6	油箱总成,>2000Hz 声压级	dB(A)	≤46
7	油箱总成,全频段声压级	dB(A)	≤49

2.7.3.2 低压燃油系统固有特性目标设定

固有特性目标主要控制低压燃油系统与车身安装点动刚度、安装点到车内 NTF，通过提高车身安装点动刚度、降低安装点到车内 NTF，把低压燃油系统传递至车身的振动、噪声控制在最低水平。具体控制条目如表 2-49 所示。

表 2-49 燃油系统固有特性目标清单

序号	目标条目	单位	目标(建议值)
1	油箱与车身固定点到车内 NTF	dB/N	≤70
2	油箱与车身接触点到车内 NTF		≤80
3	燃油管路/阀体/活性炭罐安装点动刚度	N/mm	≥500
4	油箱与车身固定点动刚度		≥2500
5	油箱与车身接触点动刚度		≥500

2.7.4 低压燃油系统 NVH 设计指导

低压燃油系统 NVH 设计主要包含供油策略选择、低压燃油泵的选型、油箱外形设计及布置、活性炭罐布置、燃油管路布置设计、燃油滤清器及其阀体设计与布置等。

(1) 供油策略选择

供油策略一般有按需供油或恒压恒流供油,其中按需供油会根据发动机的实时需求进行供油,而对于恒压恒流供油,不管何时,低压油泵供油量均需满足发动机最大需油量。因为一般按需供油的 NVH 性能会明显优于恒压恒流供油,从 NVH 角度来讲优先选取按需供油策略。

(2) 低压燃油泵的选型

燃油泵运行通过电机驱动,电机一般分为有刷和无刷;从电机结构及工作原理来看,无刷电机运转时摩擦阻力更小,运行顺畅,噪声更低,因此从 NVH 角度来看优先选取无刷电机;同时在选型完成后,设计阶段需满足电机台架 NVH 目标。

(3) 油箱外形设计及布置

从 NVH 角度来看,油箱设计主要考虑内部油液晃动、冲击噪声及振动。通常来说,油箱油液在车辆刹车时,会沿着油箱方向冲击晃动,产生噪声并传递至车内,通常情况下高液位比低液位噪声大。因此油箱设计需遵循以下原则。

① 对于非承载式车型,油箱应固定在车架刚度较大位置处,如图 2-84 所示。

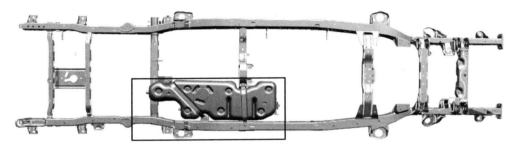

图 2-84 油箱固定在车架刚度较大位置

② 对于承载式车型,油箱应固定在车身横梁或纵梁位置,且固定点动刚度及 NTF 要满足 NVH 目标要求;与车身接触位置需有橡胶隔振垫,如图 2-85 所示。

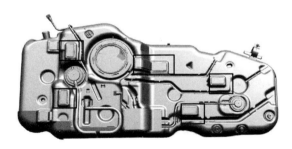

图 2-85 油箱上壳体减振垫

③ 油箱优先选择横向布置,纵向布置的油箱外形尺寸,X 向长度与 Y 向宽度比建议不高于 0.5,且尽量避免在前后方向形成阶梯状。如无法避免,台阶凸起部分应尽可能短,如图 2-86 和图 2-87 所示。

④ 对于承载式车型,油箱在前期设计阶段需在内部预留防浪板的安装位置及相关结构,尤其是纵向布置的油箱,如图 2-88 所示。

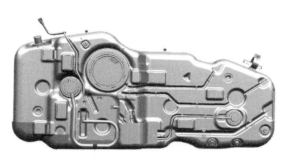 

图 2-86　油箱横向布置　　　　　图 2-87　油箱纵向布置

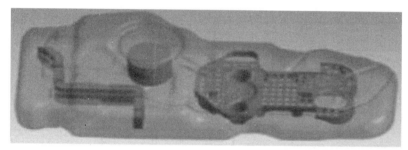

图 2-88　油箱内部防浪板结构

（4）活性炭罐布置

活性炭罐一般装在汽油箱和发动机之间，主要作用是吸附从油箱挥发出的燃油蒸气。活性炭罐设计优先考虑避免气流冲击产生的振动通过安装点传递至与车身或车架位置。

通常活性炭罐优先固定在车架或油箱壳体上，如图 2-89 所示；其次固定在车身纵梁或横梁上。若固定在车身上，固定点动刚度需满足 NVH 目标要求，且固定点需增加隔振垫。

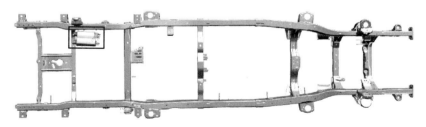

图 2-89　活性炭罐固定在车架位置

（5）燃油管路布置设计

通常在车辆运行过程中，燃油泵电机运转会产生振动，同时燃油管内油液也会产生压力脉动，这些振动均会通过燃油管传递至车身，引起车内 NVH 问题；另外动力总成及其他附件的振动同样会通过管路传递至车身，进而引起车内 NVH 问题。因此燃油管的走向及固定点的选择至关重要；一般遵循以下原则。

① 对于非承载式车型，固定点优先布置在车架上，如图 2-90 所示。如布置在车身纵

梁、地板等位置，车身侧安装点动刚度一定要满足目标要求且必须带隔振垫。

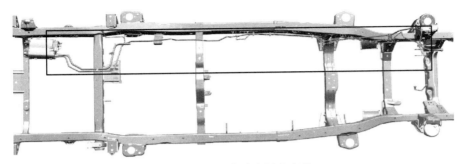

图 2-90 燃油管路布置在车架

② 对于承载式车型，优先固定在车身纵梁上，且需有隔振设计，如图 2-91 所示，管夹内部需有橡胶隔振垫（优先选取带锯齿形结构），降低油管传递至管夹的振动。

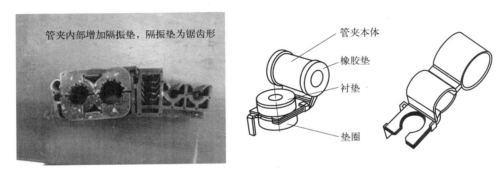

图 2-91 低压燃油系统布置

③ 燃油管支架应避免与其他管路共用，尤其是空调管、转向管、制动管等容易产生振动的管路。

（6）燃油滤清器及其阀体设计与布置

燃油滤清器设计应考虑燃油液体冲击振动通过其本体传递至车辆安装点，因此建议与燃油泵集成一体，最低限度降低振动传递到车身的可能性。独立式燃油滤清器优先布置在油箱壳体上，如图 2-92 所示；其次布置在梁上，安装点动刚度一定要满足目标要求，布置在车身上时需增加隔振垫。

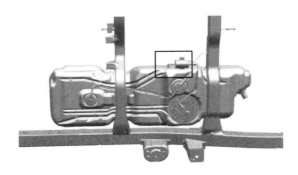

图 2-92 燃油滤清器固定在油箱壳体

2.8 电驱动系统 NVH 开发

2.8.1 电驱动系统简介

电驱动系统是新能源电动车电池与车轮之间的纽带，其作用是将电池输出的电能转换为机械能，并驱动车辆克服各种滚动阻力、空气阻力、加速阻力和爬坡阻力，制动时将动能转换为电能储存在电池中。作为新能源车型的动力源及动力传动机构，电驱动系统是引起整车振动噪声的主要源头之一，其噪声振动水平是衡量电驱动系统性能的重要指标，将直接影响到整车 NVH 等级和客户实际感受。

根据电驱动系统 NVH 性能开发流程，从电驱动系统 NVH 目标设定、设计指导等方向，编写电驱动系统 NVH 性能开发手册，为后续电驱动系统 NVH 性能开发提供指导。

电驱动系统包含电机、减速器、控制器及其他附件（电池继电器等）四大部分，如图 2-93 所示。电驱动系统未来朝着多集成方式发展，如电机与减速器形成二合一系统，电机、减速器、控制器形成三合一系统等。

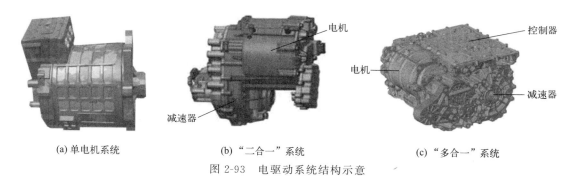

(a) 单电机系统　　(b) "二合一"系统　　(c) "多合一"系统

图 2-93　电驱动系统结构示意

2.8.2 电驱动系统 NVH 开发流程

电驱动系统 NVH 开发流程主要包括目标设定、各节点管控签发等工作，具体的核心工作、主要工作内容和提交物如表 2-50 所示。

表 2-50　电驱动系统 NVH 正向开发流程

序号	节点	核心工作	主要工作内容	提交物
1	MR-KO	进行电驱动系统 NVH 性能项目定位和初版目标设定。	（1）驾评市场主流车型，确认电驱动系统的 NVH 水平 （2）进行项目竞品车整车和台架电驱动系统的 NVH 测试及分析 （3）结合电驱动系统数据库设定初版 NVH 目标	（1）竞品车 NVH 分析报告 （2）电驱动系统的初版 NVH 目标报告
2	KO-SI	进行电驱动系统终版目标讨论和确定	（1）NVH 性能与其他属性平衡和兼容性讨论 （2）结合电驱动系统 NVH 数据库，更新电驱动系统 NVH 目标，形成终版并评审	电驱动系统的终版 NVH 目标报告

续表

序号	节点	核心工作	主要工作内容	提交物
3	SI-SC	进行电驱动系统 CAE 和台架测试分析	(1) 对电磁力、电磁噪声、齿轮 TE 等进行 CAE 仿真分析及优化,风险评估及物理样件验证 (2) 对电驱动系进行虚拟预装配(DPA)检查、风险评估及工程优化	(1) 电驱动系统 CAE 和测试验证报告 (2) 整车 DPA 状态评估报告
4	SC-PA	进行 M1 阶段整车电驱动系统 NVH 性能摸底与验证	(1) 整车电驱动系统 NVH 性能摸底 (2) 对存在的问题进行排查诊断,并提出电控、电机及减速器等优化方案,进行样件优化效果验证	M1 阶段整车电驱动系统的 NVH 验证报告
5	PR-FEC	进行 VP 阶段整车电驱动系统 NVH 性能签发	(1) 整车电驱动系统 NVH 性能摸底 (2) 对存在的问题进行排查诊断,并提出电控、电机及减速器等优化方案,进行样件优化效果签发	VP 阶段整车电驱动系统的 NVH 签发报告
6	FEC-OKTB	进行 TT/PP/MP 阶段整车电驱动系统 NVH 状态确认及跟踪	对 TT/PP/MP 阶段样车进行跟踪,评估各阶段电驱动系统 NVH 表现	TT/PP/MP 阶段整车电驱动系统的 NVH 评估报告

2.8.3 电驱动系统 NVH 目标设定

电驱动系统的 NVH 目标主要包括电机、减速器、控制器、电池继电器四大部分,分别从整车、台架两个方向进行设定。其中整车测试工况主要包括 D 挡全油门加速、部分油门加速和带挡滑行减速工况,见表 2-51。在台架上模拟整车全油门加速、部分油门加速和带挡滑行工况,分别对应于外特性加速、恒扭矩加速和负扭矩倒拖工况。

表 2-51 整车电驱动系统测试工况

序号	测试工况	工况描述
1	D 挡全油门加速	建议将车辆锁定为 D 挡 sport 模式,以 100% 油门将车辆从静止加速至最高安全车速(通常建议 120km/h)
2	D 挡部分油门加速	建议将车辆锁定为 D 挡 sport 模式,分别以 0.05g 和 0.1g 两种加速度,将车辆从静止加速至最高安全车速
3	D 挡带挡滑行减速	建议将车辆锁定为 D 挡 sport 模式,分别以最大制动能量和中等制动能量回收两种模式,将车辆从最高安全车速减速至静止

遵循以下步骤,完成电驱动系统的车内噪声目标设定。

① 根据标杆车、竞品车的整车 NVH 测试结果,获得车内电驱动系统的主阶次噪声水平。

② 根据项目组对电驱动系统的 NVH 属性要求,结合售后抱怨数据和经验教训总结,确定整车车内噪声目标。

遵循以下步骤,完成电驱动系统的台架噪声、振动目标设定。

① 根据标杆车、竞品车的电驱动系统在台架上 NVH 测试结果,获得电驱动系统的主阶次噪声值和振动值。

② 根据项目组对电驱动系统的 NVH 属性要求,结合噪声和振动数据库,确定电驱动

系统在台架上的噪声、振动目标。

2.8.3.1 电机NVH目标

(1) 电机整车NVH目标

电机整车NVH目标通常包含全油门加速、部分油门加速工况的车内电机主阶次噪声值。如永磁同步电机（8极48槽）的整车NVH目标清单，见表2-52。

表2-52 电机整车NVH目标清单

序号	目标条目	目标
1	全油门加速工况，车内电机24阶噪声	一般控制在图2-94(a)所示目标线以下，或根据项目要求
2	全油门加速工况，车内电机48阶噪声	控制在图2-94(b)所示目标线以下
3	部分油门加速工况，车内电机24阶噪声	控制在图2-94(c)所示目标线以下
4	部分油门加速工况，车内电机48阶噪声	控制在图2-94(d)所示目标线以下
5	全油门加速工况，车内电机1阶噪声	控制在图2-95所示目标线以下

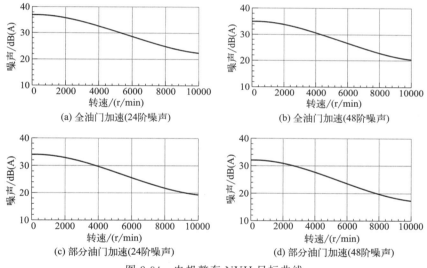

图2-94 电机整车NVH目标曲线

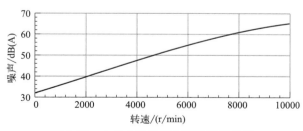

图2-95 电机1阶整车NVH目标曲线

(2) 电机台架NVH目标

电机台架NVH目标通常包含外特性加速、恒定扭矩加速工况的电机主阶次噪声值和振动值。如永磁同步电机（8极48槽）的电机台架NVH目标清单，见表2-53。

表 2-53 电机台架 NVH 目标清单

序号	目标条目	目标
1	外特性加速工况,电机 10cm 处的 24 阶噪声	控制在图 2-96(a)所示目标线以下
2	外特性加速工况,电机 10cm 处的 48 阶噪声	控制在图 2-96(b)所示目标线以下
3	恒定扭矩加速工况,电机 10cm 处的 24 阶噪声	控制在图 2-96(c)所示目标线以下
4	恒定扭矩加速工况,电机 10cm 处的 48 阶噪声	控制在图 2-96(d)所示目标线以下
5	外特性加速、恒定扭矩加速工况,电机壳体的 24 阶、48 阶振动($\leqslant$1200Hz)	$\leqslant$0.2μm
6	外特性加速、恒定扭矩加速工况,电机壳体的 1 阶振动($\leqslant$1200Hz)	$\leqslant$1.5μm

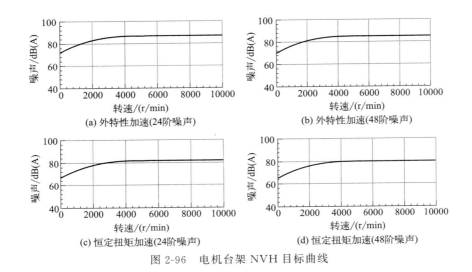

图 2-96 电机台架 NVH 目标曲线

2.8.3.2 减速器 NVH 目标

(1) 减速器整车 NVH 目标

减速器整车 NVH 目标通常包含全油门加速、部分油门加速和带挡滑行减速工况的车内减速器主阶次噪声值。如带两级减速齿轮的减速器的整车 NVH 目标清单,见表 2-54。

表 2-54 减速器整车 NVH 目标清单

序号	目标条目	目标
1	全油门加速工况,车内一级减速齿轮的阶次噪声	一般控制在图 2-97(a)所示目标线以下,或根据项目要求
2	全油门加速工况,车内二级减速齿轮的阶次噪声	一般控制在图 2-97(b)所示目标线以下
3	部分油门加速和带挡滑行减速工况,车内一级减速齿轮的阶次噪声	一般控制在图 2-97(c)所示目标线以下
4	部分油门加速和带挡滑行减速工况,车内二级减速齿轮的阶次噪声	一般控制在图 2-97(d)所示目标线以下

(2) 减速器台架 NVH 目标

减速器台架 NVH 目标通常包含外特性加速、恒扭矩加速和负扭矩倒拖工况的减速器齿轮主阶次噪声值及振动值。如带两级减速齿轮的减速器台架 NVH 目标清单,见表 2-55。

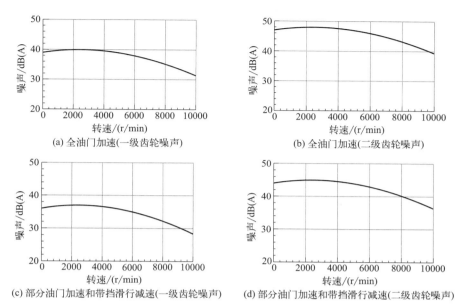

图 2-97 减速器整车 NVH 目标曲线

表 2-55 减速器台架 NVH 目标清单

序号	目标条目	目标
1	外特性加速工况,减速器 10cm 处的一级减速齿轮阶次噪声	一般控制在图 2-98(a)所示目标线以下,或根据项目要求
2	外特性加速工况,减速器 10cm 处的二级减速齿轮阶次噪声	一般控制在图 2-98(b)所示目标线以下
3	恒定扭矩加速和负扭矩倒拖工况,减速器 10cm 处的一级减速齿轮阶次噪声	一般控制在图 2-98(c)所示目标线以下
4	恒定扭矩加速和负扭矩倒拖工况,减速器 10cm 处的二级减速齿轮阶次噪声	一般控制在图 2-98(d)所示目标线以下
5	外特性加速、恒定扭矩加速和负扭矩倒拖工况,减速器壳体的一级减速齿轮阶次振动(≤1200Hz)	≤0.2μm
6	外特性加速、恒定扭矩加速和负扭矩倒拖工况,减速器壳体的二级减速齿轮阶次振动(≤1200Hz)	≤0.4μm

2.8.3.3 电机控制器 NVH 目标

(1) 电机控制器整车 NVH 目标

电机控制器整车 NVH 目标通常包含全油门加速、部分油门加速和带挡滑行减速工况车内的 PWM(脉冲宽度调制)主阶次噪声值。电机控制器整车 NVH 目标清单,见表 2-56。

表 2-56 电机控制器整车 NVH 目标清单

序号	目标条目	目标
1	全油门加速工况,车内 PWM 阶次噪声	≤20dB(A)
2	部分油门加速工况,车内 PWM 阶次噪声	≤20dB(A)
3	带挡滑行减速工况,车内 PWM 阶次噪声	≤20dB(A)

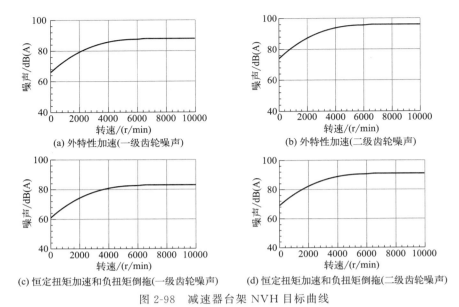

图 2-98 减速器台架 NVH 目标曲线

(2) 电机控制器台架 NVH 目标

电机控制器台架 NVH 目标通常包含外特性加速、恒扭矩加速和负扭矩倒拖工况的控制器 PWM 主阶次噪声值。电机控制器台架 NVH 目标清单，见表 2-57。

表 2-57 电机控制器台架 NVH 目标清单

序号	目标条目	目标
1	外特性加速工况，电机控制器 10cm 处的 PWM 阶次噪声	≤80dB(A)
2	恒定扭矩加速工况，电机控制器 10cm 处的 PWM 阶次噪声	≤80dB(A)
3	负扭矩倒拖工况，电机控制器 10cm 处的 PWM 阶次噪声	≤80dB(A)

2.8.3.4 电池继电器 NVH 目标

(1) 电池继电器整车 NVH 目标

电池继电器整车 NVH 目标通常包含整车上下电工况车内噪声的响度值和尖锐度值。电池继电器整车 NVH 目标清单，见表 2-58。

表 2-58 电池继电器整车 NVH 目标清单

序号	目标条目	目标
1	整车上电工况，车内噪声的响度值	≤4.1sone
2	整车上电工况，车内噪声的尖锐度值	≤1.3acum
3	整车下电工况，车内噪声的响度值	≤4.1sone
4	整车下电工况，车内噪声的尖锐度值	≤1.3acum

(2) 电池继电器台架 NVH 目标

电池继电器台架 NVH 目标通常包含继电器吸合、断开工况 10cm 近场噪声的响度值和尖锐度值。电池继电器台架 NVH 目标清单，见表 2-59。

表 2-59 电池继电器台架 NVH 目标清单

序号	目标条目	目标
1	继电器吸合工况，电池继电器 10cm 处噪声的响度值	≤14.7sone
2	继电器吸合工况，电池继电器 10cm 处噪声的尖锐度值	≤37.0acum
3	继电器断开工况，电池继电器 10cm 处噪声的响度值	≤14.7sone
4	继电器断开工况，电池继电器 10cm 处噪声的尖锐度值	≤37.0acum

2.8.4 电驱动系统 NVH 设计指导

电驱动系统 NVH 设计工作主要包括进行电机、减速器、电机控制器和电池继电器等系统的 NVH 开发设计。

2.8.4.1 电机 NVH 开发设计

电机 NVH 开发设计工作主要包括进行电磁噪声（如高频电机阶次啸叫）和机械噪声（如由电机转子动不平衡和定转子不对中引起的低阶噪声）的优化设计。

(1) 电磁噪声的优化设计

电磁噪声主要从电机结构优化和电机避频设计两个方面进行设计。

① 电机结构的优化设计推荐采取以下设计原则。

a. 定子采用斜槽设计方案，转子采用斜极（如"V"形、双"V"形）设计方案。

b. 定子进行不规则分布的槽口宽度设计，并在定子齿部开辅助槽。

c. 在满足电机功率因子和电机装配的设计要求前提下，推荐将电机气隙控制在 0.6mm 以上。两种不同大小气隙（0.6mm、0.8mm）的电机噪声测试结果表明，适当增大电机气隙可以降低电磁噪声，优化效果如图 2-99 所示。

d. 采用整数槽电机结构方案，如典型的 48 槽 8 极、72 槽 12 极结构。

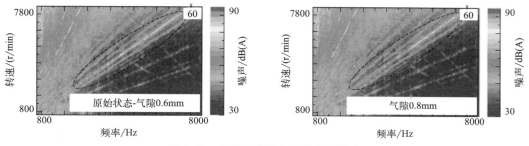

图 2-99 电机气隙对电磁噪声的影响

② 电机避频设计。

电磁力包括径向力（麦克斯韦力）、切向力（洛仑磁力）和轴向力（转子斜极次生力）。其中径向力导致电机定子产生径向变形和周期振动，切向力产生电磁转矩，两者都是电磁噪声的主要来源。

当电磁力的激励频率和电机结构的固有频率相等时，电机会产生共振。在进行电磁方案设计时，通常将电机径向力的激励频率和电机结构的固有频率进行避频设计。同时电机的径向模态和切向模态也需采取避频设计。

（2）机械噪声优化设计

机械噪声主要包括由不平衡机械力和不平衡磁拉力产生的 moan 噪声。moan 噪声与燃油汽车的轰鸣特征类似，属于低频阶次（如 1 阶、2 阶、3 阶）噪声，存在耳压感，多发生在急加速高转速工况，其阶次特征如图 2-100 所示。

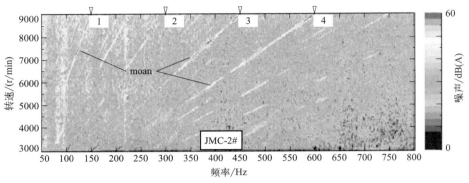

图 2-100　Moan 噪声阶次特征

针对电驱动 1 阶振动噪声，进行电机 NVH 开发设计时，通常采取以下原则。

① 电机输出轴的动平衡精度等级推荐采用 G2.5 及以上。

② 电机输出轴与减速器输入轴的同轴度推荐控制在 0.05mm 以下，布置形式推荐采用同轴式结构。

2.8.4.2　减速器 NVH 开发设计

减速器 NVH 开发设计的主要工作包括齿轮啮合噪声和轴承异响的优化设计。

（1）齿轮啸叫优化设计

齿轮啸叫优化设计主要包括齿轮宏观参数设计、齿轮微观修形、齿轮加工工艺设计、减速器壳体优化设计。

① 齿轮宏观参数设计。

为优化齿轮啸叫问题，通常采取以下原则进行齿轮宏观参数设计。

a. 所选齿轮的模数应符合国家标准 GB/T 1357—2008 中的规定。针对不同的车型，建议参考表 2-60 的推荐范围进行模数设计。

b. 在考虑减速器齿轮制造可行性及空间布置的基础上，总重合度（轴向重合度和端面重合度之和）推荐控制在 3.0 以上。

表 2-60　齿轮模数推荐表

车型	模数
微型、普通级轿车	2.25～2.75
中级轿车	2.75～3.00
中型货车	3.50～4.50

c. 齿顶高系数越大，齿轮啮合的噪声就越小，但齿轮受到的弯曲应力越大。为平衡齿轮的 NVH 性能和耐久性，一般推荐齿顶高系数取 1。

② 齿轮微观修形。

齿轮微观修形（包括齿顶修缘和齿向修形）是优化齿轮激励力最有效的方法之一。齿顶修缘是沿齿根到齿顶方向进行微量修整，使其偏离理论齿形；而齿向修形则是沿齿线方向，可改善载荷沿齿线的分布。工程上一般是根据齿轮的 TE 仿真和接触斑点试验结果，来判断具体的修形方案。常见的修形参数有鼓形量 C_α 和倾斜偏差 $f_{H\alpha}$，如图 2-101 所示。通过对齿轮进行微观修形，减速器齿轮主阶次噪声可降低约 6dB(A)，如图 2-102 所示。

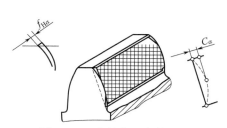

图 2-101 齿轮修形参数示意

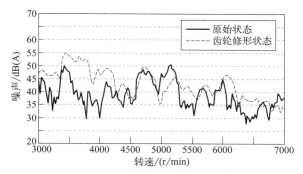

图 2-102 齿轮微观修形方案的噪声优化效果

③ 齿轮加工工艺设计

齿轮噪声控制是一个系统工程。设计一套 NVH 性能优越的齿轮，除了参数设计要合理外，还要保证加工质量满足要求。

a. 齿形偏差（图 2-103）幅值越大，齿面越凹凸不平，齿轮 NVH 性能越差。齿形偏差推荐控制在 $2\mu m$ 以下。

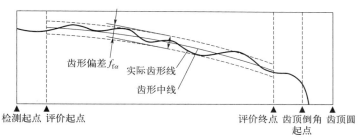

图 2-103 齿形偏差参数示意

b. 齿轮的加工精度推荐控制在 6 级以上。为保证齿轮加工精度，推荐采用磨齿加工工艺。

c. 无有效倒角的齿轮在啮入和啮出过程容易划伤齿面，从而导致齿轮接触面积减少，引起啸叫问题。齿轮倒角的设计值通常大于齿轮的精加工余量，这样才能保证齿轮在精加工后仍存在有效倒角。

d. 为避免因齿轮干涉导致的异响问题，在考虑热处理变形及加工余量的情况下，推荐齿顶倒棱控制在 0.2～0.5mm 范围内，齿端倒棱 0.2～2.0mm，齿廓倒棱 0.3～0.8mm。齿轮倒棱示意详见图 2-104。

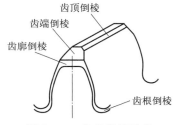

图 2-104 齿轮倒棱示意

④ 减速器壳体优化设计。

进行减速箱壳体设计时，应充分考虑壳体模态、悬置安装点的动刚度等对 NVH 的影响，通常推荐采取以下设计原则。

a. 推荐将壳体的 1 阶自由模态控制在 1500Hz 以上，1 阶约束模型控制在 700Hz 以上。

b. 推荐将减速器壳体的悬置安装点动刚度控制在 100000N/mm（采用对单个悬置的所有安装点共同抓取的 CAE 分析方法）。

c. 通常对减速器外壳进行结构加强（如增加加强筋、增大壳体厚度）或声学材料包裹。减速器的壳体结构优化对比如图 2-105 所示。

(a) 原始状态　　　　　　　　(b) 优化状态

图 2-105　减速器的壳体结构优化对比

（2）轴承噪声的优化设计及故障诊断

减速器所选用的轴承主要包括滚动轴承和滑动轴承两大类，其中滚动轴承产生的噪声性相对较大，是减速器主要的噪声源之一。工程上，一般从轴承材料、参数等方面对减速器轴承 NVH 性能进行优化。推荐采取以下轴承 NVH 设计原则。

① 增大轴承装配后的预紧量。
② 优化保持架内圆兜孔直径，减小间隙量。
③ 采用轻量化、耐冲击、低噪声的工程塑料保持架。
④ 轴承的动平衡精度等级推荐采用 G2.5 及以上。

在轴承的应用中，不稳定的轴承部件、轴承套圈和球状滚动体的局部缺陷或轴承中的尘粒都可能引起噪声问题。轴承旋转产生噪声的阶次特征较丰富，通常是 2~5 之间的非整数阶次。滚动轴承的阶次可根据表 2-61 中的公式计算获得。滚动轴承的主要外形参数如图 2-106 所示。

表 2-61　滚动轴承的各阶次特征计算表（跟踪轴承内圈所在轴的转速）

阶次	计算公式
保持架旋转	$\dfrac{1-\dfrac{d}{D}\cos\alpha}{2}+\dfrac{1+\dfrac{d}{D}\cos\alpha}{2f_i}f_o$
保持架相对内圈转动	$\dfrac{1+\dfrac{d}{D}\cos\alpha}{2}\left(\dfrac{f_o}{f_i}-1\right)$
滚动体相对内圈转动	$\dfrac{1+\dfrac{d}{D}\cos\alpha}{2}\left(\dfrac{f_o}{f_i}-1\right)Z$
滚动体相对外圈转动	$\dfrac{1+\dfrac{d}{D}\cos\alpha}{2}\left(1-\dfrac{f_o}{f_i}\right)Z$
滚动体自转	$\dfrac{D}{d}\times\dfrac{1-\left(\dfrac{d}{D}\cos\alpha\right)^2}{2}\left(\dfrac{f_o}{f_i}-1\right)$

注：D 为轴承节径，即滚动体中心所在圆的直径；d 为滚动体直径；α 为轴承接触角；f_o 为轴承外圈转频；f_i 为轴承内圈转频。

轴承异响问题的诊断，可遵循以下步骤：

① 进行轴承异响问题 NVH 测试，确认噪声的阶次特征；

② 计算出轴承各零部件对应的阶次特征，并结合 NVH 测试结果，锁定噪声源。

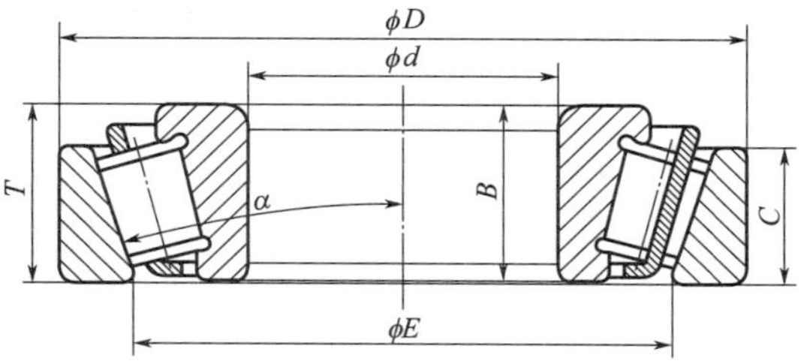

2.8.4.3 电机控制器 NVH 开发设计

电机控制器 NVH 开发设计的主要工作包括进行控制器结构和控制策略的优化设计。

图 2-106 滚动轴承的主要外形参数

(1) 控制器结构优化设计

电机控制器硬件主要包括控制板、驱动板、外壳，通常集成在电驱动总成的上表面。控制器外壳一般呈大平面、空腔状，这种结构的噪声灵敏度通常较高，是电驱动系统辐射噪声的重要来源之一。

为降低控制器外壳对电驱动总成噪声的贡献，通常对控制器外壳进行结构加强（如增加加强筋、增大壳体厚度）或声学材料包裹。电机控制器的壳体结构优化对比如图 2-107 所示。

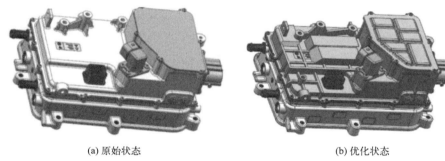

(a) 原始状态　　　　　　　　　(b) 优化状态

图 2-107 电机控制器的壳体结构优化对比

(2) 控制策略优化设计

电机控制系统的 NVH 开发，通常遵循以下设计原则。

① 乘用车的载波频率控制在 10kHz 以上，商用车控制在 6kHz 以上。

② 采用离散 PWM、随机 PWM 的电机控制策略。

③ 采用主动谐波注入（注入与谐波电流幅值相等、相位相反的电流）的电机控制策略。工程上通常采用该策略来抑制谐波电流，降低电机的转矩脉动，优化电机噪声，如图 2-108 所示，电机噪声最大可优化 20dB(A)。

2.8.4.4 电池继电器 NVH 开发设计

电池继电器通常由四部分组成：线圈、衔铁、弹簧和动静触点，如图 2-109 所示。在整车驻车状态下进行上电和下电操作，对应的继电器会分别进行吸合及断开动作。在这个过程中，继电器内部的触点与衔铁发生撞击并产生冲击噪声（如哒哒、咔哒）。该类噪声一般时间短、声压级大，且频率分布广。

针对继电器的上下电噪声，在电池继电器 NVH 开发设计中主要从布置形式、安装方式、控制策略三个方面进行优化设计。

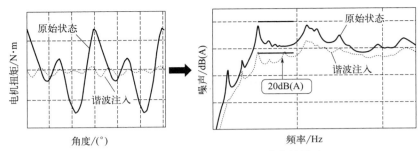

图 2-108 主动谐波注入对电机噪声的影响

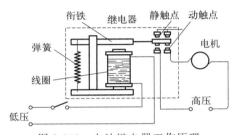

图 2-109 电池继电器工作原理

(1) 布置形式

推荐将继电器布置在车架或者车身结构较强的位置（如车身纵梁）。

(2) 安装方式

① 针对安装在电池包内部的继电器，推荐在继电器安装点采取隔振设计。

② 针对安装在电池系统配电盒（BDU）内部的继电器，推荐在继电器或 BDU 安装点采取隔振设计。

(3) 控制策略

① 推荐采取开门即上电的控制策略，利用开门噪声来掩盖继电器上电噪声。

② 推荐采取继电器延时断开的控制策略，减小顾客感知到继电器下电噪声的概率。

第3章 底盘NVH开发

3.1 悬架系统 NVH 开发

3.1.1 悬架系统介绍

悬架是车架（或承载式车身）与车桥（或车轮）之间的所有传力连接装置的总称，是汽车底盘的组成系统之一。它的主要功能是把路面作用于车轮上的力和力矩传递到车架（或承载式车身）上，保证汽车的正常行驶，并且缓和由不平路面传给车身的冲击载荷，衰减由此引起的振动，保证乘客的舒适性。

悬架主要由弹簧、减振器、导向机构和横向稳定杆等组成，弹簧和减振器是提高 NVH 性能的主要部件，其对 NVH 性能有非常重要的影响。

弹簧为悬架系统缓冲振动的主要功能件，它主要在车轮受到路面冲击产生较大振动能量时，弹簧伸缩将冲击能转化为弹性势能，释放吸收的能量后复原，起缓和振动的作用。常用弹性元件包括钢板弹簧、螺旋弹簧、橡胶弹簧、空气弹簧及油气弹簧等。

减振器作为悬架衰减振动的主要功能件，同时连接簧载和非簧载质量，它主要用于耗散来自路面颠簸的能量，同时将阻尼力传递给车身。

通过悬架路径传递的车内噪声主要为结构噪声，其主要为粗糙路、冲击路或者轮胎不均匀激励轮胎悬架及车身振动产生的车内低频噪声，其主要传播路径为轮胎→车桥（非承载式车身）→悬架及转向系统的结构件→悬架弹簧及减振器→悬架及转向系统各处衬套→车架（非承载式车身）→车身及声腔→人耳，频率一般为 20～600Hz。

悬架 NVH 通过合理设计悬架系统级及悬架杆件级模态分布、弹性件刚度曲线、减振器阻尼特性、连接点动刚度、声振灵敏度，最大限度地衰减路面激励振动传递至车身，从而降低车内振动噪声，以达到理想的 NVH 目标。

3.1.2 悬架系统 NVH 开发流程

悬架 NVH 开发工作依据悬架开发流程同步图进行，见表 3-1。

表 3-1 悬架 NVH 开发流程

节点	核心工作	主要内容	交付物
MR-KO	竞品车及悬架系统测试解析	竞品车悬架系统模态测试及分析 竞品车悬架杆件模态测试及分析 竞品车轮心到车身接附点 VTF 测试 悬架系统 NVH 性能开发策略讨论及制定	竞品车悬架系统模态测试及分析报告 竞品车悬架杆件模态测试及分析报告 竞品车轮心到车身接附点 VTF 测试报告 悬架系统 NVH 性能开发策略报告

续表

节点	核心工作	主要内容	交付物
KO-SI	悬架系统 NVH 初版目标设定	轮心至底盘与车身连接点 VTF 目标 悬架系统模态目标 悬架杆件模态目标 悬架系统模态避频目标 轮心到车身接附点 VTF 目标	悬架系统级 NVH 目标分解报告 悬架系统级目标健康状态清单
UNV0-M1DJ	悬架系统 NVH DPA 检查	悬架系统 3D 数据结构 DPA 检查	悬架系统 3D 数据 DPA 检查问题跟踪表
UNV0-M1DJ	悬架系统级 CAE 分析及评估	悬架杆件自由模态/刚度 CAE 分析 前后悬架模态 CAE 分析 悬架杆件约束模态 CAE 分析 悬架系统模态分离 悬架系统 3D 数据联合评审及数据冻结	悬架系统零部件级 CAE 分析报告 悬架系统目标健康状态评估跟踪表 悬架系统模态分离表 悬架系统设计评审及数据冻结
M1-VP	M1 阶段悬架系统级设计验证	悬架系统模态、轮心至底盘与车身连接点 VTF 测试及结果评估	M1 阶段悬架系统级设计验证及结果评估报告
M1-VP	M1 阶段整车 NVH 调校	M1 阶段整车 NVH 摸底测试分析 M1 阶段悬架系统两轮 NVH 调校	M1 阶段整车 NVH 测试摸底分析报告 M1 阶段悬架系统两轮 NVH 调校分析报告
VP-FEC	VP 阶段悬架系统级设计验证	VP 悬架杆件模态测试及结果评估 VP 悬架系统模态测试及结果评估 VP 轮心至底盘与车身连接点 VTF 测试及评估	VP 阶段悬架系统级设计验证及结果评估报告
VP-FEC	VP 阶段整车 NVH 调校	轮心至车身关键点振动测试验证及评估 轮心至车身 VTF 测试验证及结果评估 整车 NVH 摸底及问题诊断分析 悬架 NVH 调校	轮心至车身与底盘关键点振动测试验证及结果评估报告 轮心至车身 VTF 测试验证及评估报告 整车道路 NVH 摸底及问题诊断分析报告 悬架第三轮 NVH 调校分析报告
VP-FEC	VP 阶段整车 NVH 性能签发	整车 NVH 测试验证、驾评及签发	整车 NVH 开发目标达成及签发报告
LR-LS	TT 阶段底盘 NVH 性能一致性跟踪	TT 阶段悬架 NVH 性能一致性跟踪及问题处理 TT 阶段悬架 NVH 主观驾评及客观测试验证(抽测)	TT 阶段悬架 NVH 主观驾评及客观测试验证报告
LS-J1	PP 阶段底盘 NVH 性能一致性跟踪	PP 阶段悬架 NVH 性能一致性跟踪及问题处理 PP 阶段悬架 NVH 主观驾评及客观测试验证(抽测)	PP 阶段悬架 NVH 主观驾评及客观测试验证报告
J1-OKTB	MP 阶段底盘 NVH 性能一致性跟踪	MP 阶段悬架 NVH 性能一致性跟踪 MP 阶段底盘 NVH 主观驾评及客观测试验证(抽测) 悬架 NVH 性能测试经验整理及讨论	MP 阶段悬架 NVH 主观驾评及客观测试验证报告 悬架 NVH 性能测试经验总结清单

3.1.3 悬架系统 NVH 目标设定

悬架目标设定是路噪正向控制的基础和关键。目标的制定和分解是自上而下的逐级分解：系统级目标→零部件级目标。其中系统级目标主要为轮心到车身接附点的 VTF；零件级目标主要可分为两大方向，即悬架件模态与刚度和连接点动刚度。

（1）悬架系统目标

悬架系统目标重点考察悬架的振动传递衰减特性，悬架系统对振动的衰减越大，传递到车身的振动就越小，车内噪声也就越小。因此，用轮心到车身接附点的 VTF 作为悬架系统级控制目标。以前麦弗逊后多连杆悬架为例，悬架系统目标见表 3-2。

表 3-2 悬架系统目标

系统级	零件级	NVH 目标项	建议值/(g/N)
悬架	轮心到车身接附点 VTF	前减振器与车身连接点 X	<0.01
		前减振器与车身连接点 Y	<0.01
		前减振器与车身连接点 Z	<0.01
		前副车架与车身后连接点 X	<0.01
		前副车架与车身后连接点 Y	<0.01
		前副车架与车身后连接点 Z	<0.01
		后减振器与车身连接点 X	<0.01
		后减振器与车身连接点 Y	<0.01
		后减振器与车身连接点 Z	<0.01
		拖曳臂与车身连接点 X	<0.01
		拖曳臂与车身连接点 Y	<0.01
		拖曳臂与车身连接点 Z	<0.01
		后副车架与车身前连接点 X	<0.01
		后副车架与车身前连接点 Y	<0.01
		后副车架与车身前连接点 Z	<0.01
		后副车架与车身后连接点 X	<0.01
		后副车架与车身后连接点 Y	<0.01
		后副车架与车身后连接点 Z	<0.01

（2）悬架子系统目标分解

从悬架系统目标分解到零件级目标，主要可分为两大方向：悬架件模态与刚度、连接点动刚度。

根据目标分解体系，制定如表 3-3 所示子系统目标。

表 3-3 悬架子系统目标

系统级	零件级	NVH 目标项	建议值
悬架	前副车架	自由模态	整体 1 阶＞110Hz
		约束模态	第 1 阶柔性模态＞150Hz
		车架弯曲刚度	参考平台数据库及竞品车
		车架扭转刚度	参考平台数据库及竞品车
	后副车架	自由模态	整体 1 阶＞130Hz
		约束模态	第 1 阶柔性模态＞150Hz
		车架弯曲刚度	参考平台数据库及竞品车
		车架扭转刚度	参考平台数据库及竞品车
	前下摆臂	自由模态	整体 1 阶＞450Hz
		约束模态	刚体模态避开轮胎空腔模态
	后下摆臂	自由模态	整体 1 阶＞500Hz
		约束模态	刚体模态避开轮胎空腔模态
	下拉杆	自由模态	整体 1 阶＞400Hz
		约束模态	刚体模态避开轮胎空腔模态
	上拉杆	自由模态	整体 1 阶＞700Hz
		约束模态	刚体模态避开轮胎空腔模态
	拖曳臂	自由模态	整体 1 阶＞400Hz
		约束模态	刚体模态避开轮胎空腔模态
	top mount 安装点动刚度	X	≥15000N/mm
		Y	≥15000N/mm
		Z	≥15000N/mm
	前副车架外前连接点动刚度	X	≥30000N/mm
		Y	≥10000N/mm
		Z	≥20000N/mm
	前副车架外后连接点动刚度	X	≥20000N/mm
		Y	≥15000N/mm
		Z	≥10000N/mm
	前副车架内侧连接点动刚度	X	≥20000N/mm
		Y	≥15000N/mm
		Z	≥10000N/mm
	螺簧安装点动刚度	X	≥30000N/mm
		Y	≥15000N/mm
		Z	≥10000N/mm
	拖曳臂与车身连接点动刚度	X	≥30000N/mm
		Y	≥15000N/mm
		Z	≥15000N/mm

续表

系统级	零件级	NVH目标项	建议值
悬架	后减振器安装点动刚度	X	≥15000N/mm
		Y	≥15000N/mm
		Z	≥15000N/mm
	后副车架前安装点动刚度	X	≥20000N/mm
		Y	≥15000N/mm
		Z	≥12000N/mm
	后副车架后安装点动刚度	X	≥20000N/mm
		Y	≥15000N/mm
		Z	≥12000N/mm

3.1.4 悬架系统 NVH 设计指导

（1）悬挂系统设计指导

悬架系统模态需要同时关注整体模态和部件模态，模态合理分离能有效控制各激励源传递至车内的振动和噪声。悬架模态一般要求在 10Hz 以上，例如悬架系统的 hop/tramp 模态——当车轮受一个大小固定的振幅激励时，悬架的最大幅值响应（图3-1）。激励频率从 2～30Hz，激励激起同相 hop 模态，异相 tramp 模态，频率范围为 11～15Hz。

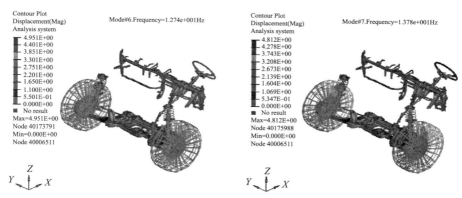

图 3-1 悬挂系统 hop/tramp 模态

悬架前后模态：在悬架弹簧作用下，车轮作为刚体前后移动，频率范围为 15～20Hz。

悬架件刚体和弹性模态：由于衬套影响，悬架杆件存在刚体模态，其频率范围为 40～200Hz，弹性模态一般为 120～300Hz 甚至更高。

底盘悬架模态需要满足以下避频规则。

① 悬架、副车架的第1阶弹性模态频率要高于最高车速下发动机1阶频率 15% 以上（燃油、混动）；

② 悬置支架频率必须与车身、车架的主要频率分离 10% 以上（燃油、混动、纯电动）；

③ 悬架的前后模态与整车模态以及前端车身模态最少分离 3Hz，因此建议悬挂前后模态为 15～20Hz（燃油、混动、纯电动）；

④ 麦弗逊悬架的弯曲模态与轮胎2阶模态、车身2阶声腔模态分离（燃油、混动、纯

电动）；

⑤ 悬架与车身、车架或者副车架接附点的局部模态要大于 500Hz，以确保与悬架/轮胎的模态分离（燃油、混动、纯电动）；

⑥ 前桥/副车架（独立悬架）1 阶弹性模态要高于传动轴 1 阶模态 15%（燃油、混动、纯电动）；

⑦ 后驱车实体桥模态必须与车身声腔模、扭振模态分离 10%，对于 EV 车需要怠速点火激励分离 10%（燃油、混动、纯电动）；

⑧ 后驱单元刚体模态与后副车架主要刚体模态需要分离 10%（燃油、混动、纯电动）；

⑨ 四驱后桥模态与副车架的刚体模态分离 10Hz 以上（1 阶）（燃油、混动、纯电动）；

⑩ 悬架杆件模态需要分离 10% 且避开轮胎空腔模态 20% 以上（燃油、混动、纯电动）；

⑪ 轮胎扭转模态与悬架弹性模态、车身/车架整体模态最少分离 5Hz（燃油、混动、纯电动）；

⑫ 副车架开口刚度的大小直接影响了结构噪声的传递特性，在开发前期也是一个重要的衡量指标，一般需要根据竞品车辆的副车架开口刚度设定目标。

副车架开口刚度分析如图 3-2 所示。某车型副车架开口刚度见表 3-4。

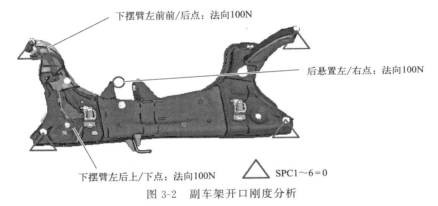

图 3-2 副车架开口刚度分析

表 3-4 某车型副车架开口刚度

安装点	加载力/N	某车型			
		UNV0		UNV1	
下摆臂左前前点轴向	100	0.013	7692.3	0.011	9090
下摆臂左前后点轴向		0.002	50000	0.003	33333
后悬置左点轴向		0.01	10000	0.01	10000
后悬置右点轴向		0.007	14285.7	0.007	14285.7
下摆臂左后上点轴向		0.006	16666.7	0.005	20000
下摆臂左后下点轴向		0.008	12500	0.009	11111

（2）减振器设计指导

减振器阻尼控制遵循如下原则。

① 减振器相对阻尼系数一般取 0.25～0.55 为宜，过小则无法有效衰减共振振幅，过大易造成路面激励直接传至车身。

② 减振器压缩行程阻尼力一般小于回弹行程；较低的压缩行程阻尼力可降低振动通过减振器传递车身，较高的回弹方向阻尼力可有效耗散压缩过程弹簧存储的能量。

根据车辆的类型、道路条件和使用要求，可以通过主观调试选择恰当的减振器阻尼力特性。

(3) 底盘件衬套设计指导

底盘衬套的作用一方面是给底盘相对运动杆件提供一定的位移和柔性，另一方面就是进行隔振。根据隔振理论，衬套安装点的动刚度大于等于6～10倍的衬套动刚度，则该隔振系统隔振较好。衬套的各项刚度是根据底盘硬点力来确定的。

衬套刚度控制遵循如下原则。

① 衬套刚度在满足功能要求（使用性能和耐久性）下，其刚度匹配尽可能满足NVH要求；

② 关键衬套的各向隔振率大于等于15dB；

③ 关键衬套安装点动刚度大于衬套刚度6～10倍；

④ 在样车调校阶段，针对关键衬套一般制作±25%刚度样件调校；

⑤ 底盘衬套动静比需要达到小于1.3（400Hz）。

3.2 车轮系统NVH开发

3.2.1 车轮系统简介

车轮系统主要由轮胎和轮辋组成。当汽车在路面上行驶时，轮胎就会和路面产生相互作用，不可避免地会产生噪声和振动。车轮系统作为底盘的重要子系统，对底盘NVH的设计及优化，尤其是对整车路噪的设计及优化有关键性影响。

路噪主要与底盘和车身两个系统有关。按照组成部件分，路噪NVH可分为很多子系统，包括悬架NVH、车轮NVH、车架NVH等。其中车轮系统NVH又可细分为车轮总成NVH、轮胎NVH和轮辋NVH，如图3-3所示。按照传递路径分，路噪可以分为结构传递和空气传递。但不管以何种方式传递，车轮系统都是传递路径中的关键一环。

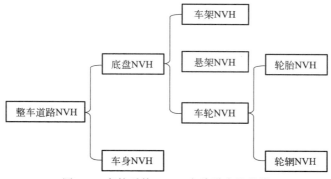

图3-3 车轮系统NVH在路噪中的分类

路噪频率范围较广，不同频率的路噪声给人的主观感觉不同。其中车轮系统影响的噪声频段为40～3000Hz，尤其对空腔噪声和高频胎噪影响最大，如图3-4所示。

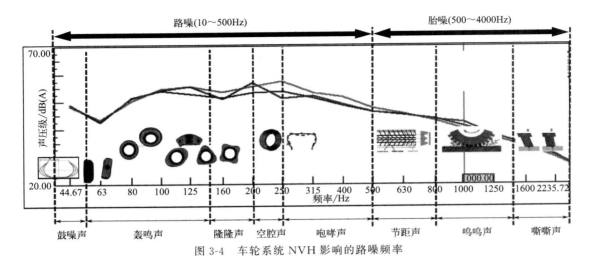

图 3-4 车轮系统 NVH 影响的路噪频率

3.2.2 车轮系统 NVH 开发流程

道路 NVH 开发工作主要包括车身和底盘开发，主要依据道路流程开发同步图进行。车轮系统作为底盘子系统也包含其内，具体开发流程中的工作描述如表 3-5 和表 3-6 所示。

表 3-5 车轮系统开发流程（一）

节点	核心工作	主要内容	交付物
MR-KO	竞品车及车轮系统测试解析	竞品车/标杆车整车路噪测试及分析 竞品车/标杆车轮胎辐射噪声测试及分析 竞品车/标杆车轮心各工况振动测试及分析 竞品车/标杆车轮辋侧向刚度测试 竞品车/标杆车车轮力传递率测试 车轮系统 NVH 性能开发策略讨论及制定	竞品车/标杆车整车路噪测试及分析报告 竞品车轮胎辐射噪声测试及分析报告 竞品车轮心各工况振动测试及分析报告 竞品车/标杆车轮辋侧向刚度测试报告 竞品车/标杆车车轮力传递率测试报告 车轮系统 NVH 性能开发策略报告
KO-SI	车轮系统 NVH 初版目标设定	轮心至底盘与车身连接点 VTF 目标 轮心至车内 NTF/VTF 目标 车轮系统力传递率目标 轮胎近场（辐射）噪声目标 轮辋侧向刚度/模态目标 底盘杆件自由/约束模态避频目标 前后悬架系统模态避频目标	车轮系统级 NVH 目标分解报告 车轮系统级目标健康状态清单
UNV0-M1DJ	车轮系统 NVH DPA 检查	车轮系统 3D 数据结构 DPA 检查	车轮系统 3D 数据结构 DPA 检查问题跟踪表
UNV0-M1DJ	车轮系统级 CAE 分析及评估	轮胎声腔模态 CAE 分析 轮辋侧向刚度/模态 CAE 分析 底盘杆件自由/刚度 CAE 分析 前后悬架模态 CAE 分析 底盘杆件约束模态 CAE 分析 底盘系统模态分离 车轮系统设计 3D 数据联合评审及数据冻结	车轮系统零部件级 CAE 分析报告 车轮系统目标健康状态评估及跟踪表 底盘系统模态分离表 底盘系统设计评审及数据冻结

续表

节点	核心工作	主要内容	交付物
M1-VP	M1 阶段车轮系统级设计验证	车轮系统模态/刚度 DV 台架测试报告收集及结果评估	M1 阶段车轮系统级设计验证及结果评估报告
	M1 阶段整车路噪调校	M1 阶段整车路噪摸底测试分析 M1 阶段轮胎两轮 NVH 调校	M1 阶段整车路噪测试摸底分析报告 M1 阶段轮胎两轮 NVH 调校分析报告

表 3-6 车轮系统开发流程（二）

节点	核心工作	主要内容	交付物
VP-FEC	VP 阶段车轮系统级设计验证	VP 车轮系统模态/刚度 DV 台架测试报告收集及结果评估	VP 阶段车轮系统级设计验证及结果评估报告
	VP 阶段整车路噪调校	轮心至车身与底盘关键点振动测试验证及结果评估 轮心至车内 NTF/VTF 测试验证及结果评估 整车路噪摸底及问题诊断分析 轮胎 NVH 调校	轮心至车身与底盘关键点振动测试验证及结果评估报告 轮心至车内 NTF/VTF 测试验证及结果评估报告 整车道路 NVH 摸底及问题诊断分析报告 轮胎第三轮 NVH 调校分析报告
	VP 阶段整车路噪性能签发	整车路噪测试验证、驾评及签发	整车路噪开发目标达成及签发报告
LR-LS	TT 阶段底盘 NVH 性能一致性跟踪	TT 阶段底盘 NVH 性能一致性跟踪及问题处理 TT 阶段底盘 NVH 主观驾评及客观测试验证（抽测）	TT 阶段底盘 NVH 主观驾评及客观测试验证报告
LS-J1	PP 阶段底盘 NVH 性能一致性跟踪	PP 阶段底盘 NVH 性能一致性跟踪及问题处理 PP 阶段底盘 NVH 主观驾评及客观测试验证（抽测）	PP 阶段底盘 NVH 主观驾评及客观测试验证报告
J1-OKTB	MP 阶段底盘 NVH 性能一致性跟踪	MP 阶段底盘 NVH 性能一致性跟踪 MP 阶段底盘 NVH 主观驾评及客观测试验证（抽测） 车身悬置 NVH 性能测试经验整理及讨论	MP 阶段底盘 NVH 主观驾评及客观测试验证报告 车身悬置 NVH 性能测试经验总结清单

3.2.3 车轮系统 NVH 目标设定

目标设定需要结合竞品车 PALS 目标定义、历史问题 TGW 信息等，制定出合理的目标。系统级和零件级目标主要考察系统的振动传递衰减特性。对振动的衰减越大，传递到车身的振动就越小，车内噪声也就越小。车轮系统目标可分为系统级目标（车轮总成）和零件级目标（轮胎、轮辋）。

(1) 车轮总成子系统目标（表3-7）

表3-7 车轮总成子系统目标

系统	NVH指标	建议值
车轮总成	车轮总成力传递率	参考竞品车及数据库，推荐乘用车低于21dB
	力传递率1阶频率	参考竞品车及数据库，推荐乘用车低于78Hz
	轮胎空腔模态点力传递率	参考竞品车及数据库，推荐乘用车低于19dB

(2) 轮胎子系统目标（表3-8）

表3-8 轮胎子系统目标

系统	NVH指标		建议值
轮胎	轮胎辐射噪声		根据竞品车及历史数据库，制定辐射噪声曲线
	轮胎空腔噪声频率		底盘件等避开空腔模态，推荐模态频率分离＞20%
	轮胎模态		轮胎系统模态分布，整车其他件需要避频，推荐模态频率分离＞20%
	轮胎刚度均一性	RFV	参考通用标准，乘用车15in推荐≤102N
		R1H	参考通用标准，乘用车15in推荐≤67N
		R2H	参考通用标准，乘用车15in推荐≤49N
		LFV	参考通用标准，乘用车15in推荐≤80N
		L1H	参考通用标准，乘用车15in推荐≤62N

注：1in＝2.54cm，下同。

轮胎辐射噪声通过空气路径传播到车内，主要由胎面振动、轮胎花纹及路面的相互作用产生，与轮胎花纹形式强相关，对整车的高频胎噪影响很大。

底盘件等模态建议避开轮胎空腔模态，推荐模态频率分离＞20%。

轮胎刚度均一性指标主要是轮胎径向力和切向力的波动值，均一性对高速工况的路噪和异响有显著影响。

(3) 轮辋子系统目标（表3-9）

表3-9 轮辋子系统目标

系统	NVH指标	建议值
轮辋	轮辋侧向刚度	参考竞品车及数据库，乘用车推荐：18寸＞60kN/mm；19寸＞55kN/mm
	轮辋模态	整车其他件需要避频，乘用车推荐：18寸/19寸＞281Hz；20寸＞278Hz

轮辋侧向刚度和轮辋模态主要与轮辋的材料、尺寸和结构有关。常见的轮辋材料为钢轮辋和铝轮辋。

3.2.4 车轮系统NVH设计指导

车轮系统作为直接与地面摩擦的构件，对路噪性能有关键影响。但车轮作为主要行驶件，其操作稳定性能往往又是设计人员优先考虑的问题。而车轮系统NVH性能包含两方面：一方面为胎面花纹与地面激励引起的噪声，通过空气传递至车内，称为胎噪；另一方面通过悬挂系统传递给车身的传递力引起振动与噪声，称为路噪。车轮系统 NVH 的设计主要围绕对整车胎噪和路噪的影响展开。针对车轮的各个 NVH 性能指标，具体设计指导阐述如下。

3.2.4.1 车轮总成设计指导

力传递率是车轮总成的一个重要指标，它反映的是车轮总成的力传递衰减特性。

在轮胎开发管控过程中，通过前期收集测试竞品车轮胎力传递率来设置轮胎力传递率函数目标，进而保证路噪性能。测试时，在轮辋中心直径两端各布置一个振动传感器，在与地面垂直的胎面中心布置一个振动传感器，如图 3-5 所示。

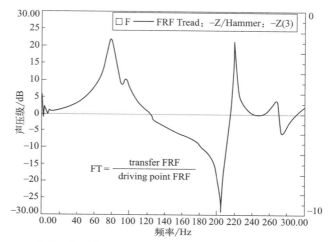

图 3-5　轮胎力传递率测试

力传递率：跨点频响函数（transfer FRF）和原点频响函数（driving point FRF）的比值。

跨点频响函数：轮胎胎面响应对轮毂中心激励的频响函数。

原点频响函数：轮毂中心响应对轮毂中心激励的频响函数。

力传递率的幅值和宽度受车轮阻尼影响，峰值频率受车轮质量和刚度影响，例如刚度增大，峰值频率变大。

力传递率频率变化对整车路噪各频段 RMS 值有明显影响。例如在某项目车型中，轮胎力 1 阶垂向模态频率由 87Hz 下降至 81Hz 后，整车车内噪声 20～400Hz 内 RMS 值优化 1.5dB，详情如图 3-6 所示。

3.2.4.2 轮胎设计指导

（1）轮胎的辐射噪声

轮胎的辐射噪声主要是轮胎与路面接触后由于泵浦作用、胎面振动及轮胎花纹与路面的相互作用直接产生的辐射噪声，它可以通过空气路径传播到车内引起车内空气传递路噪声。在路噪性能正向开发过程中，通常会在台架及整车转鼓上进行轮胎辐射噪声测试，如图 3-7 所示，在轮胎前侧、外侧、后侧各布置一个麦克风，麦克风头部带风球，风球中心离地面和胎面距离均为 100mm，转鼓采用鼓带车模式。测试汇总数据库如图 3-8 所示。

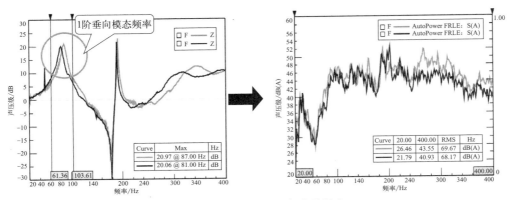

图 3-6　力传递率对整车路噪影响

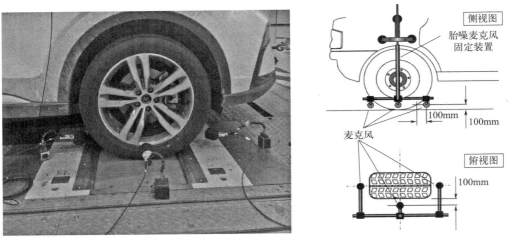

图 3-7　轮胎的辐射噪声测试

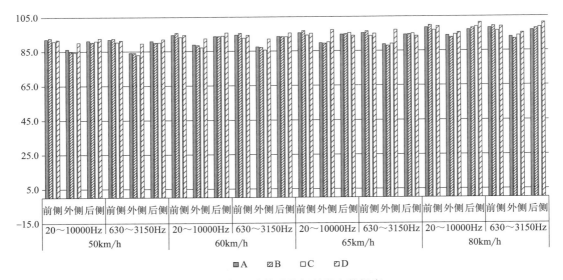

图 3-8　各品牌轮胎的辐射噪声数据库

在项目初期，开发团队就需要结合竞品车的测试结果、数据库以及性能定位确定项目轮胎辐射噪声的目标，后续每个阶段针对这个目标进行调校。如图 3-9 所示，最下面的虚线为辐射噪声目标线。

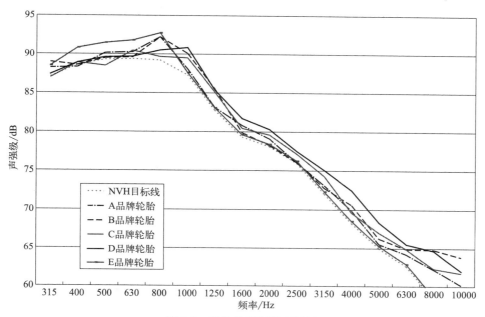

图 3-9 轮胎的辐射噪声目标

另外若胎面花纹设计不合理，在与路面撞击后，产生的花纹噪声也会偏大。具体花纹噪声可分为节距噪声、泵浦噪声、气柱共鸣噪声、滑移噪声。目前常用轮胎基本采用变节距花纹，在很大程度上避免了花纹噪声偏大问题，同时可以通过增加节距种类、增加横沟架桥、降低胎面胶硬度等设计手段有效改善花纹噪声，如图 3-10～图 3-12 所示。

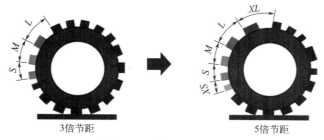

图 3-10 增加节距种类

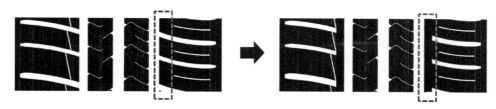

图 3-11 增加横沟架桥

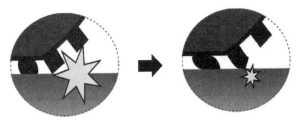

图 3-12 降低胎面胶硬度

(2) 轮胎部件模态

一般以频率划分，轮胎及其空腔常有四阶主要振型，即轮胎 1 阶跳动、胎肩部共振、轮胎空腔共振及胎面共振，具体振型、频率、贡献位置如表 3-10 所示。上述模态在任何轮胎上均会出现，各品牌间的差距主要体现在受激状态下的振动幅度。

表 3-10 轮胎部件常见模态

项目	1 阶跳动 70Hz 左右	胎肩共振 100～150Hz	轮胎空腔共振 190～220Hz	胎面共振 300～500Hz
轮胎共振模态				
贡献位置				

通过前期仿真分析及测试可以确定轮胎部件的多个模态振型并及时将底盘车身部件的模态振型进行分离。

由于轮胎空腔模态的能量分布较高，往往需要优先进行模态分离，轮胎空腔模态目标主要是识别频率范围，悬架主要部件频率与声腔模态频率分离＞20%（整车状态，主要部件：拖曳臂、下摆臂、副车架等），项目开发过程中需要将轮胎空腔模态作为关键避频参数，相关尺寸空腔模态频率如表 3-11 所示。

表 3-11 相关尺寸空腔模态频率

轮胎品牌	轮胎参数			中心线半径/m	空腔频率/Hz
	宽度/mm	高宽比	轮辋直径/in		
O	235	55	18	0.283225	196.7781
P	235	55	17	0.270525	206.016
Q	235	50	19	0.29005	192.1479
R	235	50	18	0.27735	200.9464
S	245	45	20	0.299125	186.3184
T	245	55	19	0.298675	186.5991
U	215	55	18	0.277725	200.6751
V	215	50	17	0.25965	214.6447

由空腔模态引起的整车路噪（空腔声）通常有以下措施，胎内加吸声棉或者吸振器，如图 3-13 所示。

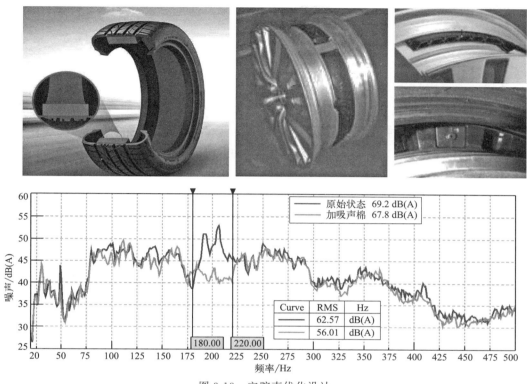

图 3-13 空腔声优化设计

（3）轮胎刚度均一性

因为制造工艺问题，轮胎不可能做到纯圆，所以轮胎相对标准圆而言，总会有波动。RFV 和 LFV 指轮胎径向力波动和侧向力波动，反映的是轮胎刚度的均一性。对不同车型，轮胎均一性各有标准。乘用车主要与轮胎尺寸有关，商用车（特指轻客、轻卡）则与负载（轮胎层级）有关，具体如表 3-12 和表 3-13 所示。

表 3-12 乘用车均一性标准

标准	13in 和 14in	15in	16in 和 17in	18～20in	21～24in
RFV	93N	102N	111N	125N	142N
R1H	62N	67N	71N	80N	93N
R2H	44N	49N	54N	62N	76N
LFV	80N	80N	80N	80N	107N
L1H	62N	62N	71N	71N	89N

表 3-13 商用车轮胎均一性标准

标准	LRC(PR6)	LRD(PR8)	LRE 及以上(PR10 及以上)
RFV	187N	205N	222N
R1H	80N	98N	116N

续表

标准	LRC(PR6)	LRD(PR8)	LRE 及以上(PR10 及以上)
R2H	80N	98N	116N
LFV	160N	160N	160N
L1H	98N	98N	98N

3.2.4.3 轮辋设计指导

轮辋作为首先承受轮胎激励的结构，其特性往往影响到整车路噪的性能。现有大多数主机厂均对轮辋 NVH 特性提出了相应约束条件。其主要分为两个部分：模态特性和刚度特性。

(1) 轮辋的模态

模态特性，即轮辋的各阶模态频率。轮辋模态需做避频处理。

不同尺寸轮辋模态要求如表 3-14 所示。

表 3-14 不同尺寸轮辋模态要求

轮辋尺寸/in	轮辋材料	1 阶自由模态/Hz
16	铝合金	375
17	铝合金	328
18	铝合金	281
19	铝合金	281
20	铝合金	278
21	铝合金	278
22	铝合金	274

(2) 轮辋侧向刚度

刚度特性，即轮辋的侧向刚度。侧向动刚度转换公式如下。

$$k = (2\pi f_2)^2 \left(m - m \frac{f_2^2}{f_1^2} \right) \tag{3-1}$$

式中，模态频率 f_1 及 f_2 如图 3-14 所示，其中 f_1 为 1 阶共振频率；f_2 为 1 阶反共振频率；m 为轮辋质量，kg；k 为轮辋侧向刚度，N/mm。

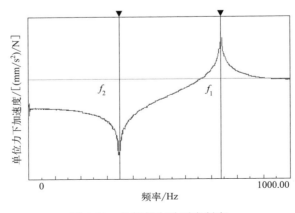

图 3-14 轮辋侧向动刚度判定

根据轮辋材料不同，侧向刚度的测试处理方法大同小异。测试时，铝轮辋和钢轮辋响应点布置是一样的，只需在过轮芯的直径上上下各布置一点，如图3-15所示；但力锤的激励点两者存在差别，铝轮辋只需侧向激励1点和2点，但钢轮辋需激励P1～P8八个点。仿真分析时铝轮辋可直接使用LMS自带的Average函数进行平均，钢轮辋具体取哪个点应与CAE仿真保持一致，应取其八个频响函数的共振峰和反共振峰，计算平均值，如图3-16所示。

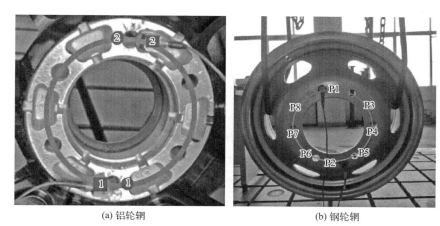

(a) 铝轮辋　　　　　　　　　(b) 钢轮辋

图 3-15　轮辋侧向动刚度测试

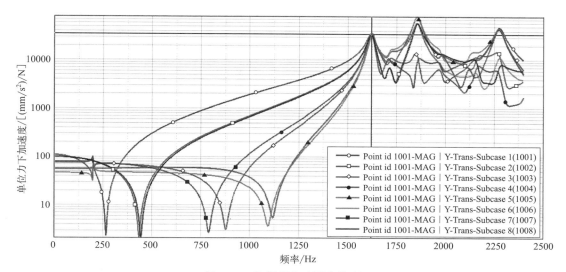

图 3-16　轮辋侧向动刚度仿真

各车型项目的轮辋侧向刚度部分汇总如表3-15所示。

表 3-15　各车型项目的轮辋侧向刚度部分汇总

车型项目	规格	胎压/Pa	CAE仿真	NVH测试
E	185/65R15	3.5	58	58.83
F	195/75R16	4.6	247	229
J	195/75R16	4.6	106	103
H	195/75R16	4.6	231	215

轮辋侧向刚度主要决定于轮辋的材质、结构和焊接方式。轮辋侧向刚度主要影响粗糙路面 300Hz 附近，侧向刚度每提升 10kN/mm，粗糙路面的噪声水平约可优化 0.5dB（A），如图 3-17 所示。

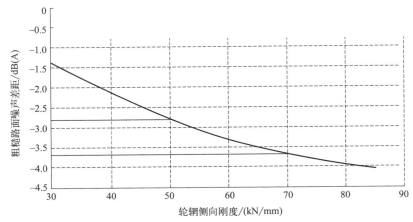

图 3-17　轮辋侧向动刚度对路噪影响

3.3　车架系统 NVH 开发

3.3.1　车架系统简介

车架通常有两根主纵梁，纵梁之间通过横梁连接；通过前后桥及前后悬挂装置与车轮组装在一起，车架需要保证有足够强大的刚度以及强度才能承受车轮滚动时的冲击以及支撑上部的车身载荷。车架的振动通过弹性元件（车身悬置）传到车身上，大部分振动被减弱或消除，车身变形小，车内振动噪声低。

需要注意的是，车架及车身悬置系统并非唯一影响振动噪声的因素（图 3-18 和图 3-19）。车辆的其他部件，如轮胎、发动机和传动系统等，也会对振动噪声产生影响。因此，在车架设计和开发过程中需要综合考虑车架系统与其他部件的协调性，合理设计刚度、强度、重量等因素，使车架的结构和材料选择达到最佳的平衡，以最大限度地减少振动噪声的产生，提高车辆的 NVH 性能。

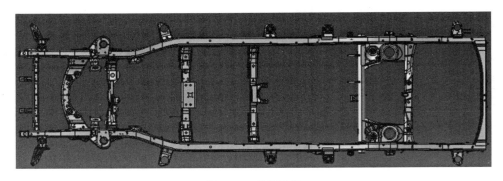

图 3-18　车架示意

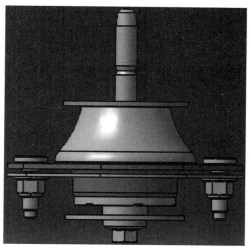

图 3-19 车身悬置示意

3.3.2 车架系统 NVH 开发流程

车架 NVH 开发流程见表 3-16。

表 3-16 车架 NVH 开发流程

节点	序号	工作纲要	工作内容	提交物
MR-KO	1	车架 NVH 前期分析	(1) 前期车架 NVH 性能市场调研及分析 (2) 车架 NVH 历史问题收集汇总及分析 (3) 车架 NVH 开发技术交流 (4) 竞品车车架 NVH 数据收集	车架 NVH 策略分析报告
KO-SI	2	车架 NVH 目标制定	车架 NVH 分析报告 车架 NVH 数据库	车架 NVH 目标报告
	3	竞品车车架对标分析	竞品车车架数模/样件	车架 NVH 对标分析报告
	4	制定模态分布表	模态分离规则、竞品车模态分离策略	模态分布表
	5	车架 NVH 初版目标	(1) 车架 NVH 对标分析报告 (2) 车架 NVH 数据库 (3) 模态分布表	车架目标健康状态清单
	6	车架 UNV0 CAE 分析与优化	车架 UNV0 3D 数模	车架目标健康状态清单
SI-M1DJ	7	车架 UNV1 CAE 分析与优化	车架 UNV1 3D 数模	车架目标健康状态清单
	8	车架 UNV2 CAE 分析与优化	车架 UNV2 3D 数模	车架目标健康状态清单
	9	车架 CAE 最终状态与数据冻结	—	车架目标健康最终状态及数据冻结确认

续表

节点	序号	工作纲要	工作内容	提交物
M1DC-VP	10	M1 车身悬置两轮设计验证、优化调校	车身悬置样件与样件信息及试验	M1 车身悬置两轮 NVH 设计验证、优化调校、签发及工作总结报告
VP-FEC	11	VP 样车车架模态测试	模态试验	VP 样车车架模态测试报告
VP-FEC	12	VP 阶段车身悬置 NVH 验证、优化调校及签发	车身悬置信息及验证试验	VP 样车车身悬置各工况主被动振动摸底测试及分析报告
VP-FEC	13	车架关键点振动测试验证	关键点振动测试	关键点振动测试报告
VP-FEC	14	道路 NVH 签发	道路 NVH 试验	道路 NVH 签发报告
LR-LS	15	TT 阶段底盘 NVH 性能一致性跟踪	（1）TT 阶段底盘 NVH 性能一致性跟踪及问题处理 （2）TT 阶段底盘 NVH 主观驾评及客观测试验证（抽测）	TT 阶段底盘 NVH 主观驾评及客观测试验证报告
LS-J1	16	PP 阶段底盘 NVH 性能一致性跟踪	（1）PP 阶段底盘 NVH 性能一致性跟踪及问题处理 （2）PP 阶段底盘 NVH 主观驾评及客观测试验证（抽测）	PP 阶段底盘 NVH 主观驾评及客观测试验证报告
J1-OKTB	17	MP 阶段底盘 NVH 性能一致性跟踪	（1）MP 阶段底盘 NVH 性能一致性跟踪 （2）MP 阶段底盘 NVH 主观驾评及客观测试验证（抽测） （3）车架 NVH 性能测试经验整理及讨论	（1）MP 阶段底盘 NVH 主观驾评及客观测试验证报告 （2）车架 NVH 性能测试经验总结清单

3.3.3 车架系统 NVH 目标设定

3.3.3.1 车架目标设定

车架对 NVH 的影响主要有以下几个方面。

① 噪声：车架是车辆的主要结构支撑部件，它与车身板件、底盘等部件的连接方式和结构紧密相关，对车辆噪声的传递和吸收起着至关重要的作用。车架的刚度、强度、连接件的材料和结构都会影响车辆噪声的产生和传递。

② 振动：车架是连接车轮和车身的重要部件，它必须承受来自地面的冲击和车轮的振动，并传递到车身上。车架的结构设计、材料选择、加强筋的布置等都会影响车架的振动特性，从而影响车辆的乘坐舒适性和 NVH 表现。

③ 刚度：车架的刚度对车辆的稳定性和 NVH 表现都有很大影响。车架刚度的不足会导致车身变形和不稳定，进而影响车辆的操控性和安全性。而过于刚硬的车架则会增加车辆

的噪声和振动,影响乘坐舒适性。

车架设计在汽车工程中至关重要,除了考虑结构强度和刚度、安全性、质量和重量、制造和装配、空间利用和包容性等常见的车架设计要求外,在 NVH 开发过程中会设定关于车架更加细致的性能目标,如对车架的模态、刚度、安装点动刚度等进行管控(图 3-20 和表 3-17)。

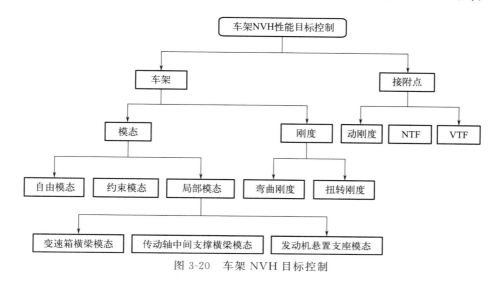

图 3-20 车架 NVH 目标控制

表 3-17 车架 NVH 目标

车架 NVH 控制项			目标
车架整体模态	自由模态	弯曲模态	19~30Hz
		扭转模态	15~25Hz
	约束模态	弯曲模态	9~15Hz
		扭转模态	9~15Hz
变速箱横梁模态	自由模态	弯曲模态	竞品车对标(经验值>165Hz)
传动轴横梁模态	自由模态	弯曲模态	竞品车对标(经验值>95Hz)
车架刚度	车架弯扭刚度	弯曲刚度	建议 2000N/mm 左右
		扭转刚度	建议 150kN·m/rad 左右
车架安装点	IPI	动刚度	参考竞品车设定
	NTF	声传递函数	5~500Hz 范围内 95%<60dB/N,98%<65dB/N,尤其关键频率范围<60dB/N
	VTF	振动传递函数	seat:5~500Hz 范围内<0.1mm/N swth:5~500Hz 范围内<0.01mm/N

车架作为车辆的一个重要载体,其基本模态频率需要与各系统进行分离,表 3-17 中的模态目标就是结合车架的特性和模态分离进行设定的,车架主要的模态分离要求如下。

① 车架 Z 向 1 阶弯曲/扭转模态与怠速点火频率分离 3Hz 以上;

② 车架 Z 向 1 阶弯曲/扭转模态与底盘悬挂系统上下跳动模态分离 1.5Hz 以上；

③ 车架 Z 向 1 阶弯曲/扭转模态与底盘悬挂系统 walk（IP 与 OP）模态分离 3Hz 以上；

④ 车架悬置支架频率必须与车架的主要频率分离 2~3Hz 以上；

⑤ 底盘与独立式车架接附点的局部模态要大于 500Hz；

⑥ 动力总成刚体模态需要与车架刚体模态分离 0.7~1Hz。

3.3.3.2 车身悬置目标设定

车架通过车身悬置与车身相连，车身悬置对车辆的 NVH 有重要的影响，主要表现在以下几个方面。

振动传递：车身悬置系统在面对不平路面或激励力时，会引起车身的振动。悬置系统的刚度决定了振动能否有效地传递到车身，并最终引起噪声。较高的悬置刚度可以减少振动的传递，从而降低振动噪声的产生。

隔声效果：悬置系统的设计和调校也会影响振动噪声的隔声效果。良好的悬置系统设计可以通过合理的减振器选型、减振器布局和悬挂部件的优化来减少振动的传递，并有效隔离车内的振动噪声。

响应频率：车身悬置系统的刚度还会影响车辆在不同频率下的振动响应。合理的悬置刚度可以使车辆在特定频率范围内具有较好的振动吸收能力，从而减少振动噪声的产生。

在车身悬置的 NVH 开发过程中，主要通过对车身悬置的静/动刚度值进行目标控制。

(1) 车身悬置静刚度设计

为了确保车身悬置的承载性能，其橡胶的变形量通常需要控制在 15%~30% 这个范围内，车身悬置变形之前的实际高度以及压缩后的实际变形高度都可以通过设计的车架和车身尺寸计算得出。通过橡胶的压缩量和悬置刚度对应的计算公式，可以推算出车身悬置实际需要采用的刚度大小，计算公式如下。

$$\Delta = \frac{W}{K} \tag{3-2}$$

$$W = MG \tag{3-3}$$

式中，Δ 表示车身悬置的变形量值；K 表示车身悬置的静刚度值；M 表示车身悬置质量大小。

(2) 车身悬置动刚度设计

为了保证车辆在行驶过程中的稳定性，通过车身悬置来隔离吸收底盘系统传来的振动。在制定 NVH 性能目标时，通常要求车身悬置的隔振率不小于 20%，也就是车架到车身的隔振传递效率 β 要求小于 20%。计算车身悬置隔振量的公式如下。

$$\beta_0 = \sqrt{\frac{1}{(1-R_f^2)^2}} \tag{3-4}$$

$$R_f = \frac{F_F}{f_N} \tag{3-5}$$

$$F_N = \frac{1}{2\pi}\sqrt{\frac{K}{M}} \tag{3-6}$$

式中，F_N 表示系统频率；R_f 表示系统的频率比；M 表示系统整体质量；K 表示车身悬置动刚度。

3.3.4 车架系统 NVH 设计指导

3.3.4.1 模态分离

汽车是通过底盘、车身等不同系统组装在一起构成的，互相连接的系统如果模态频率相近，会有可能在工作的时候发生共振，从而影响 NVH，因此需要将各系统的固有模态分离开来。通过模态分布表（图 3-21）指导着各个系统的设计，并调节各个系统之间的关系。当某一个系统的固有模态频率变更时，其临近系统的固有模态频率必须通过模态分布表进行调整。

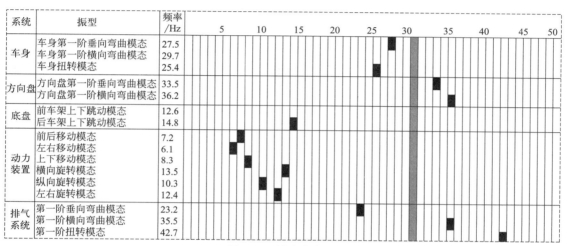

图 3-21 模态分布表

3.3.4.2 搭载点选择

车身与车架通过车身悬置连接，车身悬置安装点通常选择在车架自由模态振型节点分布处（图 3-22），这样可以降低车架振动对车身的影响。

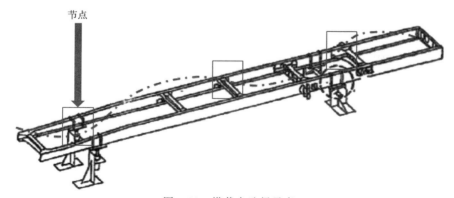

图 3-22 搭载点选择示意

3.3.4.3 车身悬置选型

从结构形式来看，车身悬置主要分为压缩型车身悬置以及剪切型车身悬置，如表 3-18

所示。压缩型车身悬置分为上下两个缓冲橡胶，中间通过内管连接，其成本较低但减振表现十分优秀，因此得到广泛应用。剪切型车身悬置主要由内部骨架和外部橡胶两部分构成，橡胶包裹在骨架上，骨架中间有螺栓孔，通过螺栓将车架与车身连接。剪切型车身悬置内部骨架的加工成本较高，应用范围没有压缩型车身悬置广，通常在性能要求较高的越野车上才会采用。

表 3-18 车身悬置分类

结构形式	结构示意图	特征
压缩型车身悬置		（1）内管和橡胶之间有一定的间隙，能够提供的侧向刚度较小，侧向支撑效果较差 （2）压缩型车身悬置的各方向刚度无法解耦，确定垂向刚度后，其侧向刚度不能单独更改
剪切型车身悬置		（1）剪切型车身悬置侧向刚度较大，侧向支撑效果较好 （2）剪切型车身悬置各方向刚度可以完全解耦，垂向刚度和侧向刚度都可以单独设计

（1）车身悬置刚度选择

车身悬置的 NVH 目标是通过垂向动刚度来控制的，当悬置的垂向动刚度大于 3500N/mm 时，隔振效果较差；当悬置的垂向动刚度小于 500N/mm 时会有耐久失效的风险；当悬置的垂向动刚度位于 2500～3500N/mm 之间时，其隔振效果存在风险。通常建议车身悬置垂向刚度在 500～2500N/mm 之间（图 3-23）。

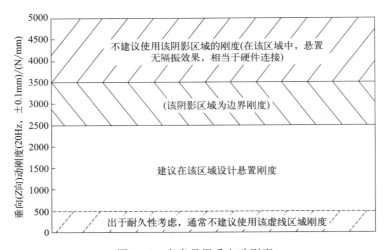

图 3-23 车身悬置垂向动刚度

(2) 车身悬置布置选择

① 车身悬置布置。

非承载式车身通过车身悬置与车架相连,考虑车身框架的稳定性,不同的车型其车身悬置布置的位置也会不同。皮卡车型在设计时通常会在车架前端、A 柱下方、B 柱下方和 C 柱下方四个位置设计车身悬置安装点用来稳定车身(图 3-24),也有些车型只设计三个安装点,取消 B 点或 C 点安装位置。为了进一步提高车身的稳定性,SUV 车型通常会在 D 柱下方再增加一个安装点,如图 3-25 所示。

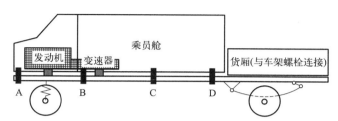

图 3-24 皮卡车型悬置设置

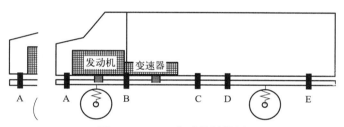

图 3-25 SUV 车型悬置设置

② 车身悬置形式选定。

车身悬置采用的结构形式通常根据车架的模态振形来选择,如图 3-26 所示(采用整车坐标系,车辆前后方向为 X 向,左右方向为 Y 向,垂直方向为 Z 向)。

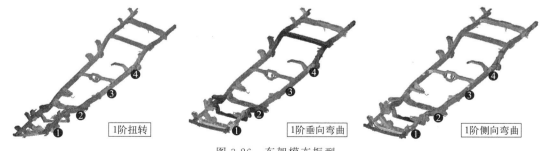

图 3-26 车架模态振型

❶ 点:车架的 1 阶扭转和 1 阶 Z 向弯曲模态在车架前端即 ❶ 点位置主要为 Z 向运动,因此 ❶ 点位置一般采用压缩型车身悬置。

❷ 点和 ❹ 点:车架的 1 阶 Y 向弯曲模态在 ❷ 点运动变形较大,2 阶 Y 向弯曲模态在 ❷ 点和 ❹ 点的运动变形都比较大,因此需要采用剪切型车身悬置,提升 Y 向刚度,保证车身的侧向稳定性。

❸ 点:车架的 1 阶 Z 向弯曲模态在 ❸ 点位置 Z 向运动加大,因此同 ❶ 点一样可以采用

压缩型车身悬置。

压缩型车身悬置侧向支撑效果较差，为了提升上车体的稳定性，建议在乘员舱下方位置采用剪切型车身悬置，其他位置的车身悬置根据车架模态的运动方向和大小进行设计。比如双排皮卡车型在A柱和C柱下方采剪切型车身悬置；单排皮卡车型没有C柱，因此在A柱和B柱下方采剪切型车身悬置；像非承载式车身的SUV，有A柱、B柱、C柱和D柱，通常A柱和D柱下方采用剪切型车身悬置。

(3) 车身悬置安装方式要点

车身与车架的错位会对驾驶室内的声音和振动产生负面影响。当车身和车架未对准时，驾驶室中声压级（SPL）和振动（vibration）的增加与车身悬置的刚度有关（图3-27和图3-28）。SPL及振动的增加（ΔSPL，Δvibration）与位移后的悬置刚度和正常刚度比例（$K_{stiffen}/K_{normal}$）相关。

$$\Delta SPL = 20 Lg \frac{K_{stiffen}}{K_{normal}} \tag{3-7}$$

$$\Delta vibration = \frac{K_{stiffen}}{K_{normal}} \tag{3-8}$$

式中，ΔSPL为车内声压级增量；Δvibration为振动增量；$K_{stiffen}$为车身悬置位移后的刚度值；K_{normal}为车身悬置正常刚度值。

严格控制车身悬置安装尺寸，改进车身和车架的布置策略，对于改善车辆的NVH是很有必要的。

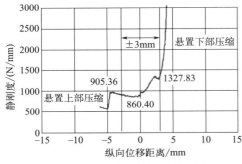

图3-27 悬置纵向位移对应刚度

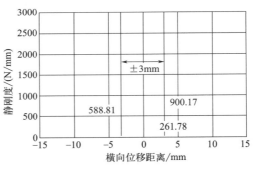

图3-28 悬置横向位移对应刚度

如果一个车身悬置安装在垂直方向错位3mm，车内声压级至少增大0.5dB；如果一个车身悬置安装在横向错位3mm，车内声压级则会增大1.1~2.5dB。

3.4 转向系统NVH开发

3.4.1 转向系统简介

转向系统是汽车控制方向的重要组成部分，其性能直接影响到行驶的安全性和舒适性。转向系统主要由方向盘、转向管柱、转向机、CCB等组成。

转向系统的NVH问题主要有以下几种。

① 方向盘抖动。方向盘抖动的原因主要是：a.源头振动（发动机激励路面激励等）过

大；b. 传递路径上对源头的振动衰减不够；c. 路径上存在共振模态频率，放大了激励源头的振动；d. 方向盘灵敏度过高。

② 助力器振动。电动助力转向器（EPAS）助力电机产生的振动和液压动力转向器（HPAS）的振动导致转向系统的振动噪声。

③ 方向盘摆振。摆振是由于转向系统的固有频率和阻尼特性与轮胎、车轮组件的旋转频率发生共振引起的。

④ 转向噪声。特定工况下转向器或转向泵发出的异常噪声，以及油液在转向油管内振动传递至车内的噪声。

3.4.2 转向系统 NVH 开发流程

转向系统 NVH 开发工作根据转向系统开发流程同步进行，其主要节点如表 3-19 和表 3-20 所示。

表 3-19 转向系统 NVH 开发流程（一）

节点	核心工作	主要内容	交付物
MR-KO	竞品车及转向系统测试解析	竞品车/标杆车整车 NVH 性能测试 竞品车/标杆车方向盘振动 竞品车/标杆车方向盘模态测试 竞品车/标杆车转向噪声测试 竞品车/标杆车摆振主观驾评及客观测试 转向系统 NVH 性能开发策略讨论及制定	竞品车/标杆车整车 NVH 性能测试报告 竞品车转向系统 NVH 分析报告
KO-SI	转向系统 NVH 初版目标设定	方向盘整车模态目标 转向管柱＋方向盘模态目标 CCB＋转向管柱＋方向盘模态台架目标 动力总成悬置被动端（方向盘 12 点 VTF 目标） 冷却风扇被动端（方向盘 12 点 VTF 目标） EPAS 液压泵阶次目标 EPAS 高压管振动目标 CCB 与车身接附点动刚度目标	转向系统级 NVH 目标分解报告 转向系统级目标健康状态清单
UNV0-M1DJ	转向系统 NVH DPA 检查 转向系统级 CAE 分析及评估	转向系统 3D 数据结构 DPA 检查 CCB 模态约束模态 CAE 分析 CCB＋转向管柱＋方向盘约束模态 CAE 分析 CCB＋转向管柱＋方向盘搭载白车身模态 CAE 分析 CCB＋转向管柱＋方向盘搭载闭合车身模态 CAE 分析 CCB＋转向管柱＋方向盘搭载整车模态 CAE 分析 转向系统模态分离 转向系统设计 3D 数据联合评审及数据冻结	转向系统 3D 数据结构 DPA 检查问题跟踪表 转向系统零部件级 CAE 分析报告 转向系统目标健康状态评估及跟踪表 转向系统模态分离表 转向系统设计评审及数据冻结

续表

节点	核心工作	主要内容	交付物
M1-VP	M1阶段转向系统级设计验证	转向系统模态台架测试报告收集及结果评估	M1阶段转向系统级设计验证及结果评估报告
	M1阶段整车转向系统调教	M1阶段整车转向系统摸底测试分析 M1阶段转向NVH调教	M1阶段整车转向测试摸底分析报告 M1阶段转向系统NVH调教分析报告

表3-20 转向系统NVH开发流程（二）

节点	核心工作	主要内容	交付物
VP-FEC	VP阶段转向系统级设计验证	VP转向系统模态台架测试报告收集及结果评估	VP阶段转向系统级设计验证及结果评估报告
	VP阶段整车转向系统调校	转向系统模态测试 动力总成悬置被动端至方向盘VTF测试 整车转向NVH摸底及问题诊断分析	整车转向NVH摸底及问题诊断分析报告
	VP阶段转向NVH性能签发	整车转向系统模态、HPAS噪声、方向盘振动签发	整车转向系统NVH开发目标达成及签发报告
LR-LS	TT阶段转向NVH性能一致性跟踪	TT阶段转向NVH性能一致性跟踪及问题处理 TT阶段转向NVH主观驾评及客观测试验证（抽测）	TT阶段转向NVH主观驾评及客观测试验证报告
LS-J1	PP阶段转向NVH性能一致性跟踪	PP阶段转向NVH性能一致性跟踪及问题处理 PP阶段转向NVH主观驾评及客观测试验证（抽测）	PP阶段转向NVH主观驾评及客观测试验证报告
J1-OKTB	MP阶段转向NVH性能一致性跟踪	MP阶段转向NVH性能一致性跟踪 MP阶段转向NVH主观驾评及客观测试验证（抽测）	MP阶段转向NVH主观驾评及客观测试验证报告

3.4.3 转向系统NVH目标设定

为设定转向系统的系统级NVH目标，首先确定转向系统在整车上的NVH目标。通常这些目标会根据整车状态下的转向系统模态频率、方向盘怠速抖动以及高速行驶时方向盘摆振等因素进行量化。虽然不同车型可能会有略微不同的目标数值，但定义方法基本相同。常见的整车级目标如表3-21和表3-22所示。

表3-21 转向系统整车级振动目标

控制条目	推荐目标
方向盘怠速抖动	以上一代车型或者竞品车测试结果制定目标，乘用车一般关空调时≤1mm/s，开空调时≤2mm/s
加速工况	以上一代车型或者竞品车测试结果制定目标曲线，与发动机转速相关
减速工况	
匀速工况	以上一代车型或者竞品车测试结果制定目标值，与车速和挡位相关

续表

控制条目	推荐目标
蠕行工况	以上一代车型或者竞品车测试结果制定目标值
制动工况	以上一代车型或者竞品车测试结果制定目标曲线,与加速度值相关
高速方向盘摆振	以上一代车型或者竞品车测试结果制定目标值,一般振动<44mm/s为主观可接受状态

表3-22 转向系统整车级模态目标

控制条目	推荐目标
系统1阶垂向模态频率	大于动总怠速主阶次频率1.3倍,避开车身弯曲模态5Hz
系统1阶横向模态频率	
方向盘整车上弯曲模态	基于竞品车测试结果制定目标(一般目标频率≥75Hz)

为确保以上目标达成,需将目标分解至零部件上,通过控制零部件的设计及布置以达到整车级目标。

3.4.3.1 方向盘和转向管柱 NVH 目标设定

方向盘和转向管柱在转向系统 NVH 开发中的控制目标不同。方向盘控制的是质量和惯量,转向管柱是模态频率和灵敏度。

整车 NVH 测试之前,通常会先进行转向管柱台架模态测试,根据以往的设计经验或者设计规范预测整车状态下的模态特征,在早期阶段识别和解决这些问题。

表3-23是常见的方向盘及转向管柱 NVH 目标设定,根据车型不同数据会有所差异,但定义目标方法基本相同。

表3-23 常见的方向盘及转向管柱 NVH 目标设定

部件	推荐目标
转向管柱+方向盘台架模态(接地台架)	1阶垂向和横向模态频率大于实车模态频率的1.3倍
方向盘	质量<3kg

3.4.3.2 CCB NVH 目标设定

CCB 的主要功能是增加车辆的整体刚度、强度以及支撑仪表台,可以提高车辆的安全性能和 NVH 性能。在转向系统 NVH 方面,提升 CCB 系统的刚度可以改善整车及转向系统 NVH 性能。表3-24是与 CCB 相关的设计目标。

表3-24 与 CCB 相关的设计目标

部件	推荐目标
转向管柱安装点动刚度	法向动刚度≥1.2kN/mm
CCB 车身安装点动刚度	
CCB 管梁总成刚度	最大变形<2mm
CCB 本体模态(接地台架)	大于转向系统实车1阶垂向/横向模态频率3倍
方向盘+转向管柱+CCB 模态(接地台架)	1阶垂向与横向模态频率大于实车1.2倍

3.4.3.3 HPAS(液压助力转向) NVH 目标设定

按 NVH 传递路径划分,液压助力转向泵噪声分为空气噪声、结构噪声和流体噪声。空气噪声主要包括 Moan 噪声（低频的、单调的、连续的嗡嗡声或低吼声）、whine 噪声（高频、尖锐、持续的噪声，通常被形容为类似于哭泣或尖叫的声音）和 hiss 噪声（高频、类似于嘶嘶声或呼啸声的噪声）。如图 3-29 所示为 HPAS 噪声分类及传递级联。

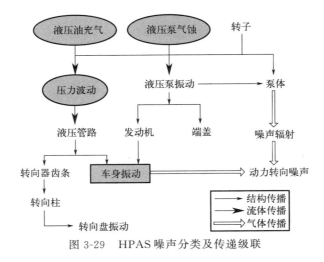

图 3-29 HPAS 噪声分类及传递级联

根据转向系统噪声产生的原理，将转向系统常见噪声问题，汇总于表 3-25。

表 3-25 HPAS 转向系统常见噪声问题

问题名称	路径分类	产生机理	主要工况	频率特征
moan 噪声	空气传递	这种噪声主要是由高压管路压力波动以及液压泵叶片运转引起的"嗡嗡"声	怠速工况	频段较长
whine 噪声	空气传递	发生在液压油流入转向器体的时候，它与发动机转速以及液压泵叶片没有关系	出现在发动机转速在 2000r/min 左右	频段较长
hiss 噪声	液体传递	发生在液压油流入转向器体的时候	高速转方向盘	频段较长
grunt 噪声	结构传递	由转向扭力杆的共振产生	高速转方向盘	30～200Hz

对应于上述转向系统噪声，制定相对应的评估标准。如表 3-26 所示为液压助力转向噪声主观 NVH 评估。

表 3-26 液压助力转向噪声主观 NVH 评估

评价项目	第 1 次评分（1～10）	第 2 次评分（1～10）	第 3 次评分（1～10）	评分（取最小值）	推荐目标
moan 噪声	8.0	8.0	7.5	7.5	≥7.5
whine 噪声	7.5	8.0	8.5	7.5	
hiss 噪声	8.0	8.5	8.0	8.0	
grunt 噪声	8.0	8.0	7.5	7.5	
其他异响	8.5	8.5	8.5	8.5	

对于液压助力转向，主要考察转向泵与车身或者发动机相连部分的相关指标。其目标定义见表 3-27。

表 3-27 HPAS 相关 NVH 控制参数

	部件	控制参数	推荐目标
HPAS	转向泵支架	安装点动刚度	≥2000N/mm
		支架模态	≥50Hz
	转向油管	与车身连接点动刚度	≥1000N/mm
		支架模态	≥50Hz
		隔振率	≥15dB

对于 HPAS 而言，因转向泵是旋转机械，故在其工作时存在阶次噪声，在目标定义中一般的阶次定义目标见表 3-28。

表 3-28 常见的转向泵阶次振动噪声目标定义

	工况	单位	推荐目标
转向泵稳态工况	转向泵主阶次噪声值——怠速车内-方向盘左 45°（带负载）	dB(A)	30（各阶次最大）
	转向泵主阶次噪声值——怠速车内-方向盘右 45°（带负载）		30（各阶次最大）
	转向泵主阶次振动 RSS 值——方向盘正位（不带负载）	mm/s	0.5（各阶次最大）
	转向泵主阶次振动 RSS 值——方向盘左 45°（带负载）		0.5（各阶次最大）
	转向泵主阶次振动 RSS 值——方向盘右 45°（带负载）		0.5（各阶次最大）
	转向高压管主阶次振动 RSS 值——方向盘正位（不带负载）		1（各阶次最大）
	转向高压管主阶次振动 RSS 值——方向盘左 45°（带负载）		1（各阶次最大）
	转向高压管主阶次振动 RSS 值——方向盘右 45°（带负载）		1（各阶次最大）

3.4.3.4 EPAS NVH 目标设定

EPAS 一般分为 C-EPAS（转向轴助力式）、P-EPAS（齿轮助力式）、D-EPAS（双小齿轮助力式）、R-EPAS（齿条助力式），各 EPAS 的转向力矩不同，如图 3-30 所示。EPAS 的分类及对 NVH 的影响见表 3-29。

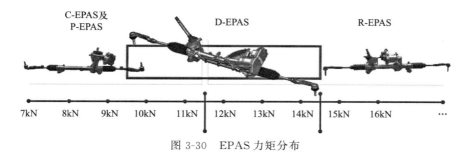

图 3-30 EPAS 力矩分布

表 3-29 EPAS 的分类及对 NVH 的影响

类型	对 NVH 的影响
C-EPAS	C-EPAS 系统在较小的转向力矩下能实现良好的转向效果，同时具有较高的转向精度和稳定性。C-EPAS 安装在转向管柱上，相当于在管柱上增加了一个质量，对转向系统的模态频率及灵敏度有较大的影响

续表

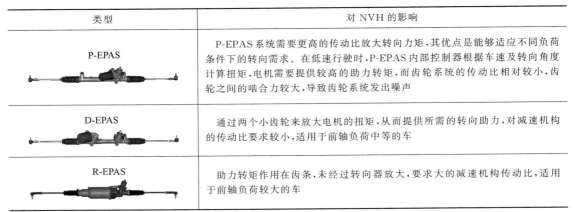

类型	对 NVH 的影响
P-EPAS	P-EPAS 系统需要更高的传动比放大转向力矩,其优点是能够适应不同负荷条件下的转向需求。在低速行驶时,P-EPAS 内部控制器根据车速及转向角度计算扭矩,电机需要提供较高的助力转矩,而齿轮系统的传动比相对较小,齿轮之间的啮合力较大,导致齿轮系统发出噪声
D-EPAS	通过两个小齿轮来放大电机的扭矩,从而提供所需的转向助力,对减速机构的传动比要求较小,适用于前轴负荷中等的车
R-EPAS	助力转矩作用在齿条,未经过转向器放大,要求大的减速机构传动比,适用于前轴负荷较大的车

EPAS 相关的 NVH 问题,分为运行噪声(running noise)、嘎嘎声(rattle noise)、逆转碰撞声(reversal clunk)、蜂鸣声(buzz noise)。其 NVH 目标设定包括客观和主观两部分。

(1) 客观数据目标设定

EPAS 噪声大小还主要与驾驶员旋转方向盘的速度有关,速度越大,噪声通常也越大。因此,评估 EPAS 噪声是评估不同速度下,转向电机产生的噪声在人耳处的响应,同时评估转向电机本体处的振动,电动助力转向系统 NVH 评估如表 3-30 所示。

表 3-30 电动助力转向系统 NVH 评估

方向盘旋转速度	车内最大噪声推荐目标/dB(A)	转向电机本体振动推荐目标/(mm/s)
左转 720°/s	≤55	≤1.2
左转 360°/s	≤50	≤1.0
0(背景噪声)	≤47	≤0.5
右转 720°/s	≤55	≤1.2
右转 360°/s	≤50	≤1.0

(2) 主观驾评

主观驾评主要评估正常运行噪声,分为尖叫(squeak)、咔哒声(clatter)、咯咯声(rattle)、嗡嗡声(buzz)。EPAS 主观驾评评价如表 3-31 所示。

表 3-31 EPAS 主观驾评评价

评价项目	第 1 次评分 (1～10)	第 2 次评分 (1～10)	第 3 次评分 (1～10)	评分 (取最小值)	目标
squeak 噪声	8.0	8.0	7.5	7.5	≥7.5
clatter 噪声	7.5	8.0	8.5	7.5	
rattle 噪声	8.0	8.5	8.0	8.0	
buzz 噪声	8.5	8.0	7.5	7.5	
其他异响	8.5	8.5	8.5	8.5	

3.4.4 转向系统 NVH 设计指导

转向系统是车辆重要的控制系统之一,对于车辆的操控性和驾驶舒适性有着至关重要的影响。

(1)方向盘和转向管柱设计及布置指导

方向盘和转向管柱是转向系统中核心的部件,其设计和布置直接影响系统的 NVH 性能。

对于方向盘设计应该考虑到其质量、形状、表面处理等因素。一般来说,较重的方向盘可以减少转向系统的振动,过重的方向盘也会影响驾驶舒适性。方向盘的重量对转向系统的惯性贡献很大,过重的方向盘会增加转向系统的惯性质量,导致系统模态频率降低。因此,方向盘的重量应该在合理范围内,以尽量减少其对转向系统 NVH 的影响。

提高方向盘本体的固有频率(模态)可以采用多种方式,其中一种常见的方式是采用多支撑点的结构,也称为"多点支撑"结构,如图 3-31 所示为四点支撑结构方向盘。除了多点支撑结构外,还有其他一些方向盘结构设计可以提高其固有频率,例如采用材料的改良和优化设计等。不过,具体采用何种结构还需要根据具体的设计要求和制造条件来选择。

转向系统的固有频率是由结构的质量和刚度决定的。在扭转载荷类型的结构中,惯性矩可以看作是结构刚度的一种度量,系统固有频率与刚度的 1/2 次方根成正比。当惯性矩增大时,系统刚度增大,结构的固有频率也会随之增大。

转向管柱的刚度对系统的固有频率同样有重大的影响。一般而言,转向管柱与 CCB 相连处存在两个支架,如图 3-32 所示,两支架间的间距和支架固定点的宽度对转向系统的刚度会产生一定的影响。

图 3-31 四点支撑结构方向盘

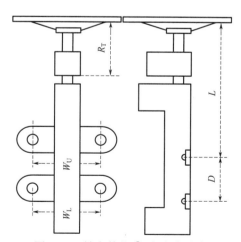

图 3-32 转向管柱 & 方向盘示意

图 3-32 中,R_T 为方向盘伸出量;L 为方向盘与转向管柱上支架安装距离;W_U 和 W_L 分别为转向管柱上、下支架安装螺柱距离;D 为转向管柱上下支架安装间距。

对于扭转载荷类型转向系统而言,系统的固有频率 f 与惯量 I 的平方根成正比。

$$f=\frac{1}{2\pi}\sqrt{\frac{K}{I}} \tag{3-9}$$

式中,K 为系统刚度;I 为系统惯量。

根据惯量计算公式

$$I = ML^2 \tag{3-10}$$

有

$$f = \frac{1}{2\pi}\sqrt{\frac{K}{ML^2}}$$

因此转向系统固有频率与悬臂长度成反比,与质量的平方根成反比,控制方向盘悬臂长度和方向盘质量对转向系统的模态频率有重要意义。

某车型转向系统刚度与管柱支架及固定点间距关系曲线如图 3-33 所示。

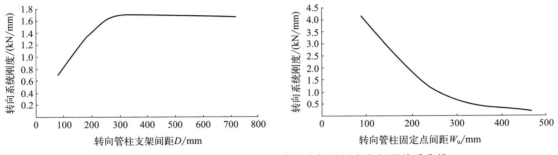

图 3-33　某车型转向系统刚度与管柱支架及固定点间距关系曲线

(2) CCB NVH 设计指导

CCB 与转向管柱的布置位置对转向系统的模态频率影响巨大(图 3-34),为了尽可能提高转向系统的模态频率以及降低系统响应灵敏度,有以下设计原则。

① CCB 横梁中心线到方向盘的重心距离 L 越小越好,乘用车通常最大不得超过 460mm,这样能有效增大转向系统模态频率。

② 横梁中心线到转向管柱的安装面之间的距离 D 推荐范围为 60mm~70mm。

③ 增加连接处的车身端的动刚度。在 CCB 设计中,车身与 CCB 连接处的动刚度应该重点考虑,以提高系统的 NVH 性能。

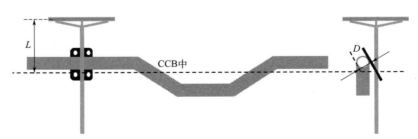

图 3-34　CCB 布置示意

此外,提高 CCB 的刚度,CCB 的设计可以从以下几个方面考虑。

① 在 CCB 的设计中,可以采用扭曲型材或者增加壁厚等方式来提高其结构的刚度和强度,从而减少共振点和谐振点的出现。

② 可以通过增加 CCB 材料的壁厚、材料强度、选择高刚性的材料等方式来提高其结构的刚度。

③ 可以通过改变CCB的结构形状，例如采用扭曲型材、异形截面等，增加结构的复杂度以提高刚度。

④ 可以通过均匀分布质量，例如在CCB结构内部增加填充材料或者膨胀材料等。

⑤ 采用一体化成型更有利于提高CCB的整体刚度和强度。

（3）HPAS NVH 设计指导

当驾驶员转动方向盘时，转动力通过转向轴传递至转向阀。该转向阀为三位四通阀，其阀芯位置的变化导致压差的产生。通过压差信号的作用，转向泵被激活并开始工作。转向泵将液压油送入转向阀，然后进入液压缸。在液压缸的左右两侧产生压差，推动活塞运动，从而实现转向助力的效果，其原理如图3-35所示。

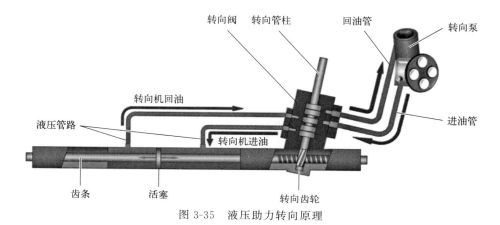

图 3-35　液压助力转向原理

对于HPAS而言，其NVH核心之一是转向过程中的液压噪声问题，而液压噪声问题绝大部分可以用优化设计消声器来解决。消声器的设计一般有以下步骤。

① 确定消声器的位置：消声器应该安装在系统中噪声最严重的位置上，通常是在液压泵的进口和出口之间、液压缸的进口和出口之间或者液压阀门的进口和出口之间。

② 确定消声器的类型：根据系统中产生噪声的频率和振幅，可以选择合适的消声器类型。例如，对于低频噪声可以选择吸声器，对于高频噪声可以选择滤波器。

③ 确定消声器的流通截面积，根据液压系统中的最大流量和最大压力，可以计算出消声器的流通截面积，具体公式如下。

$$A = \frac{Q}{K \Delta p} \tag{3-11}$$

式中，A为消声器的流通截面积，m^2；Q为液体流量，m^3/s；K为经验系数（取值通常为0.05~0.08），Δp为液压系统中消声器前后的压差，Pa。

④ 确定消声器的孔径和波纹板的数量：根据系统中液体流动的频率和振幅，可以计算出消声器的孔径和波纹板的数量。

计算消声器孔径经验公式如下。

$$d = 0.8 \sqrt{\frac{Q}{f}} \tag{3-12}$$

式中，d为消声器的孔径；Q为液体流量，m^3/s；f为液体流动的频率，Hz。

计算波纹板数量的经验公式如下。

$$n = 0.5\sqrt{\frac{p}{a}} \tag{3-13}$$

式中，n 为波纹板的数量；p 为液压系统中的压力脉动振幅，Pa；a 为每个波纹板的有效面积，m^2。

以上经验公式简化了流体性质（未考虑流体的黏度和可压缩性），基于均匀流动假设和经验参数计算，实际应用中需要根据具体情况进行调整。例如，对于高压、高流量的液压系统，可能需要使用更多或更大的波纹板来降低噪声。另外，消声器的孔径和波纹板数量也需要与消声器的流通截面积相匹配，以保证消声器能够有效地减少液压系统中的噪声。

⑤ 确定消声器的安装方式：根据液压系统中的压力脉动和液体冲击等因素，需要考虑消声器的安装方式。例如，消声器可以采用法兰连接或者螺纹连接等方式安装在液压油管上，并且需要保证连接件的密封性和稳定性。

基于以上设计方法，基本可以解决转向系统液压带来的噪声问题，如液压脉动声、液压阶次声、打死转向液压憋压声。

（4）EPAS NVH 设计指导

电动助力转向系统是在传统机械转向系统的基础上发展起来的。它利用电动机产生的动力来帮助驾驶员进行转向操作，系统主要由三大部分构成，即信号传感装置（包括扭矩传感器、转角传感器和车速传感器）、转向助力机构（电机、离合器、减速传动机构）及电子控制装置。电动机仅在需要助力时工作，驾驶员在操纵方向盘时，扭矩转角传感器根据输入扭矩和转向角的大小产生相应的电压信号，车速传感器检测到车速信号，控制单元根据电压和车速的信号，给出指令控制电动机运转，从而产生所需要的转向助力。如图 3-36 所示是电动助力转向系统的工作原理，图中 T_d 为输入扭矩，J_c 为方向盘转动惯量，B_c 为方向盘阻尼，K_c 为转向管柱扭转刚度，J_m 为电机转动惯量，B_m 为电机系统阻尼，K_m 为电机系统扭转刚度。

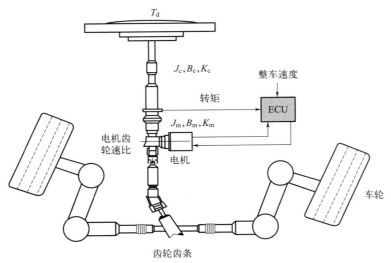

图 3-36　电动助力转向系统的工作原理

虽然转向电机安装位置不同，但噪声控制方式大体相同，主要就是依据不同的 EPAS 噪声类别，分别进行不同的参数控制，EPAS 相关 NVH 控制参数见表 3-32。

表 3-32 EPAS 相关 NVH 控制参数

EPAS 噪声类别		控制参数
运行噪声 (running noise)	滚珠螺母轴承运行噪声	滚珠丝杠表面光洁度
		轴承的负载
	皮带噪声	损坏的座圈(碰撞后、进水)
		皮带材质、齿形和张力
		皮带刚度
	电机噪声	电机控制质量
嘎嘎声(rattle noise)		拨叉间隙和拨叉弹簧刚度
逆转碰撞声(reversal clunk)		蜗杆阻尼和预紧力
蜂鸣声(buzz noise)		滚珠螺母和轴承的间隙

对于电动转向 EPAS 系统，主要的振动噪声源为电机的工作噪声。电机工作噪声的抑制，可通过控制算法的匹配来解决，此外还可以从传递路径上减少 EPAS 对车内 NVH 的影响。通常设计过程中，EPAS 的设计与匹配会考虑以下几点。

① 电机的选择：选择低噪声的电动机和减速器，并采取适当的措施来降低噪声辐射，尽量采用双电机、直驱电机、无刷电机。

② 控制策略的选择：优化控制算法和使用可变助力控制技术控制电动机与减速器的转速及转矩，以减少 EPAS 系统的振动。常见的 EPAS 控制算法从简单到复杂依次为转矩控制（torque sensor control）、速度控制（speed sensor control）、转向角控制（steer angle sensor control）、负荷控制（load sensor control）、自适应控制（adaptive control）。EPAS 中最常用的控制算法是速度控制算法，具有实现简单、计算量小、响应速度快等优点。该算法根据车速变化计算出电动助力转向器电机的目标转速，实现转向的动态响应和稳定性。在高速行驶时，电机需输出高转速以满足较大转向力矩需求，通过振动和车速补偿算法抑制高速 nibble 噪声问题；而低速行驶时，电机转速要求相对较小，系统相应地调整电机输出转矩，实现精准控制。

③ 采用更高的传感器分辨率也可以帮助减小 EPAS 系统传感器误差带来的振动。

④ EPAS 系统在整车上的布置需要考虑降低其产生的振动，从而减小 NVH 问题（如布置在刚度更大的结构上）。

⑤ 在 EPAS 系统和整车其他部分之间添加隔离材料，以减少振动和噪声的传递。

3.5 制动系统 NVH 开发

制动系统是指使行驶中的汽车减速甚至停车，使下坡行驶的汽车的速度保持稳定安全，而在汽车上安装专门的制动装置机构。一般来说汽车制动系统包括行车制动和停车制动两套独立的装置。

3.5.1 制动系统简介

制动 NVH 通常分为两大类：制动噪声和制动抖动。

制动噪声主要包括：制动啸叫（squeal）、蠕动噪声（groan）、撞击声（clonk）、哞哞声

（moan）、刷盘声（wire brush）以及其他异响。

① 制动啸叫：车辆制动时，由盘片摩擦产生一种尖锐刺耳的稳态噪声。划分为低频啸叫（1～4kHz）和高频啸叫（4k～16kHz）。

② 蠕动噪声：车辆制动时，由盘片摩擦产生一种低沉的噪声（<800Hz），其又包括起步蠕动噪声（creep groan）、停车蠕动噪声（stop groan）、行车蠕动噪声（dynamic groan）。

③ 撞击声：车辆在前进或后退时，或者切换方向时，轻踩制动踏板，制动器发出的一种清脆的金属撞击声。

④ 哞哞声：车辆低速行驶时，轻踩或不踩制动踏板发出一种低沉的噪声（<1000Hz）。

⑤ 刷盘声：车辆制动时产生一种类似钢刷磨盘的噪声（<16000Hz）。

制动抖动是车辆在一定车速范围内实施制动时引起方向盘、车身地板、制动踏板剧烈抖动的现象，主要是由制动盘在制动过程中产生制动压力和制动力矩波动引起，振动频率通常发生在5～50Hz。感觉最明显的是方向盘圆周方向的摆振（一般在8～20Hz）和整车的颤振。

3.5.2 制动系统 NVH 开发流程

制动系统 NVH 正向开发流程见表 3-33。

表 3-33 制动系统 NVH 正向开发流程

序号	节点	核心工作	主要工作内容	提交物
1	MR-KO	制动 NVH 前期分析	前期制动 NVH 性能市场调研及分析 制动 NVH 历史问题收集汇总及分析 制动 NVH 开发技术交流 竞品车制动 NVH 数据收集	制动 NVH 策略分析报告
2	KO-UNV0	制动 NVH 目标设定	竞品车数据分析 制动 NVH 目标设定	制动 NVH 目标初版
3	UNV0-UNV1	制动系统 CAE NVH 仿真分析和评估	制动系统模态及部件模态 CAE 分析 BTV 抖动敏感性 CAE 分析 制动 nibble，制动抖动和动力传动系统抖动六西格玛设计 CAE 评估 卡钳总成变形量与管压关系 CAE 模拟分析 制动尖叫 CAE 模拟分析	CAE 仿真分析和优化分析报告 制动系统 NVH DPA 检查报告 制动 NVH 目标更新
4	UNV1-UNV2	制动系统 CAE NVH 仿真分析优化	定钳盘式制动器制动盘和卡钳模态分离分析 制动安装支架转向节模态及刚度 CAE 分析 制动 Creep groan CAE 分析	
5	UNV2-M1DJ	制动系统 CAE NVH 仿真分析优化项完成	制动盘热容量、热变形、热裂纹 CAE 分析 高侧向加速度转向情况下制动盘与卡钳（整体桥）间隙变化 制动系统 DPA 检查	
6	M1DJ-M1	M1 样车装车准备及台架设计验证	台架验证	制动台架测试验证报告
7	M1-M1DC	制动系统 M1 阶段设计验证、优化调校	整车制动 NVH M1 样车阶段验证调校 车辆对制动 BTV 敏感性 NVH 测试验证 子系统模态及刚度测试验证	M1 制动子系统 NVH 性能摸底测试及分析验证报告 M1 整车制动 NVH 评估测试报告

续表

序号	节点	核心工作	主要工作内容	提交物
8	M1DC-VP	NVH台架测试优化及制动系统数据冻结	DTV台架增长试验 BTV台架试验 制动噪声台架试验(冷热态、低温高湿)	NVH台架测试优化报告
9	VP-FEC	制动系统VP阶段设计验证、优化调校及签发	车辆制动盘DTV敏感性试验 黄山制动噪声试验(8000km) 黄龙山冷态制动噪声试验(2080km) 日常低频制动噪声试验(5750km) 南京城郊路况DTV增长试验(32000km) 制动creep groan噪声测试 制动盘短时腐蚀整车敏感性试验 性能制动试验中的制动噪声评价 制动打鼓及敲击异响试验 EPB车制动器噪声试验	制动系统VP阶段NVH整车测试验证报告
10	FEC-OKTB	投产阶段制动系统NVH一致性跟踪	TT/PP/MP阶段制动系统NVH一致性跟踪及质量问题处理	制动NVH质量一致性问题处理

3.5.3 制动系统NVH目标

完整的制动NVH目标是制动NVH开发的基础和关键,制动NVH目标体系包括制动噪声目标和制动抖动目标两部分。噪声和抖动目标要求不一致,因此需要分别按照各自的性能参数来控制。

制动NVH目标分为主观评分和客观目标,具体目标值如下。

3.5.3.1 制动噪声目标

制动噪声目标分为主观评分目标、整车客观数值目标以及子系统目标,具体如下。

(1) 制动噪声主观评分目标及方法(表3-34)

表3-34 制动噪声主观评分目标及方法

评价项目	第1次评分 (1~10)	第2次评分 (1~10)	第3次评分 (1~10)	评分 (取最小值)	目标
制动尖叫(squeal)	8.0	8.0	8.0	8.0	≥8.0
起步蠕动噪声(creep groan)	8.0	8.5	8.0	8.0	≥8.0
停车蠕动噪声(stop groan)	8.5	8.0	8.0	8.0	≥8.0
行车蠕动噪声(dynamic groan)	8.0	8.0	8.0	8.0	≥8.0
撞击声(clonk)	8.5	8.5	8.5	8.5	≥8.0
哼哼声(moan)	8.0	8.0	8.0	8.0	≥8.0
刷盘声(wire brush)	8.0	8.5	8.0	8.0	≥8.0
其他异响	8.5	8.0	8.0	8.0	≥8.0

① groan噪声评估方法:分别在12%~20%的坡道,平坦路面上,慢放或慢踩制动踏板评估制动groan噪声,评估涵盖制动盘冷、热、浇水锈蚀状态。

② moan 噪声评估方法：小于 5km/h 时轻踩制动拖滞前行/后退进行评估，评估涵盖制动盘冷、热、浇水锈蚀状态。

③ squeal、wire brush、clunk 噪声评估方法：车辆以 7～15km/h 前行、左前、右前、后退、左后、右后工况，以（0.1～0.3）g 减速度进行评估；行驶过程以（0.1～0.5）g 减速度进行评估。评估涵盖制动盘冷、热、浇水锈蚀状态。

④ 制动噪声评分准则参照表 3-35。

表 3-35 制动噪声评分准则

评价指标	不可接受						可接受			
	1	2	3	4	5	6	7	8	9	10
主观感受	不可接受		很差		令人厌烦		可接受	好	很好	优秀
声品质感知度	极可见	极易察觉（烦人）	清晰可（令人不快）	清晰可见		短暂可见	可见	极难感知		无法感知
声音产生容易度	极易产生	很容易产生		容易产生			适度难产生	较难产生	非常难产生	无法感知
客户舒适度	非常不舒服			有时不舒服			相当满意	非常满意	完全满意	
抱怨客户	所有客户		大部分客户			关键客户		有经验的客户		完全接受

（2）制动噪声整车客观数值目标（表 3-36）

表 3-36 制动噪声整车客观数值目标

评价项目	目标
groan 噪声	16%坡道及平坦路面（制动盘冷/热状态）＜82dB（50～600Hz）
squeal 噪声	黄山道路及黄龙道路冷态专项试验满足如下要求 (1) 3.5t 以下车型，每个轴上大于 50dB 噪声小于 0.1% (2) 3.5t 以上，每个轴上大于 50dB 噪声单胎小于 1%，双胎小于 1.5%

（3）制动噪声子系统目标

制动噪声主要产生于制动时摩擦片与制动盘的摩擦。制动噪声子系统目标见表 3-37。

表 3-37 制动噪声子系统目标

序号	条目	目标要求
1	制动尖叫 CAE 模拟分析	卡钳、制动盘、支架、摩擦片、转向节等零件模态分离，未有相近的模态 制动盘面内模态与相邻两面外模态频率间距＞1/3 相邻两面外模态 摩擦片模态与制动盘相邻两面外模态频率间距＞1/3 相邻两制动盘面外模态 卡钳模态与制动盘相邻两面外模态频率间距＞1/3 相邻两制动盘面外模态
2	定钳盘式制动器制动盘和卡钳模态分离分析	固定钳的模态必须高于制动盘的前 3 阶弯曲模态（1 阶盘帽弯曲模态，2 阶盘径向弯曲模态，3 阶盘轴向弯曲模态），分析时需要在盘帽安装孔处使用固定边界

续表

序号	条目	目标要求
3	转向节刚度 CAE 分析	前转向节刚度＞20000N/mm
		对于冲压转向节刚度要求：＞40000N/mm
		后扭力梁刚度要求：＞20000N/mm
4	制动安装支架转向节模态 CAE 分析	只针对后悬挂，防止 moan 噪声产生。模态要求：1 阶模态＞500Hz；2 阶模态＞650Hz
5	制动（creep groan）	预测 creep groan 噪声频率以及优化来达到降低总体噪声水平的目的
6	制动盘热容量 CAE 分析	连续制动 10 次后，制动盘温度不超过 480℃，制动鼓温度不超过 325℃。基于制动噪声、制动距离和制动磨损性能，在足够的证据支持下，可以采用以下数值：整车满载质量＜3500kg 盘式制动器温度＜530℃，鼓式制动器温度＜375℃
		整车满载质量为 3501～5800kg，盘式制动器温度＜580℃，鼓式制动器温度＜375℃；整车满载质量在＞5800kg，盘式制动器温度＜630℃，鼓式制动器温度＜375℃
		速度 100～0km/h，减速度 0.625g，初温 20℃，满载惯量，单次温升＜105℃
7	制动盘模态分析	垂直摩擦面模态（ND）与摩擦面切向压缩模态（T）满足 $\|n\mathrm{ND}-1\mathrm{T}\| \geqslant 300\mathrm{Hz}$，$\|n\mathrm{ND}-2\mathrm{T}\| \geqslant 300\mathrm{Hz}$，$\|n\mathrm{ND}-3\mathrm{T}\| \geqslant 100\mathrm{Hz}$
		面内模态与相邻两面外模态频率间距＞1/3 相邻两面外模态
8	制动盘热变形分析	coning≤0.25mm，大径变形量＜0.5mm
9	制动盘热裂纹分析	无热裂纹
10	高侧向加速度转向情况下制动盘与卡钳（整体桥）间隙变化	满载，0.8g 侧向加速度，CAE 分析计算结果：制动盘不能触碰卡钳安装支架

3.5.3.2 制动抖动目标

制动抖动目标主要包括制动抖动整车主观评分目标、客观测试目标以及分解子系统目标，具体如下。

(1) 制动抖动整车主观评分目标（表 3-38）

表 3-38 制动抖动整车主观评分目标

速度	减速度	项目	制动盘温度要求/℃	第 1 次评分（1～10）	第 2 次评分（1～10）	第 3 次评分（1～10）	评分（取最小值）	目标
(130～0) km/h	(0.15～0.25)g	制动	＜100	8.0	8.5	7.5	7.5	≥7.5
			100～250	8.5	8.0	8.0	8.0	≥7.5
			＞250	8.0	7.5	7.5	7.5	≥7.5
制动抖动总体评分(1～10)				7.5				≥7.5

主观评估方法：车辆以 130km/h 初始速度，制动减速度为 (0.1～0.3)g 进行评估，评估制动盘温度为＜100℃、100～250℃、＞250℃，对每一个工况进行打分，取最小评分值为

最终评分值。

制动抖动评分准则参照表 3-39。

表 3-39 制动抖动评分准则

评分标准	不可接受					可接受				
	1	2	3	4	5	6	7	8	9	10
振动的消减和传递（用双手）	振动会传递到					方向盘的振动基本已消减		方向盘	方向盘	
	手臂和手,脚		手,脚						用手指可轻微地控制方向盘	
	需紧握方向盘					握住方向盘		轻微握住方向盘		
可察觉性	不可接受					可接受				
	极其明显		很明显（厌烦）		清晰（不舒服）	较清晰		轻微	稍轻微	无
可见性	不可接受					可接受				
	很明显并伴随大的振幅			明显并伴随中等振幅			轻微并伴随小的振幅		非常轻微	无
总体接受标准	方向盘摆振评级减 1；车身底板抖动评级减 0.5									
	不可接受					可接受				
	1	2	3	4	5	6	7	8	9	10

（2）制动抖动客观测试目标

由于制动抖动时，主观感受主要是座椅、方向盘及制动踏板感知抖动，因此客观测试评价点为座椅导轨 X、Y 向振动量，方向盘摆振量 $(Y_{12}-Y_6)/2$。制动抖动通常发生在 130km/h 以下，制动减速度<0.3g，一般为轮胎滚动 1 阶、2 阶激励频率（5～50Hz），制动盘温度为<100℃、100～250℃、>250℃，具体如表 3-40 所示。

表 3-40 制动抖动整车客观测试目标

速度/(km/h)	减速度	项目	盘温/℃	方向盘/(mm/s)	座椅导轨/(mm/s)	
				$(Y_{12}-Y_6)/2$	X	Y
130～0	0.15g	制动	<100	≤44	≤6	≤5
			100～250	≤44	≤6	≤5
			>250	≤44	≤6	≤5
130～0	0.25g	制动	<100	≤44	≤6	≤5
			100～250	≤44	≤6	≤5
			>250	≤44	≤6	≤5

注：方向盘摆振量=$(Y_{12}-Y_6)/2$，Y_{12} 为方向盘 12 点测试位置 Y 向振动值，Y_6 为方向盘 6 点测试位置 Y 向振动值。

（3）制动抖动分解子系统目标

制动抖动影响因素较多，通常影响最大的是制动盘工作面的厚薄差（disc thickness variation，DTV）、制动盘轴向端面跳动（lateral run out，LRO）、制动力矩波动（brake torque variation，BTV）等参数，因此在前期必须严格控制相关参数，制动抖动主要控制参数见表 3-41。

表 3-41 制动抖动主要控制参数

序号	条目	目标要求
1	制动盘:DTV	9μm 最大圆周方向上
2	制动盘:LRO	<25μm(单个制动盘),<40μm(制动盘轮毂一体)
3	轮毂:LRO	前:13.5μm 最大(4sigma) 后:20μm 最大(4sigma)
4	桥法兰:法兰端跳	75μm 最大 特殊规定的:20μm 最大(4sigma)
5	CAE 分析车辆对 BTV 的抖动敏感性	整车的制动抖动敏感性需要满足 18μm 制动盘的 BTV(或 100N·m)激励 方向盘 nibble 必须满足 ARL 08-199,<44mm/s 座椅导轨纵向抖动必须满足 ARL 08-196,<6mm/s 座椅导轨侧向抖动必须满足 ARL 08-197,<6mm/s
6	nibble,振动,制动抖动和动力传动系统抖动 6sigma 设计 CAE 评估	对制动抖动六西格玛设计 CAE 分析
7	卡钳总成变形量与管压关系 CAE 模拟分析	卡钳总成变形量与管压斜率不得超过 0.74mm/10MPa(斜率测量范围为 2～10MPa)
8	转向节刚度 CAE 分析	前转向节刚度>20000N/mm 对于冲压转向节刚度要求:>40000N/mm 后扭力梁刚度要求:>20000N/mm
9	制动安装支架转向节模态刚度 CAE 分析	只针对后悬挂,防止 moan 噪声产生。模态要求:1 阶模态>500Hz;2 阶模态>650Hz
10	制动踏板支架	支架模态频率≥110Hz;
11	制动踏板支架安装点	支架安装点静刚度≥1000N/mm
12	各轮心至踏板支架安装点灵敏度	≤0.05g/N

3.5.4 制动系统 NVH 设计指导

在制动系统项目设计开发过程中,正确规范的设计指导至关重要,以下为制动噪声及制动抖动的设计指导。

3.5.4.1 制动噪声设计指导

(1) groan 噪声

制动 groan 噪声产生于制动盘与摩擦片的摩擦力,频率为 50～600Hz (图 3-37 和图 3-38)。制动 groan 噪声一般分为以下几类。

① 动态 groan 噪声,发生在动态制动过程,一般在低速及中度以上制动减速度下易发生。

② 蠕动 groan 噪声,主要发生在自动挡车型上。当车辆停止并制动时,压力降低到非常低的水平,来自变速器的怠速转矩将使车辆开始向前移动。通过将压力保持在非常低的范围内 (通常接近 0.3MPa),使车轮滚动速度在小于 5km/s 的范围内,制动盘和摩擦片之间

的黏滞滑动过程产生。

③ 停车 groan 噪声，发生在制动车辆快要停止时，车轮转动的最后 1 圈过程。

④ 起步 groan 噪声，发生在车辆静止、制动压力释放时，由悬架的惯性恢复引起。

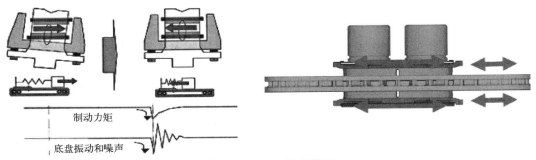

图 3-37 groan 噪声原理

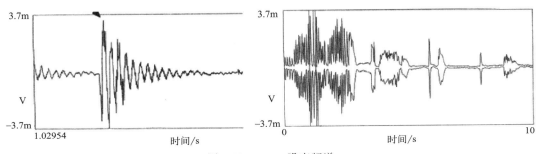

图 3-38 groan 噪声频谱

避免 Groan 噪声的设计指导如下。

① 摩擦片设计：材料选择和配方优化，可以选择具有较低热膨胀系数和良好热稳定性的材料。优化材料配方，以提高摩擦片的剪切和压缩性能，并降低对湿度的敏感性。

② 制动盘设计：应考虑减少热膨胀和热变形的影响，可以采取以下方法。

a. 材料选择：选择具有较低热膨胀系数和较好热稳定性的复合材料或高性能钢材料。

b. 刹车盘结构设计：合理的刹车盘结构可以减少热变形的影响。设计时考虑增加散热面积、增加刹车盘的厚度或采用内部散热通道等方式，这样有助于更好地散热，降低温度和热应力，从而减少热变形的发生。

c. 散热系统的优化设计：刹车盘的散热系统可以通过优化来减少热变形。例如，设计和布置更有效的散热通道和散热鳍片，以提高散热效率，降低刹车盘的温度，从而降低热变形的风险。

d. 刹车系统的冷却控制设计：刹车系统的冷却控制影响刹车盘的热变形。考虑采用刹车系统的冷却技术，如利用通风盘或刹车盘冷却液，可以降低刹车盘的温度，减少热变形的可能性。

③ 接触分布优化：通过优化刹车系统的几何形状、材料选择和安装方式，可以改善接触分布，减少不均匀接触造成的噪声。

④ 摩擦薄膜稳定性：通过优化摩擦片材料和表面处理方法，可以提高摩擦薄膜的稳定性，减少噪声的产生。

⑤ 悬架减振性能：优化悬架系统的设计和调校，以减少振动传递和共振现象，可以降低制动 groan 噪声的产生。

（2）moan 噪声

moan 噪声是由制动摩擦激励频率与转向系统及悬挂系统等模态频率耦合共振产生的，频率范围通常为 200~500Hz。当车辆实施制动时，摩擦片与制动盘产生黏滑摩擦激励引起不均匀拖滞，这个激励通过制动卡钳传递到转向节，再通过转向节传递到悬架及后桥系统，在传递过程中会引起这些部件的振动。因此，当这种激励与系统中某个零件的频率模态发生耦合就导致 moan 噪声的发生，在低速制动（一般<5km/h）工况下容易出现，是由于低速行驶时摩擦片与制动盘之间的相对滑移速度较低，黏滑摩擦激励增大。moan 噪声频谱如图 3-39 所示。

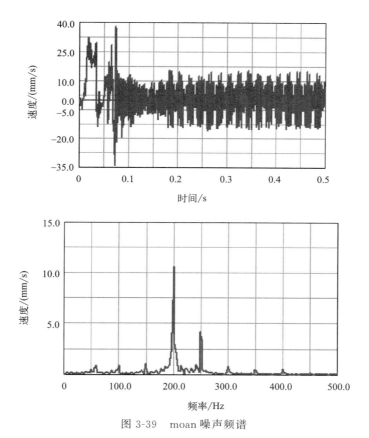

图 3-39　moan 噪声频谱

避免 Moan 噪声常用优化设计如下。

① 降低摩擦片与制动盘之间的不均匀拖滞力矩，拖滞力矩一般<3.5N·m，拖滞力矩可以通过 LINK3378 设备及软件进行测试，测试数据如图 3-40 所示。

② 转向节刚度>20kN/mm。

③ 卡钳安装连接支架 1 阶模态>500Hz；2 阶模态>650Hz。

④ 制动系统、悬挂系统各零部件的模态的避频设计，从根源上规避 moan 噪声的产生。

⑤ 提高摩擦片安装支架面平行度，减少摩擦片的金属颗粒及其颗粒直径。

⑥ 黄山道路日常低频噪声主观评估验证。

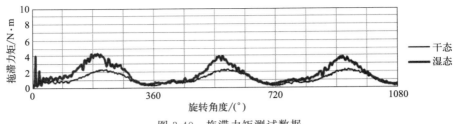

图 3-40 拖滞力矩测试数据

(3) 制动尖叫声 (squeal noise)

主要是由制动盘或制动鼓共振产生的单频噪声，一般分为低频制动尖叫声 (900～4000Hz)、高频制动尖叫声 (4000～18000Hz)、chirp 噪声 (高频短暂并伴随频率变化噪声)，主要影响因素为制动盘、摩擦片和卡钳。

① 避免制动尖叫声常用的设计优化方法如下。

a. 摩擦片材料及制动盘结构优化设计。

b. 减振片和消声片优化：提供阻尼的方法优化高频尖叫声，用不同形状的减振片来改变压力分布，改变摩擦片和卡钳的接触，改变力传递。

c. 摩擦片开槽和倒角优化：改变摩擦片和盘的压力分布，改变摩擦片和盘的模态耦合；减小摩擦片和盘在旋转方向的接触刚度。

d. 对支架、钳体、摩擦片和制动盘模态及刚度进行优化。

e. 活塞向出口方向偏移改变压力分布进行优化。

f. 安装支架刚度调整进行优化。

② 经过制动尖叫 CAE 模拟分析，发现制动噪声频率，再通过台架噪声试验进行摩擦片配方选型 (图 3-41)。

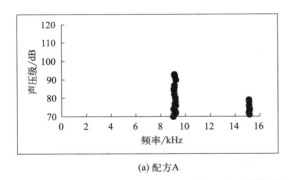
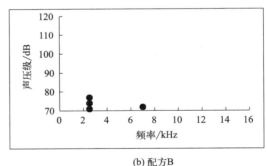

(a) 配方A　　　　　　　　　　　　　(b) 配方B

图 3-41 摩擦片配方选型台架数据

③ 黄山道路 8000km 制动噪声试验：起点和终点选址黄山市休宁县城试验场地，试验道路单个循环约为 200km，总共 40 个循环的工况，每个循环进行 800～1000 次制动，8000km 道路里面，其中乡村道路占 67%，山路占 29%，城市道路占 4%。

④ 黄龙道路 2080km 制动噪声冷态专项试验：四川阿坝州松潘县山路，川竹寺—雪宝鼎—黄龙景区—雪宝鼎—川竹寺，全程包括下山制动升温和上山降温过程，考核制动盘在 0～300℃ 范围内的制动噪声。

⑤ 整个道路试验过程，需要采集车速、前后管路压力、环境湿度、减速度和前后制动

盘温度；车内驾驶员位置布置麦克风，采集制动噪声分贝值，并且通过振动传感器采集4个制动器上的振动数据来确定制动噪声的来源。

（4）clunk 噪声

车辆行驶情况下，制动时摩擦片撞击支架产生的多频噪声。摩擦片和支架的间隙、摩擦片重量、接触面阻尼、弹簧片的刚度与预紧力等相关。一般通过减小摩擦片和支架间隙、增加阻尼（弹簧/衬套/衬套的刚度）等优化设计。

（5）异响（rattle 噪声）

车辆行驶在颠簸路面上，路面的激励引起制动卡钳总成和其自身内部零件产生连续金属撞击声。一般通过摩擦片和支架的间隙，销和销孔的间隙，摩擦片和钳体的重量，衬套的刚度和阻尼，密封圈的刚度和阻尼，弹簧片的刚度和预紧力等进行优化设计。

3.5.4.2 制动抖动设计指导

制动抖动是一种易感知的车辆异常振动，通常通过方向盘、座椅或制动踏板被驾驶员感知，因此制动抖动不仅影响驾驶员驾驶舒适性，更关系到行驶安全。

（1）制动抖动的基本特征

当车辆行驶车速为 $100\sim130\mathrm{km/h}$ 时，采取减速度为 $(0.1\sim0.3)g$ 轻中度的制动，车辆易发生制动抖动问题。制动抖动幅值随车速变化关系如图 3-42 所示。引起制动抖动的频率一般为 $5\sim50\mathrm{Hz}$，属于低频振动，抖动过程中，底盘或者车身的固有频率与抖动频率区间可能存在耦合，若存在耦合便出现共振，使得制动抖动达到最大。

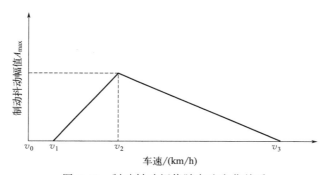

图 3-42 制动抖动幅值随车速变化关系

因为制动抖动与温度有相关性，所以车辆发生抖动的时间段也不相同，有的车辆刚启动，处于冷车状态时采取制动就出现抖动情况，经过数次制动后，抖动就会消失。而有的车辆恰巧相反，冷机状态下无制动抖动，数次制动后，制动盘表面温度升高，抖动现象反而出现。因此在进行制动抖动评估时，各温度段都会评估，一般评估时从冷态到热态踩制动踏板需要 $20\sim30$ 次。

（2）制动抖动的产生根源

制动抖动主要由制动力矩波动和制动压力波动引起，通过制动管路传递至踏板，通过悬架传递至车内和方向盘，具体传递过程如图 3-43 所示。

结合盘式制动器工作原理，在制动液压力作用下使制动摩擦片与制动盘表面接触，产生的摩擦力，也就是制动力矩，让车辆实现制动。制动力矩的计算公式为

$$T = P a_\mu \mu r$$

式中，P 为制动压力，N；a 为接触面积，m^2；μ 为摩擦系数；r 为摩擦力的等效半径，m。

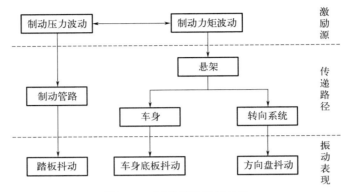

图 3-43 制动抖动传递过程

由制动力矩的计算公式可以得出，影响制动力矩有 4 个主要参数，而这些参数会受到制动器几何均匀特性的影响。当制动盘表面存在 DTV 变化时，制动盘块间的接触面积 a、制动压力 P 以及等效摩擦半径 r 均会发生变化，进而引起制动力矩 T 波动，因此影响制动抖动的主要影响因素有以下几点。

① 几何因素：指制动盘表面存在制动盘厚度差（DTV）以及制动盘端面跳动（LRO），如图 3-44 和图 3-45 所示。

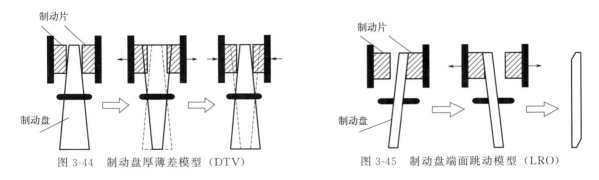

图 3-44 制动盘厚薄差模型（DTV）　　图 3-45 制动盘端面跳动模型（LRO）

② 热影响因素：指由于制动产生热量累积使得制动盘产生热变形，进而增大了制动盘的几何不均匀，加重制动抖动。

③ 其他因素：制动盘与摩擦片之间的摩擦系数、摩擦片的金属含量等。

(3) 制动抖动 NVH 设计指导

① 制动盘厚度差（DTV）：指制动盘圆周方向上的厚度变化量，即制动盘厚度差。制动摩擦片上的轴向位移激励引起制动压力波动，从而引起制动力矩波动。

② 制动盘端跳（LRO）：由于车辆处于非制动状态下的接触磨损，伴随着车辆使用时间的增加，LRO 最终向 DTV 转化，因此有些车辆开始时出现制动抖动问题，伴随着里程以及制动次数的增加，制动抖动现象会消失。

③ DTV/LRO 设计要求见表 3-42。

第3章 底盘NVH开发

表 3-42　DTV/LRO 设计要求

DTV	
	初始值＜9μm（圆周方向上）
DTV 增长量控制（城郊路况 32000km DTV 增长试验）	前轮制动盘 DTV 增长小于 9μm 后轮制动盘 DTV 增长小于 22μm
制动盘端面跳动（LRO）	＜25μm（单个制动盘），＜40μm（制动盘轮毂一体）

注：1. 提高加工制造精度，以减小 DTV 初始值。
2. 通过优化摩擦片材料减速摩擦损失。
3. 减小制动盘材料高温产生相变变形，优化材料配比以提高制动盘热稳定性。
4. 减小热变形，提高制动盘热容量及优化通风结构设计，减少温升。
5. 控制摩擦膜厚度，减少摩擦材料的相互转移和扩散将形成厚度不均匀的摩擦膜。
6. 可以通过制动盘表面镀膜减少制动盘腐蚀。

④ DTV/LRO 测试设备及软件（LINK 3378），如图 3-46 所示。

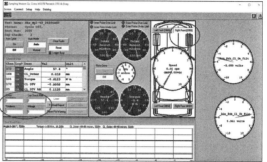

图 3-46　LINK3378 测试软件

⑤ DTV/端跳测试签发数据（表 3-43）。

表 3-43　DTV/端跳测试签发数据

左前轮				右前轮			
工装测点	外侧	中间	内侧	工装测点	外侧	中间	内侧
内侧端跳	48.4	44.1	39.1	内侧端跳	43.2	43.2	34.8
外侧端跳	49.2	44.3	40.2	外侧端跳	42.6	41	35
DTV	2.7	2.7	2.2	DTV	2.5	3.2	2.5
左后轮				右后轮			
工装测点	外侧	中间	内侧	工装测点	外侧	中间	内侧
内侧端跳	14.9	15	15.6	内侧端跳	15.4	11.9	12.2
外侧端跳	15.6	16.4	16.5	外侧端跳	15.7	12.4	13.4
DTV	2.1	2.1	1.9	DTV	2.1	1.8	2.1

⑥ DTV 增长试验签发数据（表 3-44）。

表 3-44　DTV 增长试验签发数据

测试里程/km	LF DTV			RF DTV			LR DTV			RR DTV		
	外点	中点	内点	外点	中点	内点	外点	中点	内点	外点	中点	内点
0	5.7	5.5	5.2	4.2	1.8	2.8	4.5	2.3	4.3	7.5	3.5	2.5
3900	4.4	5.3	7.1	5.4	3.8	2.0	3.0	1.7	2.5	4.1	4.4	4.7

续表

测试里程/km	LF DTV			RF DTV			LR DTV			RR DTV		
	外点	中点	内点	外点	中点	内点	外点	中点	内点	外点	中点	内点
7400	6.4	7.4	8.2	4.0	2.6	3.8	3.3	1.7	2.4	5.0	4.6	5.7
11000	6.9	8.6	9.3	5.9	3.5	2.9	3.6	2.2	2.4	6.3	7.9	8.0
14970	7.1	9.7	10.6	6.1	4.6	4.6	2.7	2.4	2.5	9.0	9.8	10.1
18510	10.9	11.5	11.5	8.0	6.8	4.5	4.3	3.5	3.9	9.8	10.1	10.6
22458	10.5	11.2	11.2	7.6	6.2	4.5	4.8	4.1	4.3	10.2	10.8	11.2
26000	10.6	10.6	11.5	8.8	6.7	5.6	3.7	2.8	2.9	10.4	11.0	11.1
29500	10.1	11.4	11.3	8.1	6.8	4.0	4.7	3.6	3.7	11.9	11.9	12.2
32000	9.6	10.5	10.7	9.3	6.5	5.8	5.0	4.2	4.4	10.5	12.5	12.8

⑦ DTV 增长曲线（图 3-47）。

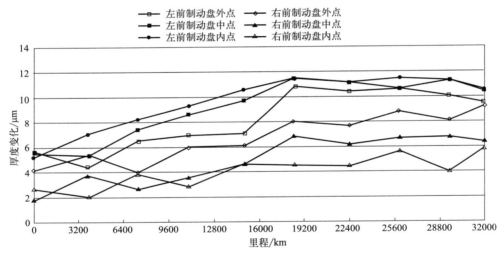

图 3-47　DTV 增长曲线

第4章 车身NVH开发

整车车轮不平衡的动态力,路面激励,风激励,发动机燃烧,发动机和传动系统旋转部件不平衡力,以及其他部件的相对运动都会产生动态作用力,直接或间接传到车身,引起车身振动,并通过结构辐射声到车内。同时,路噪和发动机的噪声还会通过车身直接透射到车内。因此,车身NVH开发对整车NVH性能至关重要。车身NVH开发包含车身结构、声学包、风噪、操作声品质等开发。

4.1 车身结构NVH开发

4.1.1 车身结构NVH开发介绍

车身分为承载式车身和非承载式车身。承载式车身没有车架,车身就作为发动机和底盘各总成的安装基体,车身兼有车架的作用并承受全部载荷;非承载式车身通过橡胶软垫或弹簧与车架作柔性连接,车身只承受所装载的人员和货物的重力及惯性力,本书以介绍承载式车身NVH开发为主。

按照是否安装内饰来分类,车身又可分为白车身(BIW)和内饰车身(TB)。车身结构NVH主要研究BIW及TB的NVH性能,包括模态分布、车身静态弯曲和扭转刚度、连接点动刚度、振动灵敏度、声振灵敏度,并以此来驱动车身结构设计,达到理想的整车NVH水平。

4.1.2 车身结构NVH开发流程

车身结构NVH开发流程规定了各开发节点,具体工作及提交物,见表4-1。

表4-1 车身结构NVH开发流程

项目阶段	开发内容	提交物
KO-SI	车身结构NVH对标分析及初版目标设定: (1)车身结构NVH竞品车对标分析 (2)车身结构NVH经验教训导入 (3)车身结构NVH目标设定 ①模态分离策略; ②白车身(BIW)弯曲、扭转刚度及模态; ③内饰车身(TB)接附点IPI、VTF、NTF及模态	(1)竞品车测试分析报告 (2)车身结构NVH目标设定报告
SI-UPV1	根据UPV0车身数模,对车身结构进行CAE第一轮分析与优化,并跟踪记录更新车身结构NVH目标达成状态,针对不达标项,讨论并制定下一步优化计划	(1)CAE第一轮分析与优化报告 (2)第一轮车身结构NVH目标达成状态报告

续表

项目阶段	开发内容	提交物
UPV1-SC	根据 UPV1 车身数模,对车身结构 CAE 进行第二轮分析与优化,并跟踪记录更新车身结构 NVH 目标达成状态,针对不达标项,讨论并制定下一步优化计划	(1)CAE 第二轮分析与优化报告 (2)第二轮车身结构 NVH 目标达成状态报告
SC-PA	根据 UPV2 车身数模,对车身结构 CAE 进行第三轮分析与优化,并跟踪记录更新车身结构 NVH 目标达成状态,针对不达标项,讨论并制定下一步优化计划	(1)CAE 第三轮分析与优化报告 (2)第三轮车身结构 NVH 目标达成状态报告
PA-PR	车身结构 NVH CAE 结果评审及数据冻结,并冻结 Health chart 清单	最终车身结构 NVH 目标达成状态报告
PR-FEC	(1)白车身(BIW)弯曲、扭转刚度及模态测试签发 (2)内饰车身(TB)接附点 IPI、VTF、NTF 及模态测试签发	(1)白车身(BIW)弯曲、扭转刚度及模态测试签发报告 (2)内饰车身(TB)接附点 IPI、VTF、NTF 及模态测试签发报告 (3)CAE 仿真与 NVH 测试对标报告,针对差异点,新增风险评估报告
FEC 之后	车身结构生产一致性跟踪	生产一致性报告

4.1.3 车身结构 NVH 目标设定

车身结构 NVH 目标,一般基于标杆车、竞品车及同级车型数据库来制定,主要关注 20~500Hz 中低频问题。其中 100Hz 以内,重点关注模态共振引起的低频振动与轰鸣问题;100~500Hz 重点关注灵敏度偏高引起的路噪及发动机噪声问题,如图 4-1 所示。

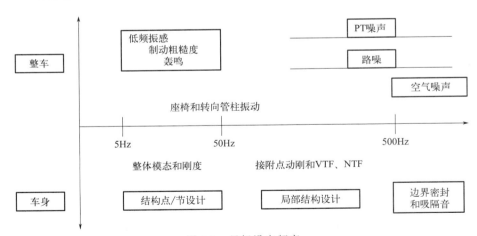

图 4-1 目标设定频率

白车身(BIW)主要控制弯曲、扭转刚度及模态;内饰车身(TB)主要控制接附点 IPI、VTF、NTF 及模态。

4.1.3.1 白车身 NVH 目标

(1) 弯曲和扭转刚度

车身静刚度是满足车身结构动力学要求的基础,白车身刚度的大小直接或间接影响汽车的行驶平顺性、NVH、操纵性等性能,如果车身的刚度不足,在弯曲载荷和扭转载荷的作用下,将会引起车窗车门等处的变形过大,造成车窗玻璃的异响、高速风噪等。传统燃油汽车车身的弯曲刚度一般为10000~13000N/mm,扭转刚度为800~1000kN·m/rad,目标可根据竞品车设定,如图4-2和图4-3所示。

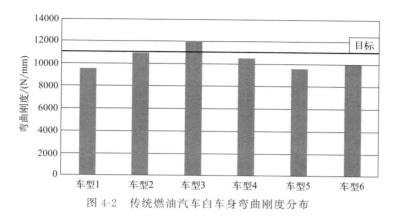

图4-2 传统燃油汽车白车身弯曲刚度分布

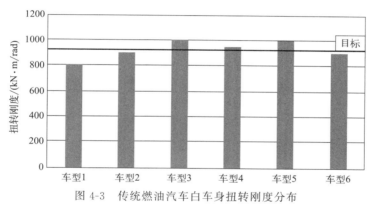

图4-3 传统燃油汽车白车身扭转刚度分布

(2)弯曲和扭转模态

在白车身模态中,弯曲模态与扭转模态最为重要,弯曲模态与扭转模态频率越高,整车的低频共振风险越低。白车身的整体1阶扭转模态,大部分车型分布在37~42Hz区间。整体1阶弯曲模态,大部分车型控制在47~55Hz区间。目标可根据竞品车设定,如图4-4所示。

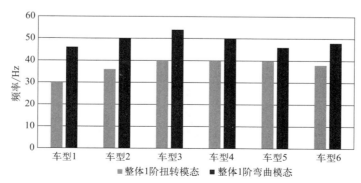

图4-4 承载式SUV白车身模态分布数据库

4.1.3.2 内饰车身NVH目标

(1) 车身灵敏度

车身灵敏度包括结构灵敏度和空气传播灵敏度。其中结构灵敏度主要包括车身接附点IPI、VTF及NTF,空气传播灵敏度主要通过ENR和TPNR等来评估(此处不做介绍)。

(2) 原点动刚度(IPI)

动刚度为各频率下的激励与响应大小的比值,在一个动力学系统中,若激励点和响应点是同一位置,得到的动刚度就被称为原点动刚度。车身接附点IPI所考察的是在所关注的频率范围内该接附点局部区域的刚度水平,刚度过低容易引起车内噪声过大,整车NVH性能变差。根据NVH工程经验,当车身接附点IPI达到10000N/mm时,此点的刚度足以抵抗外界激励。随着时代发展,人们对NVH性能要求越来越高,车身接附点IPI要求也越来越高,车身接附点IPI目标可以根据竞品车做适当的提升。

NVH测试中,在车身接附点布置加速度传感器,用力锤敲击外界激励力施加在车身上的点,测试加速信号和力信号,经过数据处理后,即可得到车身接附点IPI,常分析频率范围为100~500Hz,具体目标参考竞品车。

NVH主要关注的有悬置安装点、排气安装点、悬架安装点等车身接附点IPI,如图4-5所示。

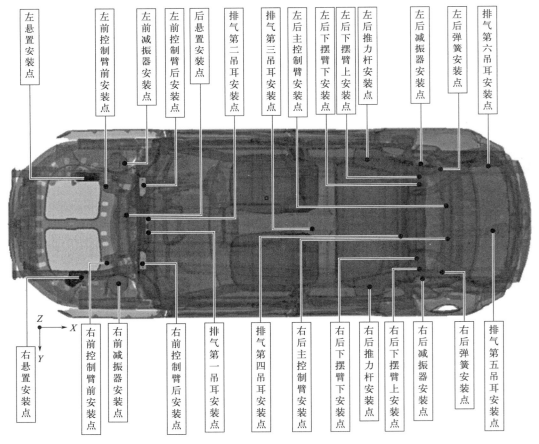

图4-5 接附点分布

(3) 振动灵敏度（VTF）

NVH测试中，在方向盘、座椅导轨等人体接触的部位布置加速度传感器，用力锤敲击外界激励力施加在车身上的点，测试加速信号和力信号，经过数据处理后，即可得到振动灵敏度，常分析频率范围为10～100Hz，座椅目标一般设定≤0.01(mm/s)/N，方向盘目标一般设定≤0.1(mm/s)/N，具体参考竞品车。VTF测试如图4-6所示。

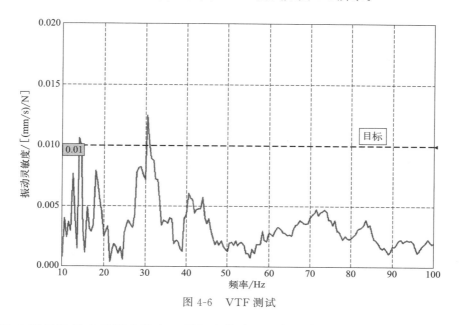

图4-6　VTF测试

NVH主要关注的有悬置安装点、排气安装点、悬架安装点等振动灵敏度。

(4) 声振灵敏度（NTF）

测试声振灵敏度的激励方式与测量振动灵敏度一样。在主驾驶员外耳处安放传感器，来测声音的响应。将测量的声音和振动信号进行处理后，即可以得到声振灵敏度，通常分析频率范围为20～500Hz，目标一般设定≤55Pa/N，具体参考竞品车。NTF测试如图4-7所示。

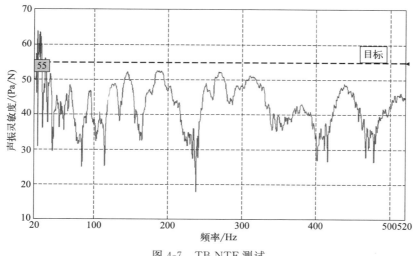

图4-7　TB NTF测试

NVH 主要关注的有悬置安装点、排气安装点、悬架安装点等声振灵敏度。

（5）内饰车身模态

内饰车身模态近似整车模态，NVH 主要关注的内饰车身模态有车身整体模态、车身前端模态等。

① 车身整体模态。

车身整体模态有整体 1 阶弯曲模态、整体 1 阶扭转模态及整体呼吸模态（图 4-8）。车身整体模态需要与发动机怠速激励频率、动力传动系统及底盘系统模态分离，目标如下：a. 车身整体 1 阶弯曲及扭转模态与 PT 刚体模态或悬挂刚体模态分离 5Hz 以上；b. 车身整体 1 阶弯曲模态与转向管柱模态分离 5Hz 以上；c. 车身整体 1 阶弯曲、扭转及呼吸模态与怠速激励分离 2Hz 以上；d. 车身整体 1 阶弯曲、扭转及呼吸模态与声腔 1 阶模态分离 5Hz 以上。

(a) 整体1阶弯曲模态　　(b) 整体1阶扭转模态　　(c) 整体呼吸模态

图 4-8　车身整体模态振型图

② 车身前端模态。

前端模态有前端 1 阶弯曲（front end bending）模态及前端 1 阶扭转（front end torsion）模态（图 4-9）。前端 1 阶弯曲模态对发动机横置车型最为关键，前端 1 阶扭转模态对发动机纵置车型最为关键。

前端模态与发动机怠速激励频率分离 2Hz 以上。

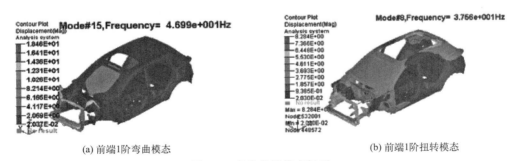

(a) 前端1阶弯曲模态　　　　　　　(b) 前端1阶扭转模态

图 4-9　车身前端模态振型

③ 座椅模态。

座椅靠背模态有前后（fore-after）模态及左右（lateral）模态（图 4-10），一般需要避开悬挂的 hop 及 tramp 模态，建议整车状态下座椅模态频率在 15～22Hz 之间。

④ 后视镜模态。

轻卡后视镜模态需避开路面激励频率、怠速激励频率与蠕行转速频率，整车状态建议 19～22Hz（图 4-11）。

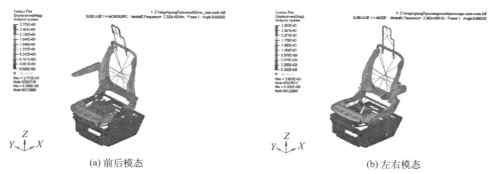

图 4-10　座椅模态振型

乘用车 NVH 性能要求一般优于轻卡，既需要避开路面激励频率、怠速激励频率及蠕行转速频率，又需要保证关门时后视镜无抖动问题，故后视镜模态整车状态建议＞34Hz。

⑤ 电池包模态。

新能源车型带有电池包，为了避免低频路噪问题，电池包模态需要避开天窗模态、轮胎扭转模态，建议整车状态≥45Hz（图 4-12）。

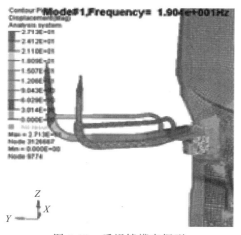

图 4-11　后视镜模态振型

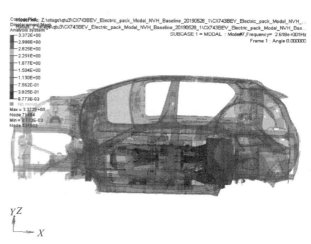

图 4-12　电池包模态振型

⑥ 尾门模态。

尾门在 SUV 车型中尤为重要，尾门设计不当会引起众多的低频轰鸣声［路噪轰鸣（drumming）、怠速轰鸣及起步轰鸣等］。尾门模态有前后摆动（fore-aft）模态、扭转模态及中部弯曲/局部凹凸模态（图 4-13）。

尾门模态目标如下：a. 尾门 fore-aft 模态与怠速激励分离 2Hz 以上；b. 尾门 fore-aft 模态与轮胎扭转模态（通常在 30～40Hz 之间）需分离，建议＜30Hz；c. 尾门中部弯曲/局部凹凸模态＞50Hz。

⑦ 顶盖天窗模态（图 4-14）。

顶盖天窗在 SUV 车型中也尤为重要，顶盖天窗设计不当会引起众多的低频轰鸣声（路噪 drumming、怠速轰鸣及起步轰鸣等）。

顶盖天窗模态目标如下：a. 顶盖天窗模态与怠速激励分离 2Hz 以上；b. 顶盖天窗模态与尾门模态分离 3Hz 以上。

(a) 前后摆动模态(pumping mode)　　(b) 扭转模态(swing model)　　(c) 中部弯曲/局部凹凸模态(breathing model)

图 4-13　尾门模态振型

⑧ 地板局部模态（图 4-15）。

后地板局部模态太低会影响路噪水平，建议＞70Hz。但针对混动车型，发动机转速常处于高转速区间。地板局部模态太低，在驾驶时会存在麻感，尤其是乘坐员踏脚区域，乘坐员踏脚区域地板局部模态议＞110Hz。

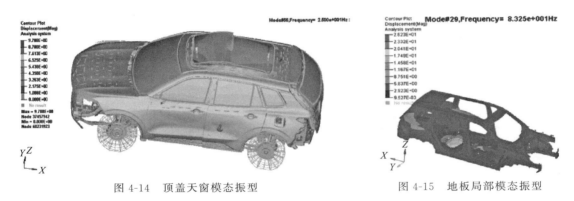

图 4-14　顶盖天窗模态振型　　　　　　图 4-15　地板局部模态振型

⑨ 前防火墙模态（图 4-16）。

前防火墙模态建议＞60Hz，避免轰鸣的产生，同时避免声腔模态耦合。

⑩ IP 系统模态（图 4-17）。

IP 系统态偏低会导致 IP 异响，甚至会导致转向系统模态偏低。

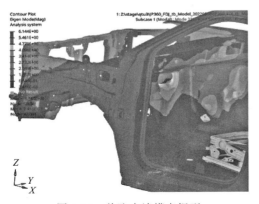 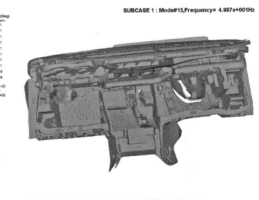

图 4-16　前防火墙模态振型　　　　　　图 4-17　IP 系统某部件模态振型

IP系统模态目标如下：a. 多媒体主机（CD机）、安全气囊、手套箱1阶模态建议≥45Hz；b. CCB1阶模态建议80～110Hz；c. 副仪表（中控台）1阶模态建议≥25Hz；d. 仪表总成（含转向管柱与方向盘、转向支撑、中控台）1阶模态建议≥35Hz；e. 转向管柱1阶垂直和横向模态建议≥35Hz。

⑪ 皮卡车身后板及货厢前板模态（图4-18和图4-19）。

皮卡车身后板及货厢前板的模态很容易引起加速轰鸣问题，在皮卡车型中需要重点关注。

 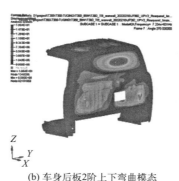 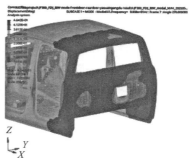

(a) 车身后板1阶弯曲模态　　(b) 车身后板2阶上下弯曲模态　　(c) 车身后板2阶左右弯曲模态

图4-18　车身后板模态振型

(a) 货厢前板1阶弯曲模态　　(b) 货厢前板2阶上下弯曲模态　　(c) 货厢前板2阶左右弯曲模态

图4-19　货箱前板模态振型

皮卡车身后板及货厢前板模态目标如下：a. 车身后板1阶弯曲模态与货厢前板1阶弯曲模态分离至少7Hz；b. 车身后板与货厢前板1阶模态避开常用扭振工况及后桥模态频率（建议车身后板1阶模态37～39Hz，货厢前板1阶模态30～32Hz）；c. 车身后板2阶上下弯曲模态（玻璃主导）避开1阶声腔模态5Hz左右（建议车身后板2阶上下弯曲模态80Hz以上）；d. 货厢前板2阶上下弯曲模态（上边梁主导模态）避开车身后板、后桥模态5Hz（建议货箱前板2阶上下弯曲模态66～68Hz）；e. 后桥振动激励一般在70Hz以下，货厢前板2阶左右弯曲模态避开后桥振动激励（建议货厢前板2阶左右弯曲模态＞75Hz）。

4.1.3.3　整车模态分离图

整车模态分离图是将车身与其他系统模态频率及激励频率绘制在图内，其目的是使整车各个部分的模态分离，并且避开激励频率。整车模态分离图对NVH性能尤为重要，某皮卡车身模态分布如图4-20所示。

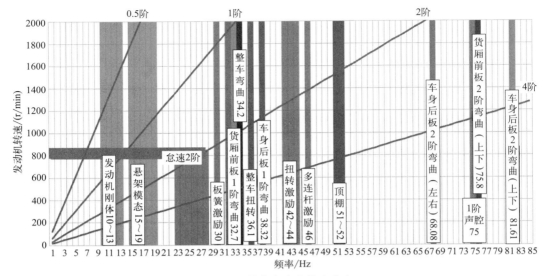

图 4-20 某皮卡车身模态分布

4.1.4 车身结构设计指导

4.1.4.1 声振灵敏度（NTF）优化过程方法

（1）声振灵敏度（NTF）计算分析方法

计算分析模型采用车身和声学空腔耦合模型，结构模型频率范围为 0~250Hz，结构阻尼为 0.04；声腔模型频率范围为 0~350Hz，其中 0~150Hz 范围内阻尼为 0.08，150Hz 以上为 0.13；激励响应频率为 1~200Hz，步长为 1Hz。

（2）声振灵敏度（NTF）优化过程

对于声振灵敏度超标的问题，需对其进行降噪优化使其满足声振灵敏度目标要求。首先需罗列声振灵敏度超标的问题点，然后计算检查声振灵敏度超标问题的激励点的动刚度，并计算查看声腔模态频率是否与声振灵敏度频率点耦合，同时计算查看激励点在问题频率下的工作振型并结合模态辅助分析。根据声振灵敏度的计算及检查内容，对可能存在的潜在问题点进行分类。一般可以分为三类问题：第一类问题是激励点动刚度不足导致的声振灵敏度超标；第二类问题是结构模态与声腔模态频率相隔较近导致的模态耦合致使声振灵敏度超标；第三类问题是结构模态共振导致的声振灵敏度超标。声振灵敏度超标并不是某一个因素独自作用导致的，可能是以上三个因素共同作用导致。解决声振灵敏度超标问题，需找准主要因素，对其着重优化，直至达到比较好的噪声优化的效果，如图 4-21 所示。

① 动刚度不足导致的声振灵敏度（NTF）超标优化。

对于激励点动刚度不足导致的声振灵敏度超标问题需高度重视。一般情况下动刚度不足不是局部模态问题，而是整车结构性问题，其优化难度相对较大，但其对改善声振灵敏度效果明显，遇到此类问题需将问题消灭在详细设计初期。

某 SUV 车型后减振器安装点 Y 向激励驾驶员左耳噪声振灵敏度在 260Hz 附近处的峰值超标，如图 4-22 所示。

该车型后减振器安装点 Y 向动刚度曲线，240Hz 处明显不足，如图 4-23 所示。其

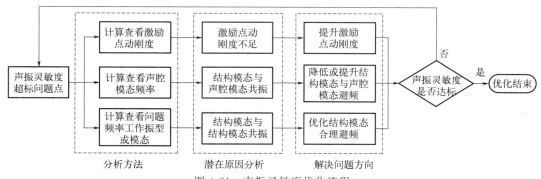

图 4-21 声振灵敏度优化流程

260Hz 附近的声振灵敏度超标问题可能与该车型后减振器安装点 Y 向动刚度不足存在较大的关联性。解决该问题的关键是尽可能地提高后减振器安装点 Y 向 240Hz 动刚度。

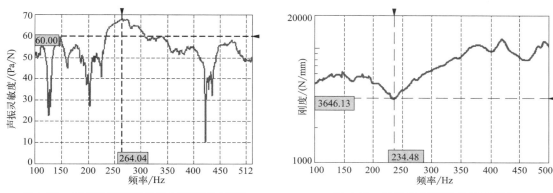

图 4-22 后减振器安装点 Y 向至车内 NTF

图 4-23 后减振器安装点 Y 向 IPI

提升动刚度必须明确在某频率下动刚度较差的原因。可以通过查看模态振型图和频响振型云图来明确动刚度较差的问题点，从而有针对性地提升动刚度。模态振型图及频响振型云图各有其分析的优缺点，针对某一特定的频率，模态频响振型云图更能准确地分析出问题点，模态振型图需要借助经验才能准确地识别问题点。通过模态频响振型云图分析，对后减振器安装点 Y 向动刚度进行优化。优化后该车型动刚度在 240Hz 处明显提升，并且峰值下降到 5~10dB 之间，如图 4-24 和图 4-25 所示。

② 车身模态与声腔模态耦合导致的声振灵敏度（NTF）超标优化。

对于车身模态与声腔模态共振问题，也需给予足够的重视。在车型开发过程中，在声腔模态频率附近，尽量避免结构的局部模态与其共振。如产生共振，则极易导致声振灵敏度超标，其整车表现为极易引起整车轰鸣声，故对于车身模态与声腔模态解耦的研究需把降低声振灵敏度放在首要位置。

车身声腔模态仅与车内声学空间有关系，当车型的造型及总布置确定后，车内声学空间基本就已经确定，且随着设计研发的深入，声学空间不会有太大的变化，其声腔模态的频率值也不会有太大的变化。同一级别的同类车型，声腔模态波动范围非常小，同平台、同类型的车型的声腔模态彼此之间都有借鉴意义。同类型的车型的声腔模态振型基本一致，不会有太大的差别，SUV 车型车内声腔前几阶模态振型如图 4-26 所示。

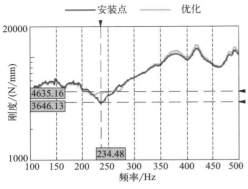

图 4-24　后减振器安装点 Y 向 IPI 优化效果

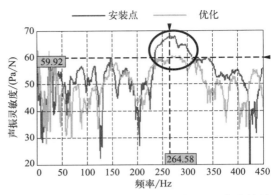

图 4-25　后减振器安装点 Y 向车内 NTF 优化效果

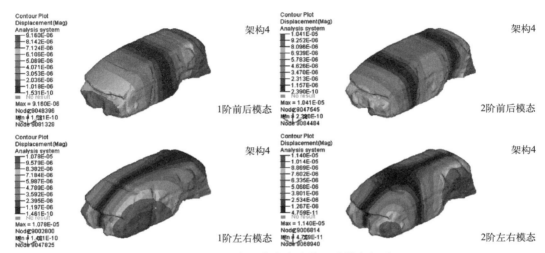

图 4-26　SUV 车型车内声腔前几阶模态振型

驾驶员舱内声腔模态第一阶段为 1 阶前后模态，第二阶段为 1 阶左右模态，第三阶段为 2 阶前后模态，第四阶段为 2 阶左右模态，振型基本与图示类似。且对车内噪声影响较大的模态为 1 阶前后模态、2 阶前后模态等。因此在做声振灵敏度优化时，需重点关注结构模态在声腔模态频率附近的振动问题。

③ 车身结构模态耦合导致的声振灵敏度（NTF）超标优化。

对于车身结构模态共振问题导致的声振灵敏度超标，其改动难度较小，但其对改善声振灵敏度效果显著，在详细设计阶段需对各局部模态进行细化设计，合理匹配车身各局部模态。

某 SUV 车型后减振器安装点 Y 向激励驾驶员左耳声振灵敏度在 31Hz 附近的声振灵敏超标，如图 4-27 所示。

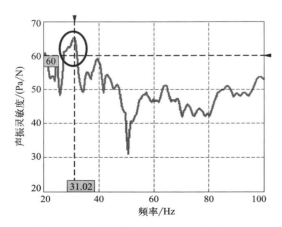

图 4-27　后减振器安装点 Y 向至车内 NTF

通过查看振型图，31～33Hz 附近存在两阶明显的模态，如图 4-28 所示。

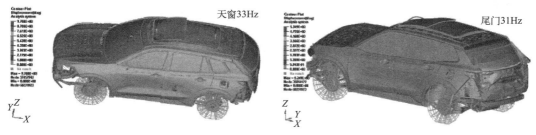

图 4-28 天窗及尾门模态

初步怀疑可能的原因是该两阶模态相隔较近，产生耦合，导致声振灵敏度超标。为进一步明确问题点，需计算该模态振幅最大点附近的原点频响，查看该问题是否确定就是模态导致。分别计算尾门及天窗原点频响，结果如图 4-29 所示，尾门及天窗原点频响峰值最大频率点均在 31～32Hz 附近，可以判定，噪声在 31Hz 附近超标极大可能与该两阶模态耦合有关。

降低声振灵敏度 31Hz 的峰值，可以通过合理匹配尾门及天窗模态的频率。结合工程实际，通过优化天窗模态，使尾门及天窗模态频率分离 8Hz，能非常明显地降低耦合频率下的声振灵敏度，如图 4-30 和图 4-31 所示。

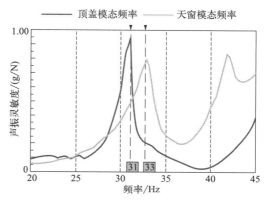

图 4-29 天窗及尾门模态频率耦合

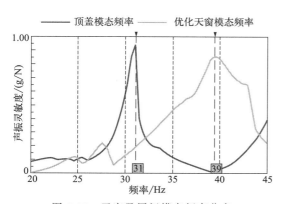

图 4-30 天窗及尾门模态频率分离

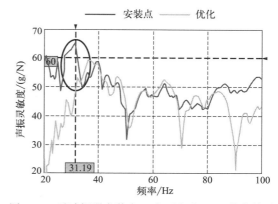

图 4-31 后减振器安装点 Y 向至车内 NTF 优化效果

（3）声振灵敏度（NTF）试验验证

声振灵敏度的试验验证也是优化工作中必不可少的一个环节，声振灵敏度优化大部分工作是在试验样车还没有出来之前。当试验样车出来后，需做两方面的工作，一方面声振灵敏度试验可以对标仿真数据，为仿真提供进一步优化，另一方面可以进一步明确遗漏的声振灵敏度的风险点。

4.1.4.2 振振灵敏度（VTF）优化过程方法

与声振灵敏度（NTF）优化过程方法相似，此处不再作详细叙述。

4.2 声学包 NVH 开发

4.2.1 声学包简介

声学包主要包括吸声、隔声以及车身密封三个方面。吸声是指声音经过吸声材料时，产生了将声能转变为热能的耗散过程；隔声是指声音经过隔声材料时，一部分声音透射过去，而未透射过去的声音就是被隔离的声音。车身密封是汽车防止外部气体进入车内的能力，它是声学包的重要基础，良好的车身密封可以有效提高车身的隔声性能。

与声学包相关的主要零部件有前围内隔声垫、前围外隔声垫、地毯、顶棚、轮罩、内饰吸声棉、空腔隔断、密封胶等。通过对这些零部件进行声学包开发，不仅能降低车内噪声水平，还可以改善车内的声品质。

4.2.2 声学包开发流程

声学包 NVH 开发流程规定了各开发节点、具体工作及提交物，见表 4-2。

表 4-2 声学包 NVH 开发流程

项目阶段	开发工作	提交物
KO-SI	（1）分析项目竞品车的声学包设计并测试竞品车声学包客观数据 （2）根据竞品车声学包数据及 NVH pals 目标对声学包目标进行分解，设定声学包整车级、系统级、零部件级及材料级目标 （3）根据声学包目标及设计指导进行目标达成技术路线分析	（1）竞品车声学包数据分析报告 （2）声学包目标设定报告 （3）声学包目标达成技术路线分析报告
SI-UPV1	（1）根据 UPV0 车身数模，对声学包零件布置位置及布置空间进行定义 （2）根据声学材料数据库及声学包目标，对声学包零部件材料属性进行定义	UPV0 声学包健康状态清单
UPV1-SC	（1）根据 UPV1 车身数模，对声学包零部件数据进行第一轮 DPA 检查 （2）根据 UPV1 车身数模，进行第一轮声学包 CAE 仿真及优化	（1）声学包 CAE 第一轮分析与优化报告 （2）UPV1 声学包第一轮 DPA 检查问题清单及解决方案 （3）UPV1 声学包健康状态清单
SC-PA	（1）根据 UPV2 车身数模，对声学包零部件数据进行第二轮 DPA 检查 （2）根据 UPV1 车身数模，进行第一轮声学包 CAE 仿真及优化	（1）声学包 CAE 第二轮分析与优化报告 （2）UPV2 声学包第二轮 DPA 检查问题清单及解决方案 （3）UPV2 声学包健康状态清单
PA-VP	声学包 CAE 结果评审及数据冻结	最终声学包 NVH 目标达成状态报告
VP-FEC	（1）对声学包整车级、系统级、零部件级及材料级目标进行 NVH 测试签发 （2）针对未达到目标的项目进行诊断分析及改进优化	（1）声学包测试签发报告 （2）声学包问题诊断分析报告
FEC 以后	声学包生产一致性跟踪	生产一致性测试报告

4.2.3 声学包目标设定

4.2.3.1 竞品车数据分析

在项目前期，分析竞品车的声学包设计并建立数据库不仅可以了解行业声学包发展现状，还能帮助项目制定合理的目标。需要重点收集并分析的声学包数据主要包括以下内容。

① 零部件结构设计分析：包括竞品车声学包零部件的数量、布置位置、材料组成及参数、开孔及覆盖等。如图 4-32 所示为某车型的前围隔声垫开孔设计分析。

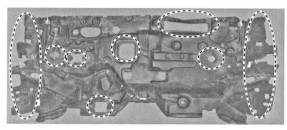

制动踏板孔	设计制动踏板支架，支架压在隔声垫上，无钣金裸露
转向管柱孔	隔声垫开孔避让转向管柱4mm，增加装饰罩盖住开孔区域
油门踏板孔	风琴式踏板安装在地板上，且压在地毯上，无钣金裸露
左右A立柱	左右A立柱覆盖隔声垫
空调水管孔	密封海绵压在隔声垫上，无钣金裸露
线束孔	隔声垫虚切，盖在线束上，钣金裸露小

图 4-32　某车型的前围隔声垫开孔设计分析

② 性能测试数据分析：主要包括整车气密性、整车混响时间、整车隔声、发动机噪声衰减、轮胎噪声衰减、进气管噪声衰减、排气管口噪声衰减、材料吸隔声性能等。部分车型轮胎噪声衰减数据及整车气密性数据如图 4-33 所示。

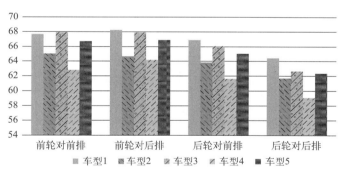

(a) 部分车型轮胎噪声衰减数据

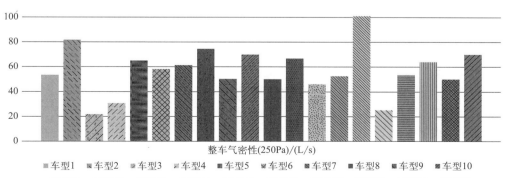

(b) 部分车型整车气密性数据

图 4-33　部分车型轮胎噪声衰减数据及整车气密性数据

4.2.3.2 声学包目标设定

声学包目标可以从整车级逐渐分解至系统级、零部件级及材料级目标，如图 4-34 所示。整车级目标主要包括整车隔声量、整车混响时间及整车气密性等。系统级目标主要包括发动机噪声衰减、轮胎噪声衰减、排气噪声衰减、进气噪声衰减等。零部件级目标包括前围内隔声垫、前围外隔声垫、地毯、顶棚等零件吸声性能。材料级目标主要包括各个声学包零部件的材料吸声系数及传声损失等。

图 4-34 声学包各级目标

在项目开始之后，根据 NVH 整体目标定义及竞品车数据，制定如下项目声学包目标。

（1）整车级声学包目标

① 整车隔声量：该指标主要评价车外环境噪声传至车内的隔声性能，某车型整车隔声量设定见表 4-3。

表 4-3 某车型整车隔声量目标设定

条目	目标/dB
整车隔声量	＞28.5

② 混响时间：该指标主要评价内饰零件衰减车舱内部噪声的能力，某车型整车混响时间目标设定见表 4-4。

表 4-4 某车型整车混响时间目标设定

频率/Hz	目标/ms	频率/Hz	目标/ms
400	建议＜130	…	…
500	建议＜125	10000	＜115

③ 整车气密性：该指标主要评价整车的密封性能，某车型气密性目标设定见表 4-5。

表 4-5 某车型气密性目标设定

条目	目标(250Pa)/(L/s)
整车气密性	＜50
白车身气密性	＜14

（2）系统级声学包目标

① 发动机噪声衰减：该指标主要评价发动机辐射噪声传递至车内的隔声性能，某车型发动机噪声衰减目标见表 4-6。

表 4-6 某车型发动机噪声衰减目标

频率/Hz	目标/dB	频率/Hz	目标/dB
OA	＞42.0	630～3150	＞43.0
200～630	＞28.0	3150～10000	＞56.0

② 轮胎噪声衰减：该指标主要评价轮胎辐射噪声传递至车内的隔声性能，某车型轮胎噪声衰减目标见表 4-7。

表 4-7　某车型轮胎噪声衰减目标

频率/Hz	前轮对前排/dB	前轮对后排/dB	后轮对前排/dB	后轮对后排/dB
OA	>63.0	>63.0	>62.0	>60.0
200～630	>47.0	>47.5	>47.0	>44.0
630～3150	>64.0	>66.0	>63.0	>61.0
3150～10000	>76.0	>78.0	>75.0	>73.0

③ 进、排气管口噪声衰减：该指标主要评价进气管口及排气管口辐射噪声传递至车内的隔声性能，某车型进气及排气管口噪声衰减目标见表 4-8。

表 4-8　某车型进气及排气管口噪声衰减目标

频率/Hz	进气管口噪声衰减（进气管口对前排 P/P）/dB	排气管口噪声衰减/dB			
		左排气管口对前排 P/P	右排气管口对前排 P/P	左排气管口对后排 P/P	右排气管口对后排 P/P
50	>28	>30	>30	>28	>28
63	>28	>30	>30	>28	>28
…	…	…	…	…	…
5000	>82	>72	>72	>68	>68

(3) 零部件及材料级声学包目标

① 零部件吸声目标：该指标主要评价声学包零部件的吸声性能，某车型零部件吸声目标见表 4-9。

② 材料吸隔声目标：该指标主要评价声学材料的吸声及隔声性能，某车型声学材料吸隔声目标见表 4-10。

表 4-9　某车型零部件吸声目标

频率/Hz	吸声系数
200	0.05
250	0.08
…	…
6400	0.9

表 4-10　某车型声学材料吸隔声目标

频率/Hz	吸声系数	传声损失/dB
200	0.05	15
250	0.08	15
…	…	…
6400	0.9	35

4.2.4　声学包开发设计指导

4.2.4.1　声学包开发设计

(1) 吸声与隔声的作用

汽车的主要噪声源包括：环境噪声、发动机变速箱噪声、风噪、轮胎噪声、进气噪声、排气噪声、传动轴噪声等。以动力总成噪声为例，辐射噪声作用在车身的外表面，其中一部分经过车身透射进入车内。进入车内的噪声与车身内表面接触，一部分被反射，一部分被吸收。经过不断反射与吸收，最终车内的噪声被全部吸收。

因此，车内的声压水平取决于：
① 防止外部辐射噪声透射进入车内的能力，即隔声性能（传声损失）；
② 透射进入车内的噪声被车内表层材料吸收的能力，即吸声性能。
声学包的整体作用可以用噪声衰减 NR 表示。

$$\text{SPL}_i = \text{SPL}_r - \text{NR}_{\text{NR}} \tag{4-1}$$

式中，SPL_i 为车内噪声；SPL_r 为噪声源辐射噪声。

噪声衰减 NR 取决于传声损失 TL 及吸声性能，表达式为

$$\text{NR} = \text{TL} - 10\lg\frac{S_b}{\alpha S_c} \tag{4-2}$$

$$\text{TL} = 10\lg\frac{1}{\tau} \tag{4-3}$$

式中，τ 为声音透射系数；S_b 为隔声屏障的面积；S_c 为乘客舱面积；α 为乘客舱的平均吸声系数。

噪声衰减 NR 可以表示为

$$\text{NR} = \text{SPL}_i - \text{SPL}_r = 10\left(\lg\frac{1}{\tau} - \lg\frac{S_b}{S_c\alpha}\right) = 10\lg\frac{S_c\alpha}{S_b\tau} \tag{4-4}$$

（2）气密性的影响

气密性对隔声性能的影响很大，在声学包开发中要尽量避免气密性设计不好导致泄漏。以下是气密性影响隔声性能的要点。

① 优秀的声学包设计的噪声传声损失更接近理想状态的质量定律；
② 泄漏孔的透射系数为 1；
③ 如果声学包覆盖面积为 S，泄漏孔的面积为 S_h，则透射系数不低于 S_h/S；
④ 随着频率增加，透射系数逐渐接近孔的透射系数。

此外，车身不同区域的气密性泄漏对 NVH 性能的影响并不相同，对于声源传递路径的关键区域，气密性泄漏尽量做到 0，如图 4-35 所示为前置发动机车型密封控制关键区域。

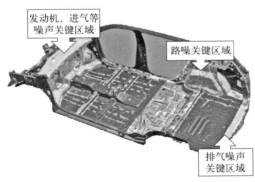

图 4-35 前置发动机车型密封控制关键区域

（3）不同传递路径的噪声衰减策略

辐射噪声传入驾驶舱通常存在多条路径，在进行声学包设计时需要找出贡献量最大的路径以及成本更低的解决方案。提高贡献量最大的传递路径的隔声性能能够最有效地衰减噪声；相反，提高贡献量较小的传递路径的隔声性能不会带来明显的噪声衰减。以下是存在多传递路径情况的噪声衰减策略，通过以下策略可以更高效率地确定噪声衰减的声学包方案。

① 根据贡献量的大小将每条传递路径进行排序；
② 确定声学包方案，使排名第一的传递路径的噪声衰减贡献量降低至排名第二的传递路径的贡献量水平；
③ 确定声学包方案，使排名第一和第二的传递路径的噪声衰减贡献量降低至排名第三

的传递路径的贡献量水平；

④ 继续这个流程直到所有传递路径的贡献量基本相当；

⑤ 最后使所有传递路径一起等贡献量的优化。

对于不同噪声源，空气噪声的传递路径不尽相同，部分声学包零部件需要重点关注。如图 4-36 所示为关键声学包零部件。

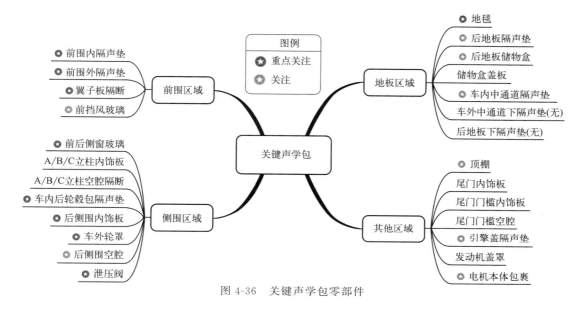

图 4-36　关键声学包零部件

4.2.4.2　数字样车阶段声学包开发

（1）声学包零件的定义

在项目前期根据 NVH 性能目标及噪声源特点，定义声学包零部件的位置和材料属性，如图 4-37 所示为某车型声学包设计布置。

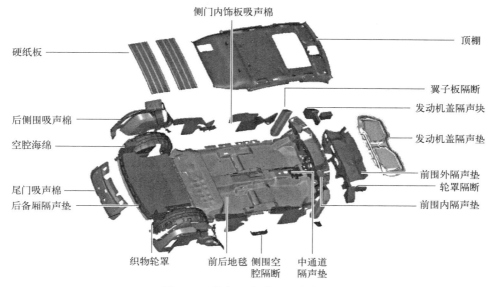

图 4-37　某车型声学包设计布置

① 发动机/进气噪声关键部件：发动机盖隔声垫、前围外隔声垫、前围内隔声垫、发动机盖罩、机舱内吸声材料等。

② 轮胎噪声关键部件：织物轮罩、空腔海绵、后侧围饰板及吸声棉、后备厢隔声垫、轮毂隔声垫等。

③ 排气噪声关键部件：中通道隔声垫、前后地毯、后侧围内饰及吸声棉、泄压阀隔声罩、后备厢隔声垫等。

④ 风噪关键部件：后视镜底部、A立柱隔断、隔声玻璃、顶棚、翼子板隔断、发动机盖隔声块、侧围空腔隔断等。

⑤ 车身声品质：顶棚、前后地毯、座椅、侧围空腔隔断、前围内隔声垫、侧门内饰板吸声棉、尾门吸声棉、立柱空腔海绵等。

（2）数字样车阶段设计建议

在数字样车阶段，NVH声学包工程师根据DPA设计建议，定期与总布置及零部件工程师进行DPA检查，并对问题点提出整改方案。在数模阶段发现并解决问题可以缩短开发周期，减少后期设变的成本，数字样车阶段声学包零部件DPA设计建议见表4-11。

表4-11 数字样车阶段声学包零部件DPA设计建议

零件	评估方法	某车型设计状态	设计建议
前围内隔声垫	DPA、阻抗管DV	双组分棉 $400g/m^2$ + EVA 2mm + PU发泡 $60kg/m^3$	（1）发包需提供材料级吸声、隔声要求,供应商零件需满足材料级吸声、隔声要求 （2）材料整体厚度及建议不低于25mm （3）设计面积覆盖整个前围钣金,对于隔声要求高的车型需要覆盖至左右A立柱内侧 （4）隔声垫与前围钣金件贴合紧密,避免设计间隙 （5）离合器踏板、油门踏板、制动踏板等支架建议设计朝向钣金的凸台,并压在隔声垫之上以防止局部钣金裸露 （6）线束护套、空调膨胀阀、暖风水管、空调水管等零件处隔声垫开孔设计原则:隔热层开孔边缘与钣金过孔边缘间距≤6mm
前围外隔声垫	DPA、阻抗管DV	半固化毡 $1600g/m^2$	（1）发包需提供材料级吸声、隔声要求,供应商零件需满足材料级吸声、隔声要求 （2）材料整体厚度及建议不低于20mm （3）隔声垫与前围钣金件贴合紧密,避免设计间隙 （4）隔热层四周压边厚度1.5~5mm,压边宽度≤5mm （5）线束护套、空调膨胀阀、暖风水管、空调水管等零件处隔声垫开孔设计原则:隔热层开孔边缘与钣金过孔边缘间距≤6mm
发动机盖隔热垫	DPA、阻抗管DV	半固化毡 $1200g/m^2$ 或轻质泡棉	（1）发包需提供材料级吸声要求,供应商零件需满足材料级吸声要求 （2）厚度建议15~20mm
翼子板隔断	DPA	随型闭孔 PUR60kg/m^3	完整密封整个前后通道,建议压缩量3~5mm
前围钣金孔堵盖	DPA	铝箔或EPDM堵盖等	前围钣金区域因不同配置出现的无用过孔,建议用隔声性能更好的堵盖封堵,比如铝箔、EPDM等,建议面密度与钣金相当
地毯	DPA、阻抗管DV	PET植绒 $600g/m^2$ + PE $200g/m^2$ + PU发泡 $60kg/m^3$	（1）发包需提供材料级吸声、隔声要求,供应商零件需满足材料级吸声、隔声要求 （2）材料整体厚度建议不低于25mm （3）避开座椅安装点、座椅导轨部位以及其他安装件,地毯隔声层完全覆盖钣金件,且安装件处要对地毯进行开孔时,优先采用开缝设计 （4）地毯隔声层需与中通带隔热层及前围内隔声垫完好搭接,避免钣金裸露

在声学包开发流程中,声学包仿真主要是采用能量统计法(SEA)。通过搭建仿真模型,可以对系统噪声进行预测、声学包零件贡献量分析、声学包轻量化设计等。在汽车的整个设计流程中,需要不断地更新 SEA 模型,使其始终反映最新的设计状态,并用于指导声学包装零件的设计。防火墙仿真分析流程如图 4-38 所示。

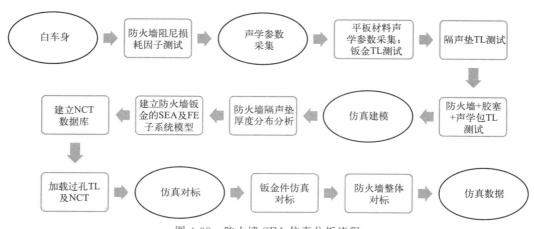

图 4-38 防火墙 SEA 仿真分析流程

4.2.4.3 物理样车阶段声学包签发

在声学包开发过程的物理样车阶段,需要通过对应的试验方法对声学包 NVH 目标达成情况进行签发,对于不满足目标的项目需要进行诊断及优化。

(1) 气密性签发

在项目开发的 VP 至 MP1 样车阶段均需要抽检一定数量的样车进行气密性试验,签发测试方法如下。

整车气密性:通过鼓风机抽气使车内外稳定在一定压强差后,测试气体的流量,目前行业使用较多的测试压强有 150Pa、250Pa 及 500Pa。当以 250Pa 为测试标准时,整车气密性建议不大于 80L/s。对于 NVH 要求更高的车型,气密性水平不大于 50L/s。

白车身气密性:试验前需要特定的辅助工装来封堵白车身的前挡、车门、尾门及天窗等开孔,并用胶布封堵白车身的孔洞,试验方法与整车气密性试验相似。白车身气密性建议不大于整车气密性的 28%。如图 4-39 所示为气密性设备及白车身气密性试验。

(2) 整车混响时间签发

整车混响时间(T_{60})主要是评价汽车内饰零件衰减噪声的能力,也影响汽车的音响性

图 4-39 气密性设备及白车身气密性试验

能,签发测试方法如下。

如图 4-40 所示,将样车置于消声室中,车内布置球声源,使舱内形成混响声场。当声源停止发声后,车内的声场从稳态声场衰减 60dB 所需要的时间就称为混响时间,表达式为

$$T_{60} = T_2 - T_1 \tag{4-5}$$

式中,T_1 和 T_2 分别为声音衰减 60dB 前后的时间。

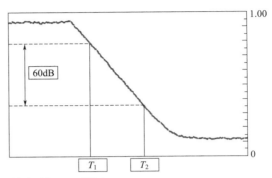

图 4-40 混响时间 T_{60} 测试

对于 NVH 要求较高的车型,整车混响时间建议不大于 130ms。

(3) 整车隔声量签发

整车隔声量用于评价车外噪声传至车内的衰减水平,签发测试方法如下。

如图 4-41 所示,将样车置于混响室中,车外布置多个声源形成扩散声场。在车内外分别布置一定数量的传声器,整车隔声量就是车内外声压级之差,表达式为

$$NR_i = SPL_{ref} - SPL_i \tag{4-6}$$

式中,NR_i 为车内位置 i 处的隔声量;SPL_{ref} 为车外混响室的参考声压级;SPL_i 为车内位置 i 处的声压级。

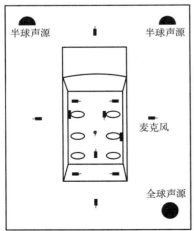

图 4-41 整车隔声量测试试验

对于 NVH 要求较高的车型,整车隔声量建议不低于 28dB。

(4) 发动机噪声衰减签发

发动机声衰减(ENR)用于测试发动机噪声传至车内的衰减水平,签发测试方法如下。

如图 4-42 所示,将样车置于消声室中,在发动机每个表面上布置 2 个传声器,共 12 个。车内前排位置布置高频体积声源,发动机声衰减表示为参考声源声压级与发动机表面传声器的平均声压级之差。

$$\text{ENR}_{\text{side}} = \text{SPL}_{\text{ref}} - \text{SPL}_{\text{side}} \tag{4-7}$$

$$\text{ENR} = -10\lg\left(\frac{1}{6}\sum_{\text{side}=1}^{6} 10^{-\frac{\text{ENR}_{\text{side}}}{10}}\right) \tag{4-8}$$

式中,SPL_{ref} 为体积声源的等效声压级;SPL_{side} 为发动机 6 个表面的声功率平均声压级,6 个表面分别为发动机的前、后、左、右、下、上表面。

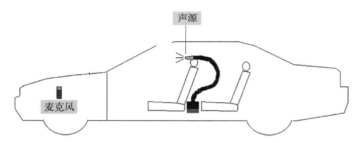

图 4-42 发动机噪声衰减试验

发动机噪声衰减量建议不低于 40dB,对于 NVH 要求较高的样车,发动机噪声衰减量建议不低于 44dB。

(5) 轮胎噪声衰减签发

轮胎噪声衰减(TPNR)用于测试轮胎噪声传至车内的衰减水平,签发测试方法如下。

如图 4-43 所示,将样车置于消声室中,车内分别在前排及后排位置布置传声器。再将每个轮胎前、后、内、外 4 个点分别布置高频蛇口声源。轮胎声衰减为轮胎处声源与车内传声器的声压级之差,表示为

$$\text{TPNR}_{\text{side}} = \text{SPL}_{\text{ref}} - \text{SPL}_{\text{side}} \tag{4-9}$$

$$\text{TPNR} = -10\lg\left(\frac{1}{4}\sum_{\text{side}=1}^{4} 10^{-\frac{\text{TPNR}_{\text{side}}}{10}}\right) \tag{4-10}$$

式中,SPL_{ref} 为体积声源的等效声压级;SPL_{side} 为轮胎分别在 4 个位置时车内麦克风的声压级,4 个位置分别为轮胎的前、后、左、右位置。

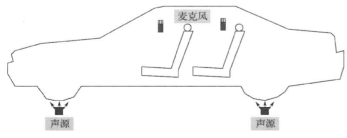

图 4-43 轮胎噪声衰减试验

前轮胎噪声衰减量建议不低于 58dB,对于 NVH 要求较高的样车建议不低于 62dB。后轮胎噪声衰减量建议不低于 56dB,对于 NVH 要求较高的样车建议不低于 60dB。

(6) 进气及排气管口声衰减签发

进气系统及排气系统是燃油车重要噪声源之一，签发测试方法如下。

将模拟声源的管口布置在进、排气管口位置，车外及车内分别布置传声器，车内外传声器声压之比为进气及排气的传递函数，如图 4-44 所示，计算公式表示为

$$P_{车内}/P_{车外} = \frac{P_{管口}}{P_{ref}} \tag{4-11}$$

图 4-44　进气及排气管口噪声传递函数测试

对于进气及排气管噪声衰减，建议根据管口噪声源的大小，满足项目设定的目标即可。

(7) 零部件吸声签发

零部件级吸声测试包括混响室和阿尔法舱两种测试方法，两者测试原理相似，均是通过混响时间求出零部件的吸声系数。混响室法对零部件的尺寸要求更大，通常需要同时测试多个样件以保证测试精度，比如地毯、顶棚等。阿尔法舱可以测试尺寸相对更小零件的吸声系数。如图 4-45 所示为混响室中顶棚吸声测试及阿尔法舱设备。

图 4-45　混响室顶棚吸声测试及阿尔法舱设备

由于测试零部件放置在阿尔法舱或混响室内会影响混响时间的大小，因此测试出有无该测试零部件时的混响时间可以得到吸声系数，表示为

$$S = 0.163V \left(\frac{1}{T_1} - \frac{1}{T_0} \right) \tag{4-12}$$

$$\alpha = 0.92 \frac{S}{A} \tag{4-13}$$

式中，V 为混响室或阿尔法舱体积；T_1 为装有测试零件时的混响时间；T_0 为没有零件时的混响时间；A 为测试零件的表面积。

零部件的吸声系数直接影响了整车混响时间及整车隔声量等指标，建议其满足项目设定的目标即可。

(8) 材料吸隔声签发

由于声学材料切片制作方便,因此用阻抗管测量声学材料的声学特性在工程上应用较普遍。在声学包开发过程中,目标设定完成后就可以根据供应商提供的样件进行材料选型。而在物理样车阶段,可以根据声学包零部件的材料切片进行材料吸隔声签发。如图4-46所示为LMS阻抗管测试设备及部分材料切片。

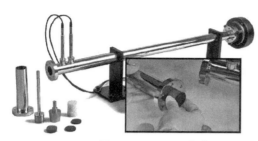

图4-46 LMS阻抗管测试设备及部分材料切片

在声学包设计开发中,需要对前围内隔声垫、前围外隔声垫、地毯、发动机盖隔声垫、顶棚等重要零部件进行材料级的吸隔声性能签发,建议其满足项目设定的目标即可。

4.3 风噪 NVH 开发

当汽车高速行驶时,气流与车身之间相互作用而形成的噪声称为风噪。这时,风噪声盖过了来自发动机和路面的噪声,成为车内最大的噪声源。顾客对风噪的反应常会有"声音听上去好像窗子或者门没有关好""在高速公路上开车时风噪很大,影响了我们的谈话或听收音机"等。风噪以中高频成分为主,当风噪大的时候,会严重影响成员之间的交谈,语音清晰度大幅度下降。

4.3.1 风噪简介

风噪从产生机理划分,可以分为脉动噪声、气吸噪声、空腔噪声和风振噪声。

(1) 脉动噪声

气流吹到车身表面时,形成了两部分,如图4-47所示。一部分贴合在车身表面,形成了很薄的扰流层。扰流层之外,是比较厚、压力相对稳定的稳流层。

① 产生机理:空气作用于车身,由于车身表面附近气流处于湍流状态,流体无序运动引起压力波动,冲击车身,导致脉动噪声,这就是人们常常说的基础风噪。

图4-47 气流在车身表面的附着层

② 风噪特点:脉动噪声是车内主要风噪源,属于宽频噪声,风噪强度与风速六次方相关。车速越快,越能明显感觉脉动气流冲击车身的风噪声。

(2) 气吸噪声

车身上存在一些缝隙,或者汽车运动时车门和车身框架之间产生了缝隙,车外气流直接穿过缝隙而进入车内产生的噪声,这样的噪声称为气吸噪声。

① 产生机理：车辆高速行驶时，车外风噪透过车身缝隙直接传到车内，或者车外气流通过缝隙流入车内引起漏气声，明显可以听到"嘶嘶声，嘘嘘声"。

② 风噪特点：高频成分多，带宽较宽，客户易感知。

（3）空腔噪声

当气流吹到车身表面的空腔或者缝隙时，产生空腔噪声。空腔噪声是在车外产生的，透过空气声传递的通道传到车内。

① 产生机理：由于存在凹槽、孔洞，气流扰动，引起压力波自激荡，导致空腔共鸣或者向四周辐射声波。

② 风噪特点：高频、窄频、声压级不高，但是容易引起客户反感。

（4）风振噪声

当天窗打开或者将侧窗打开一部分时，车身就像一个谐振腔，产生共振而发出低频轰鸣声，这就是风振噪声。

① 产生机理：天窗或侧窗打开时，气流在车窗/天窗附件形成不稳定的剪切层，脱落成涡流，气流运动至下边缘碰撞破裂向四周辐射压力波，导致整个车内声腔共鸣；驾驶室形成亥姆霍兹共振，车内最大声压级瞬间可达到120dB（L）以上，让人感觉头皮发麻。

② 风噪特点：低频、单频、高声压耳压感、特定车速。

4.3.2 风噪开发流程

整车风噪开发主要依托风噪开发流程进行，项目各节点开发工作及提交物见表4-12。

表4-12 风噪开发流程

序号	项目阶段	开发工作	提交物
1	MR-KO	根据项目车定位和项目变更范围确定风噪达成的初步策略，完成风噪初步分析报告	《风噪初步分析报告》
2	KO-SI	根据竞品车风噪水平和风噪数据库制定风噪目标及风噪附件-D，完成风噪整车目标报告和附件-D	《风噪整车目标报告和附件-D》
3	SI-SC	进行与风噪相关的造型DDCL检查、结构数据的DPA检查以及CAE分析，共计三轮	《DDCL检查报告》《CAE分析报告》《DPA检查报告》
4	SC-VP	造型和结构数据最终状态确认	《DDCL检查报告》《CAE分析报告》《DPA检查报告》
5	VP-LR	进行VP样车风洞和道路风噪签发、识别异常风噪问题点、协助PMT/STA/MFG制定、跟进整改方案及方案有效性的验证，完成风洞贡献量分析及道路驾评分析报告	《风洞风噪测试报告》《道路风噪驾评及测试报告》
6	LR-LS	进行TT样车风噪驾评及问题诊断工作，根据paynter图管控风噪的状态	《TT风噪paynter图》
7	LS-J1	进行PP样车风噪驾评及问题诊断工作，根据paynter图管控风噪的状态	《PP风噪paynter图》
8	J1-OKTB	进行MP样车风噪驾评及问题诊断工作，根据paynter图管控风噪的状态	《MP风噪paynter图》
9	OKTB-下代车型开发	主要进行风噪经验总结，搜集售后抱怨信息，将经验教训总结应用于下一代车型开发中	《风噪经验总结》

4.3.3 风噪目标制定

整车风噪目标设定包含主观目标制定和客观目标设定两部分内容。

4.3.3.1 风噪主观目标制定

基于竞品车和项目车定位,根据 10 分制进行主观评分,设定主观目标,如表 4-13 所示为某车型风噪主观目标制定。

表 4-13 某车型风噪主观评价目标制定

评估项目	评估位置	评估速度	评估要点	项目目标/分
基础风噪(关窗)	前排、后排	30~130km/h(间隔 10km/h)	评估各车速下车内安静度、口哨声、嘶嘶泄漏声、形状冲击噪声等	7
前侧窗通风风噪(玻璃降下 2cm)	前排、后排	30~130km/h(间隔 10km/h)	评估各车速下车内安静度、口哨声、形状冲击噪声等	7
后侧窗通风风噪(玻璃降下 2cm)	前排、后排	30~130km/h(间隔 10km/h)	评估各车速下车内安静度、口哨声、形状冲击噪声等	7
前侧窗全开风振	前排、后排	30~130km/h(间隔 10km/h)	评估各车速下风振响度,记录风振现象出现车速区间	7
后侧窗全开风振	前排、后排	30~130km/h(间隔 10km/h)	评估各车速下风振响度,记录风振现象出现车速区间	7
天窗通风模式风噪	前排、后排	30~130km/h(间隔 10km/h)	评估各车速下车内安静度、口哨声、形状冲击噪声等	7
天窗全开模式(舒适模式)风振	前排、后排	30~130km/h(间隔 10km/h)	评估各车速下风振响度,记录风振现象出现车速区间	7

4.3.3.2 风噪客观测试目标

基于竞品车对标数据和项目车定位,设定客观目标。客观目标主要针对基础风噪(关窗)、天窗风振、侧窗风振进行设定声压级目标、语音清晰度目标、响度目标等。

声压级是 NVH 评估噪声最常用的指标,但是用来评估风噪有明显局限性。因为汽车风噪谱随着频率增加而递减,而且风噪成分主要集中在 500Hz 以上。如果使用声压级评估,500Hz 以内的成分影响很大,很难分辨不同结构设计对风噪的细微影响。

鉴于传统的声压级对风噪大小的衡量存在一定局限性,很难突出风噪的贡献度,因此引入风噪的两位两个衡量指标:语音清晰度和响度。

① 语音清晰度:语音清晰度主要应用于噪声环境下交谈的可懂程度,考察车内噪声对于驾乘人员信息交流的影响。噪声对语言的掩蔽造成的干扰作用,可通过对噪声频谱(1/3 倍频程带)按其对语言可懂度影响的重要程度适当加权,由经过加权的谱求出清晰度指数 AI 的值。

② 响度:响度是人们用来描述人耳对声音强弱的主观感觉,单位为宋(sone)。响度是随着临界频带变化而变化的,这种变化的特征曲线就是特征响度。响度是各个临界频带上的特征响度之和,可表示为

$$N = \int_0^{24\mathrm{bark}} n'(z)\mathrm{d}z \tag{4-14}$$

式中，bark 为临界带宽；N 为响度；$n'(z)$ 为特征响度；z 为临界频带。

(1) 基础风噪（关窗）

基础风噪目标从 A 计权声压级、语音清晰度、响度三个维度进行制定，如表 4-14～表 4-16 所示。

表 4-14 基础风噪声压级目标

测点位置	参数	车速/(km/h)	项目目标/dB(A)
前排外耳	声压级	100	67
		110	68.5
		120	70
后排外耳	声压级	100	68
		110	69
		120	70.5

表 4-15 基础风噪语音清晰度目标

测点位置	参数	车速/(km/h)	项目目标(AI)/%
前排外耳	语音清晰度	100	73.5
		110	67.5
		120	60
后排外耳		100	71
		110	65.5
		120	59

表 4-16 基础风噪响度目标

测点位置	参数	车速/(km/h)	项目目标/sone
前排外耳	响度	100	20.5
		110	23
		120	26
后排外耳		100	21.5
		110	24
		120	26.5

(2) 天窗风振

天窗风振的频率很低，一般以声压级指标进行衡量，如表 4-17 所示为某车型天窗风振目标。

表 4-17 某车型天窗风振目标

测点位置	车速/(km/h)						
	40	50	60	70	80	90	100
前排/dB(L)	≤104	≤104	≤104	≤104	≤104	≤104	≤104
后排/dB(L)	≤106	≤106	≤106	≤106	≤106	≤106	≤106

(3) 侧窗风振

侧窗风振的频率也很低，同样以声压级指标进行衡量，如表 4-18 所示为某车型侧窗风振目标。

表 4-18 某车型侧窗风振目标

测点位置	车速/(km/h)								
	50	60	70	80	90	100	110	120	130
副驾外耳/dB(L)	≤115	≤115	≤115	≤115	≤115	≤115	≤115	≤115	≤115

4.3.4 风噪开发设计指导

4.3.4.1 数字化样车阶段风噪的控制

(1) DPA 检查

项目开发前期 NVH 风噪团队将总结各项目风噪设计经验教训，参考其他竞品车风噪设计优点，整理好风噪设计要求清单，输入给项目组造型团队及工程化开发团队，并且定期对整个外饰相关风噪设计状态进行 DPA 检查。

某项目风噪造型设计检查条目（造型检查）见表 4-19。

表 4-19 某项目风噪造型设计检查条目（造型检查）

要求	区域	部件	评估方式	评估内容	FC2	FC3	FC4	FC5	AA1
1	前端	前保气坝	DPA	评估气坝的宽度和高度以及对风噪的影响		√	√	√	√
2	前端	前保格栅		评估格栅造型对风噪的影响		√	√	√	√
3	前挡风玻璃与发动机舱之间的部分	前挡风玻璃	CAE	评估挡风玻璃对风噪的影响		√	√	√	√
4	前挡风玻璃与发动机舱之间的部分	前挡雨刮	DPA	评估雨刮停放位置		√	√	√	√
5	侧围和顶盖	A柱	CAE	评估A柱（例如A柱与挡风玻璃偏移量、A柱半径、A柱到侧窗的过渡等）对风噪的影响	√	√	√	√	√
6	车门	外后视镜		评估后视镜主题风格对风噪的影响		√	√	√	√
7	车门	外后视镜		评估后视镜相关尺寸对风噪的影响	√	√	√	√	√
8	车门	前门	DPA	评估侧窗玻璃与车门的偏移量对风噪的影响	√	√	√	√	√
9	车门	前门		评估前门与翼子板、后门缝隙大小、面差对风噪的影响	√	√	√	√	√
10	车门	外把手		评估门把手形状及大小对风噪的影响		√	√	√	√

续表

要求	区域	部件	评估方式	评估内容	FC2	FC3	FC4	FC5	AA1
11	车门	前门和后门三角窗玻璃	DPA	评估玻璃与车门偏移量对风噪的影响		√	√	√	√
12	车门	后门	DPA	评估后门与后侧围缝隙大小、面差对风噪的影响		√	√	√	√
13	车门	举升门	DPA	评估举升门与顶盖的间隙、面差、分缝的位置对风噪的影响	√	√	√	√	√
14	侧围和顶盖	皮卡货厢	DPA	评估货厢与驾驶室的间隙、面差对风噪的影响		√	√	√	
15	侧围和顶盖	天线	DPA	评估天线的位置、形状对风噪的影响		√	√	√	
16	侧围和顶盖	行李架	DPA	评估行李架的形状、尺寸对风噪的影响		√	√	√	

在风噪性能开发的过程中，通过经验积累，形成如下设计建议，见表4-20。

表4-20 风噪设计指导检查清单（结构检查）

系统	部件	检查项	NVH要求	评估方式	评估节点	当前评估状态	图片	风险	下一步计划
风噪	A柱	A柱最小半径	A柱圆角（靠近前挡侧）半径≥2mm；如果A柱表面有装饰条，则装饰条分型线应远离高速气流	DPA	FC3，FC4，FC5，FDJ，UPV0，UPV1，UPV2				
		A柱特征线半径	A柱特征线半径应＞7.5mm。如果因为造型需要，半径＜7.5mm，那么需要在所有偏航条件下进行贡献量分析签发（通过声学照相机或麦克风矩阵对油泥模型签发）	DPA	FC2，FC3，FC4，FC5，FDJ，UPV0，UPV1，UPV2				
	挡风玻璃	挡风玻璃与顶盖/车身侧的胶条设计	挡风玻璃与顶盖/车身侧的胶条设计（1）橡胶唇边不能与玻璃上表面接触，唇边应该嵌在玻璃下表面或者不要有唇边（2）胶条与钣金需要≥3mm干涉量	DPA	FC5，FDJ，UPV0，UPV1，UPV2				
		挡风玻璃与顶盖面差	挡风玻璃表面应该低于顶盖2～6mm	DPA	FC5，FDJ，UPV0，UPV1，UPV2				
	格栅	发动机盖与格栅面差	如果发动机盖相对前保险杠靠前，发动机盖到格栅面差应该≥4.5mm，如果发动机盖相对前保险杠靠后，发动机盖到格栅面差应该≥10mm。如果不满足，尽量考虑密封条设计来填充这个缝隙	DPA	FC3，FC4，FC5，FDJ，UPV0，UPV1，UPV2				

续表

系统	部件	检查项	NVH要求	评估方式	评估节点	当前评估状态	图片	风险	下一步计划
风噪	格栅	发动机盖与格栅间隙	发动机盖到格栅间隙应该≥5mm,如果不满足应考虑用密封条设计来填充这个缝隙	DPA	FC5,FDJ,UPV0,UPV1,UPV2				
		格栅分型线截面	格栅分型线应该位于末侧,需要避免箭型格栅	DPA	FC5,FDJ,UPV0,UPV1,UPV2				
	天线	天线位置	柱式天线需要确保天线的振动不会传递给顶盖,解决方案如下 (1)位置必须在顶盖后部区域 (2)在天线附近区域顶盖粘贴阻尼。如果天线在玻璃内部或者为鲨鱼鳍式,不做上述要求	DPA	FC2,FC3,FC4,FC5,FDJ,UPV0,UPV1,UPV2				
		天线设计	天线避免出现风噪啸叫,设计要求如下 (1)尽量采用鲨鱼鳍式设计,避免柱状设计 (2)柱状设计要求螺纹造型	DPA	FC2,FC3,FC4,FC5,FDJ,UPV0,UPV1,UPV2				
	天窗	天窗通风模式下护板	通风模式下,天窗模块两侧应该设计侧护板,侧护板可以是折叠型或者固定式。如果是固定式,需要深入顶盖表面	DPA	FC2,FC3,FC4,FC5,FDJ,UPV0,UPV1,UPV2				
		天窗扰流条迎风角	迎风条角度不应该超过80°	DPA	FC5,FDJ,UPV0,UPV1,UPV2				
		天窗迎风条与顶盖密封	对于传统的硬板式迎风条,迎风条展开后,底部与车身钣金密封到位,避免孔隙(如果是网式迎风条,无此要求)	DPA	FC5,FDJ,UPV0,UPV1,UPV2				
		天窗网状迎风条卷	天窗迎风条表面应该卷在天窗开口的角落,并保护展开臂免受气流的影响	DPA	FC5,FDJ,UPV0,UPV1,UPV2				
		天窗模块与顶盖密封	天窗模块与顶盖之间的间隙以及天窗模块与顶棚的间隙,应该使用泡沫块密封。除了玻璃滑动的地方,泡沫块需要环绕一周	DPA	FC2,FC3,FC4,FC5,FDJ,UPV0,UPV1,UPV2				
	后视镜	后视镜尾边与泥槽	后视镜尾边应与泥槽接触设计	DPA	FC3,FC4,FC5,FDJ,UPV0,UPV1,UPV2				
		后视镜与车门接触面	(1)后视镜三角区域没有多余的孔和间隙,包括腰线区域的孔洞 (2)由后视镜盖板覆盖的区域,需要完全静态密封(除安装和定位孔外) (3)对于两块内板或者外板的门,上下门之间需要用焊装胶或涂装胶密封 (4)对于窗框式的门,垂直的泥槽安装轨道	DPA	FC5,FDJ,UPV0,UPV1,UPV2				

(2) CFD 分析

数模阶段 CFD 分析造型风噪风险，通过 CFD 分析车外噪声源位置，初步评估造型引起的风噪问题。声音的产生和传播都属于流体声学的范畴。汽车外后视镜区域的气动噪声，以流场的角度考虑该区域的流动属于低马赫数的钝体扰流现象，该现象在声场中表现为固体表面产生脉动压力产生了偶极子声源，而偶极子声源是气动噪声的主要来源，不难发现两者之间的关系，因此可采用 CFD 方法进行初步评估造型引起的风噪问题，如整车流场 CFD 分析、下护板 CFD 流场分析、进气格栅 CFD 流场分析、轮罩 CFD 流场分析等。

① 整车流场 CFD 分析（图 4-48）。

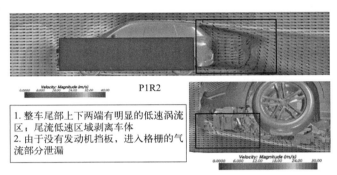

图 4-48　整车流场 CFD 分析

② 下护板 CFD 流场分析（图 4-49）。

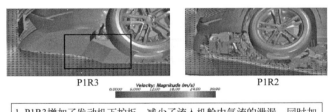

图 4-49　下护板 CFD 流场分析

③ 进气格栅 CFD 流场分析（图 4-50）

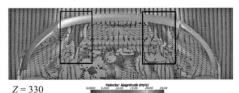

图 4-50　进气格栅 CFD 流场分析

④ 轮罩 CFD 流场分析（图 4-51）。

轮罩和 CAS 面有明显的间隙，气流对轮胎的冲击较为明显。建议封闭轮罩和轮眉之间的间隙

图 4-51　轮罩 CFD 流场分析

4.3.4.2　物理样车阶段风噪控制

物理样车阶段的风噪一般在道路条件和风洞条件下都会进行评估，道路条件主要是模拟顾客的真实使用场景，而风洞主要为了方便对风噪进行精细化评估，并能高效地进行问题识别和诊断。物理样车风噪评估，主要是为了验证风噪是否满足项目前期的目标，诊断出风噪的问题点并进行优化。

（1）道路条件下的风噪控制

道路条件下，一般要进行顺风和逆风两个方向的测试评估（图 4-52），最终测试结果以顺风和逆风工况下的平均结果为准。

（2）风洞条件下的风噪控制

风洞条件下的风噪评估主要包括声学照相机外部声源识别、人工头车内噪声分析、声学照相机车内噪声源分析。

① 基于声学照相机的车外噪声源识别。

通过车外噪声源定位技术，发现造型方面设计缺陷，给工程部门提供建议，主要在项目前期对油泥模型进行风噪的声学照相。

a. 为了了解整车声源分布情况，用高动态算法（high dynamic range）计算整车声源云图，给出不同位置的声源分布。

图 4-52　道路条件下驾评及测试

b. 为了识别某些特定频率产生的位置，使用频谱噪声云图（spectral photo 2D）算法计算出频谱，选择相应的频率段，给出云图。

c. 为了识别不同部件的噪声，先计算频谱噪声云图，频率相减的算法（calculate different spectral photo），给出两种不同工况在频谱上的差值云图。

如图 4-53 所示，从噪声云图上可以看到试验车在底部密封状态下最大声源位于后视镜区域，第二声源位于 B 柱缝隙处，第三声源位于车头底部，第四声源位于后固定窗下部，第五声源位于前大灯处。

从声源频谱云图上可以看到试验车在频率 500Hz 附近，A 柱噪声较明显（图 4-54）。

从图 4-55 可以看出，在低频段（630~800Hz）附近，发动机盖处的噪声较为明显。

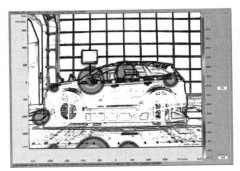 

图 4-53　风噪噪声源识别技术

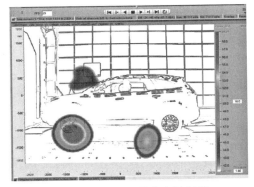 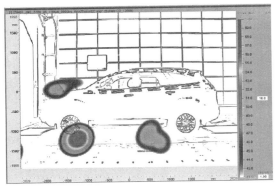

图 4-54　A柱风噪噪声源识别　　　　图 4-55　发动机盖风噪噪声源识别

从图 4-56 可以看出，B柱缝隙对气动噪声的影响频率段在 1000～3150Hz 区域，其中 1000～2000Hz 影响最为明显，B柱缝隙密封后噪声减小 7～10dB（A）。

图 4-56　B柱缝隙风噪噪声源识别

② 基于人工头车内风噪分析。

通过人工头测试整车风噪水平及各部位风噪贡献量，识别发现样车存在的风噪问题，给工程设计部门提供整改建议（图 4-57、图 4-58 和表 4-21）。

第 4 章 车身 NVH 开发

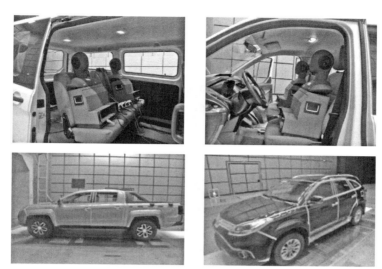

图 4-57 人工头测试分析技术

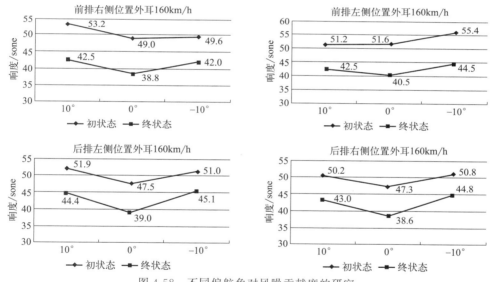

图 4-58 不同偏航角对风噪贡献度的研究

表 4-21 风噪贡献量分析

序号	零部件	贡献评级	风速 /(km/h)	角度 /(°)	评价指标		
					声压级 /dB(A)	语言清晰度（AI）/%	响度 /sone
1	发动机机舱盖密封		130	0	0.57	0.7	0.67
2	前挡风玻璃一圈密封		130	0	0.06	2.5	0.49
3	前挡下沿密封		130	0	0.01	0.8	0.20
4	前挡上沿密封		130	0	−0.11	0.7	−0.03
5	前挡左右两侧密封		130	0	0.16	1.4	0.39
6	后视镜底座密封		130	0	0.32	0.0	0.34

续表

序号	零部件	贡献评级	风速/(km/h)	角度/(°)	评价指标		
					声压级/dB(A)	语言清晰度(AI)/%	响度/sone
7	后视镜转轴缝隙密封		130	0	0.04	0.4	0.17
8	后视镜壳体与基座分缝密封		130	0	−0.07	0.0	−0.12
9	后视镜镜面密封		130	0	−0.03	−0.5	−0.07
10	后视镜转向灯及分缝面密封/照地灯密封		130	0	−0.13	−0.1	−0.20
11	三角盖板密封		130	0	0.51	6.8	1.62
12	左右前门玻璃泥槽密封		130	0	0.38	4.5	1.14
13	侧窗玻璃后上角密封		130	0	0.07	−0.4	−0.03

a. 为了了解整车风噪情况，使用人工头对车内噪声进行测试，得到整车风噪噪声值。

b. 为了识别影响风噪的关键部位，使用开窗法测试各部位风噪贡献量，并识别出影响风噪的关键部位。

③ 基于声学照相机车内噪声源分析。

通过声学照相机识别车内噪声源，发现车内部件的设计缺陷，给工程设计部门提供建议，给工程设计部门提供整改建议（图 4-59 和图 4-60）。

a. 为了了解车内风噪源分布情况，用高动态算法（high dynamic range）计算整车声源云图，给出不同位置的声源分布。

b. 根据识别出的各位置的声源分布，锁定车内关键路径噪声位置，提供整改方向。

图 4-59　车内声学照相机布置

图 4-60　车内声源分布云

4.4　操作声品质 NVH 开发

4.4.1　操作声品质简介

汽车操作声品质是产品重要的品质特征（DNA），好的整车声品质可以成为产品品质特征的一个重要亮点，有助于提升产品的市场认可度及用户的满意度。当前各大主机厂都在尽力打造自己的声品质 DNA，树立品牌效应。汽车操作声品质主要分为以下三类。

① 动力声品质：发动机及其相关的系统，如进排气系统、传动系统、悬置系统等产生

声音,这类声音与发动机转数及阶次相关。

② 电气声品质:主要指电气系统或部件发出的声音,如发电机、燃油泵、雨刮电机、电动座椅电机、电动后视镜电机等。电气类声音具有高频阶次特征,比较尖锐。

③ 车身声品质:主要指车身闭合件开关的声音质量,如车门、尾门、机舱盖等,在开启和关闭时与车身碰撞发出的声音,其中车门关闭和打开声音最为重要。

4.4.2 操作声品质开发流程

整车操作声品质开发主要依托如表 4-22 所示的开发流程进行。

表 4-22 整车操作声品质开发流程

项目阶段	开发工作	提交物
MR-KO	前期分析及研究 市场竞品车调研 在售车客户抱怨分析 遗留问题诊断分析 产品目标定位	(1)初版声品质目标报告 (2)竞品车声品质分析报告
KO-SI	目标设定及分解 声品质目标/系统分解 仿真分析计算目标 零部件性能目标 风险预案清单	(1)声品质目标/分解目标报告 (2)仿真计算目标报告 (3)零部件性能目标报告 (4)附件-D
SI-FEC	1. 零部件性能测试及分析 (1)门锁单体台架测试 (2)密封条单体台架测试 (3)车门开度限位器台架测试 (4)雨刮/车窗声品质台架测试 (5)电气元件单体测试 2. DPA 检查	(1)零部件性能测试及分析报告 (2)DPA 检查清单 (3)CAE 分析报告
FEC-OKTB	1. 声品质测试及优化 (1)开关门声品质测试及优化 (2)雨刮操作声品质测试及优化 (3)天窗、车窗声品质测试及优化 (4)座椅声品质测试及优化 (5)转向灯/警示音品质测试及优化 (6)其他电子电气声品质测试及优化 2. 一致性跟踪 3. 经验总结	(1)VP 样车声品质签发测试报告 (2)问题点识别及声品质优化报告 (3)生产一致性报告 (4)经验总结报告

4.4.3 操作声品质目标设定

4.4.3.1 操作声品质的目标制定方法

操作声品质按不同评估方法分类,其目标制定可以分为主观目标设定和客观目标设定。

(1) 主观目标设定方法

声品质的主观评价就是邀请一个特定群体对某类汽车进行主观驾评或者对录音进行评价,对整车和各个系统的声音打分并进行主观描述;然后对这些评价进行数理统计,从而得到这类汽车的主观评价结果。

对于主观评价,可以用表 4-23 进行评分。

表 4-23 主观评分

级度	1	2	3	4	5	6	7	8	9	10
评价	非常坏	坏	很差	差	不满意	可接受	满意	较好	好	很好
	不可接受				过渡		可接受			
接受对象	绝大多数顾客				挑剔的顾客		专业人员			

除了表 4-23 外,还可以用以下方法进行主观评价,帮助寻找对应的客观指标。

① 成对比较法:把两个声音样本作为一组,评价者对每一组的两个声音做对比评价。

② 语义细分法:把成对的词语作为一组评价术语,评价者利用这些成对的词语来对声音样本进行主观评价,比如清脆-沉闷、尖锐-厚实等。

③ 等级评分法:是把声品质质量按等级划分,不同的分值对应不同的等级,然后在样本声音评价中,评价者根据自己的感受进行打分。

对于没有接受实验培训的评价主体来说,成对比较法和语义细分法是比较合适的选择,这两种方法虽工作量巨大,但操作简单且准确。

在实际中,常常利用双耳人工头设备(图 4-61),依据试验规范来采集噪声数据,在听音评价室(图 4-62)用以上方法中的某几种进行每个数据的听音回放主观评分。

图 4-61 双耳人工头数据采集现场

图 4-62 听音评价室

(2)客观目标设定方法

客观测试指标就是在测量数据的基础上,寻找各个系统适合的指标来分析声品质。例如对关门声品质,采用响度、尖锐度等指标来进行评价;对动力系统声品质,采用声压级、阶次等指标来进行评价;对电气声品质,则采用响度、纯音度、波动度和粗糙度等指标来进行评价。

以下是几种常见评价声品质指标。

① 响度:代表人耳对声音强弱的主观感受,是声品质评价中非常重要的特征参量。

响度的大小与声音接收位置的波幅有关,声源不变,波幅传输得越远,则响度值越小。响度比 A 声级更能准确地反映评价者对声音信号的主观感受,因为它同时考虑了声音的频谱分布、物理特性和人对声音的掩蔽效应,所以它是评价声品质的一个关键心理声学客观参数。一般来说,响度越大,给人的感受越糟糕,声品质也就越差,但是响度并不是评价声品质的唯一标准。

② 尖锐度:指人对声信号中的高频部分产生的主观感受,因此它主要是描述高频部分

在声信号频谱当中所占的比例。尖锐度可以简单表示如下。

$$SHARP = \frac{\int_0^{24\,\mathrm{bark}} n' \mathrm{d}z}{N} \tag{4-15}$$

尖锐度的单位是 acum，指在以 1000Hz 为中心频率的带宽（带宽小于 150Hz）内，声压级为 60dB 的窄带噪声定义为 1acum。窄带噪声中的带宽、中心频率、声压级和频谱包络等是影响尖锐度的主要因素。一般来说，声信号频谱中高频比例越大，高频响度值越大，尖锐度就越大。

③ 波动度：由声音的低频变化产生，表示人对声信号响亮起伏程度的主观感受。波动的强弱可以用波动度来表示，单位为 vacil。波动度 F 的计算公式为

$$F = 0.008 \frac{\int_0^{24} \Delta L \mathrm{d}z}{\dfrac{f_{\mathrm{mod}}}{4} + \dfrac{4}{f_{\mathrm{mod}}}} \tag{4-16}$$

式中，f_{mod} 是调制频率；ΔL 是掩蔽深度。

④ 粗糙度：由声音的高频变化产生，当频率大于 20Hz 时会表现出来，表示了声信号的调制幅度、频率分布和频率大小等特征。粗糙度的调制频率范围从 20～300Hz，单位是 asper。粗糙度计算如下。

$$R = 0.3 \int_0^{24\,\mathrm{bark}} f_{\mathrm{mod}} \Delta L \mathrm{d}z \tag{4-17}$$

客观评价指标是以主观评价为基础的，选取声品质客观评价指标时就应该考虑对主观偏好性影响较大的指标，客观评价结果需要用主观评价结果来检验，以证明客观评价指标的可靠性和准确性。有时，需要综合多项客观评价指标才能准确地反映主观感觉。

4.4.3.2 操作声品质目标制定

（1）车身开闭件类声品质目标

车身开闭件主要根据响度、尖锐度指标来控制，表 4-24 为某 SUV 开闭件类声品质目标设定。

表 4-24 某 SUV 开闭件类声品质目标设定

评价项目		客观测试		主观评分
		评估指标	参考目标	
关门声品质	前门	响度	32sone	0～10
		尖锐度	3.2acum	
	后门	响度	34sone	0～10
		尖锐度	3.3acum	
	手动尾门	响度	45sone	0～10
		尖锐度	3.5acum	
	电动尾门	响度	25sone	0～10
		尖锐度	2.5acum	

续表

评价项目		客观测试		主观评分
		评估指标	参考目标	
其他开闭件	发动机盖开关声品质	不做要求		0～10
	加油口盖开关声品质	不做要求		0～10
	门上锁声品质	不做要求		0～10
	手套箱、副仪表及其他储物装置操作声品质	不做要求		0～10

(2) 电气类声品质

电气类声品质评估指标主要有响度、尖锐度和波动度等（表4-25）。

表 4-25 电气类声品质目标设定

评价项目		评估内容	客观(参考值)	主观评分
电动车窗	主驾	升	10sone/2.8acum	0～10
		降	10sone/2.8acum	0～10
	副驾	升	8sone/2.4acum	0～10
		降	8sone/2.4acum	0～10
	左后窗	升	6sone/2.1acum	0～10
		降	6sone/2.1acum	0～10
	右后窗	升	6sone/2.1acum	0～10
		降	6sone/2.1acum	0～10
电动天窗	天窗	开	8sone/2.5acum	0～10
		关	8.5sone/2.5acum	0～10
	遮阳帘	开	8.5sone/2.1acum	0～10
		关	8.5sone/2.1acum	0～10
雨刮	高速	回位冲击噪声	8.5sone	0～10
		向上电机啸叫	50dB/2.7sone	0～10
		向下电机啸叫	47dB/3sone	0～10
	低速	回位冲击噪声	7.5sone	0～10
		向上电机啸叫	43dB/2.1sone	0～10
		向下电机啸叫	42dB/2sone	0～10

(3) 其他电气元件声品质

其他电气元件声品质包括转向灯、警示声、喇叭、安全带警示声、其他电子电器噪声等，一般通过主观进行评估，不做客观要求（表4-26）。

表 4-26 电气元件声品质目标设定

评价项目	评估内容	主观评分
电气元件	转向灯/警示声	0～10
	喇叭声	0～10
	安全带警示声	0～10
	其他电子电器噪声	0～10

4.4.4 操作声品质设计指导

操作声品质涉及的系统及部件较多,在这些系统部件中,车门使用频率最高。在车门关闭和开启中,关门声品质又显得更加突出,因此本小节主要介绍操作声品质中最重要的关门声品质的开发设计指导。

关门声品质涉及很多零部件,在关门冲击一瞬间多个零部件之间发生相互作用,影响因子错综复杂,导致目标分解难。针对这一问题,NVH 研究各部件对关门声品质贡献度,将整车关门声品质分解为:零部件设计→系统声源→评价指标→整车感官。关门声品质 4 级目标分解体系如图 4-63 所示。

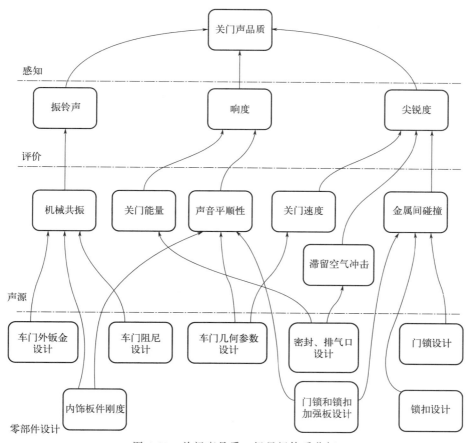

图 4-63 关门声品质 4 级目标体系分解

按照上述 4 级目标分解,对关门声品质设计有如下要求。

(1) 门锁的技术要求

门锁的结构对声品质有重大影响,如图 4-64 所示是两种门锁结构对比。
结合项目开发经验,对门锁结构要求如下。

① 棘爪回位设计要求:要求缓冲块设计,如图 4-64(b) 所示,缓冲块硬度根据设计调整至 55～70(Shore)之间。

② 棘轮回位要求有消声槽设计:前门棘轮包塑材料为美国杜邦 5526,平均槽宽约为

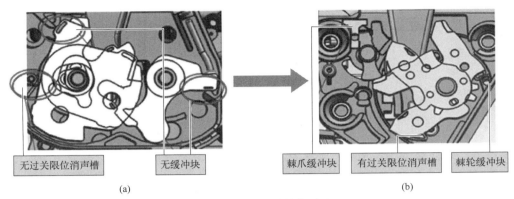

图 4-64 两种门锁结构对比

1.9mm；后门棘轮包塑材料为美国杜邦 5526，槽宽为 1.5mm。

③ 棘轮啮合位置要求有消声槽设计。

④ 车门过关时要求有棘轮极限限位缓冲块设计，如图 4-64(b) 所示。

⑤ 车门过关时要求有棘轮极限限位消声槽设计，如图 4-64(b) 所示。

⑥ 油脂型号：CYP-B039，前门在棘爪轴向与径向运动区域都涂油阻尼脂，后门只在棘爪径向区域涂阻尼油脂，为改善声音，在棘爪轴向区域增加阻尼油脂。

通过对门锁结构的优化设计后，消除了 2 次撞击声，响度降低了 10sone，如图 4-65 所示。

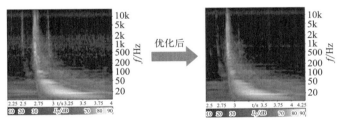

图 4-65 不同门锁的关门声

（2）接附点动刚度技术要求

接附点是指车门与车身连接的地方，比如铰链和锁扣。提升接附点动刚度在一定程度上优化关门声品质。当然考虑到工程难度和成本压力，接附点动刚度也不可能极高，此时就要考虑到竞品车的情况，再根据性能目标定义，给出一个相对合适的动刚度目标，某 SUV 车门接附点动刚度要求见表 4-27。

表 4-27 某 SUV 车门接附点动刚度要求

前门铰链	X 向	10000N/mm	后门铰链	X 向	10000N/mm
	Y 向	5000N/mm		Y 向	10000N/mm
	Z 向	10000N/mm		Z 向	10000N/mm
前门锁扣	X 向	3000N/mm	后门锁扣	X 向	200N/mm
	Y 向	2000N/mm		Y 向	600N/mm
	Z 向	6000N/mm		Z 向	4000N/mm

续表

	X 向	10000N/mm		X 向	3000N/mm
尾门铰链	Y 向	5000N/mm	尾门锁扣	Y 向	2000N/mm
	Z 向	10000N/mm		Z 向	6000N/mm

（3）密封条的技术要求

密封条对关门能量的衰减程度决定了关门力的大小，而关门力的大小又很大程度影响关门声品质。密封条压缩刚度对关门声品质的影响分析如图 4-66～图 4-68 所示。

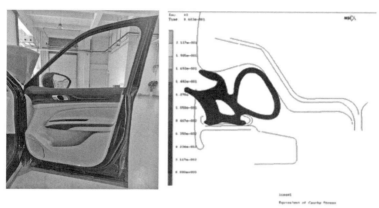

图 4-66 密封条刚度分析

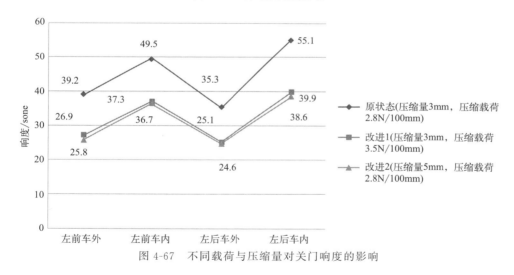

图 4-67 不同载荷与压缩量对关门响度的影响

根据图 4-66～图 4-68 的分析得到合适的密封条压缩载荷及压缩量可以优化关门声响度及尖锐度，密封条设计建议如下。

① 压缩量：设计适当，控制在 2.5～3.5mm，从而将压缩负荷控制在 3N 之内。

② 侧围钣金止口与车门间隙：控制在 12mm 左右，且正圈保持均匀。

③ 钣金止口宽度：控制在 12～14mm，且钣金叠加部位不能有突变的台阶。

④ 饰板与钣金止口顶端距离：控制在 2～4mm，过大导致大唇边翻边，过小导致密封条与内饰贴紧力偏小。

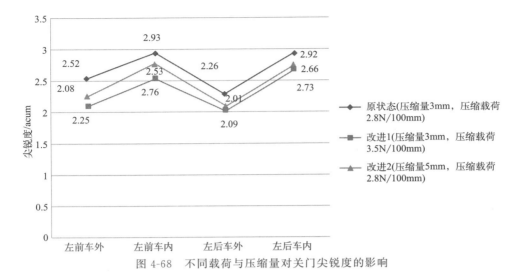

图 4-68 不同载荷与压缩量对关门尖锐度的影响

(4) 泄压路径分析

适当设计泄压阀面积、叶片大小和泄压阀结构,或适当加大内饰板开孔,增加泄压路径,来优化关门力与关门声品质。通过对某项目车泄压阀及内饰板(图 4-69)进行优化后,关门力减小 4~6N,关门声品质优 1~3sone,声压级优化 1dB(A)。

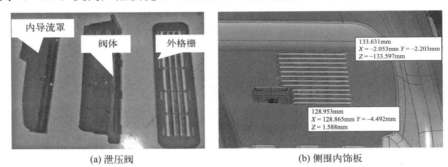

图 4-69 泄压路径上的零部件

如图 4-70 所示为泄压路径优化后响度对比。

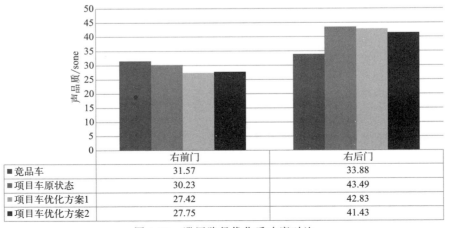

	右前门	右后门
竞品车	31.57	33.88
项目车原状态	30.23	43.49
项目车优化方案1	27.42	42.83
项目车优化方案2	27.75	41.43

图 4-70 泄压路径优化后响度对比

（5）车身薄弱点仿真分析与实验优化

四门两盖模态是关门声品质重点控制项，模态分离及刚度控制可以有效减少门盖系统关门瞬间噪声辐射，给人以厚重感觉。某 SUV 关门声品质四门两盖模态目标见表 4-28。

表 4-28　某 SUV 关门声品质四门两盖模态要求

部件	NVH 要求		目标
前门	自由模态	1 阶扭转	≥50Hz
		1 阶弯曲	≥50Hz
		外板局部	≥40Hz
		内板局部+骨架模态	≥50Hz
后门	自由模态	1 阶扭转	≥40Hz
		1 阶弯曲	≥50Hz
		外板局部	≥50Hz
		内板局部+骨架模态	≥55Hz
发动机盖	自由模态	1 阶扭转	≥30Hz
		1 阶弯曲	≥40Hz
		外板局部	≥60Hz
后背门	自由模态	1 阶扭转	≥45Hz
		1 阶弯曲	≥60Hz
		外板局部	≥60Hz

在某 SUV 关门声品质开发中，针对关门声品质差问题对车门薄弱点进行了 CAE 仿真分析，结果如图 4-71 所示。

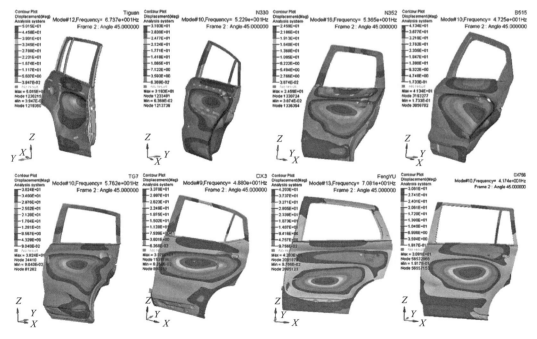

图 4-71　CAE 对车身薄弱点的分析

根据分析结果，对车门薄弱点锁扣安装点、锁体安装点、车门钣金等增加阻尼的优化措施，实车验证效果，如图 4-72 所示。

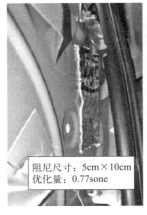

图 4-72　对关门声品质有优化的部位

（6）装配问题

车门间隙、面差要均匀，否则会导致局部关门力变大，关门声品质变差，如图 4-73 所示。此外，下线过程中车门锁扣位置需要确认调整到位，并确保各部件装配到位，满足设计要求。

图 4-73　装配间隙面差不均匀

第 5 章
整车异响控制

5.1 异响介绍

汽车在道路上行驶时，任何部位都可能产生异响，特别是在水泥路面、粗糙路面、石块路面、砖块路面、起伏不平等不好的路面上行驶时，异响发生的概率将大大增加，比如仪表台上塑料件的扰人唧唧声，汽车底盘上令人惊慌失措的猛烈撞击声，人耳边喋喋不休的座椅头枕敲击声。异响是人们不希望听到的声音，大多数人都会对异响产生极大的反感及抱怨。根据近十年全国汽车消费者投诉平台统计数据，异响问题约占所有投诉问题总数的 1/3，位居质量问题投诉排行榜的前列。

5.1.1 异响的分类

异响是一种由低频振动（100Hz 以下）引起的高频噪声（500Hz 以上）。按异响的产生原理可分为如下三类。

5.1.1.1 buzz 异响

buzz 异响多为板件结构共振通过空气媒介的作用产生的辐射声（嗡嗡声），可以简单理解为高频次的 rattle。例如：车载重低音音响设备产生的空气流引起的车门内饰板嗡嗡声。

buzz 异响的产生机理是由于激励波的作用，零件本身固有频率产生耦合导致异响，或者由于激励波的作用对零件产生振动引起接触面的敲击导致异响（图 5-1）。

相对于 buzz，squeak 和 rattle 是最常见的异响形式，异响控制开发主要是针对后两种形式，事实上如果有效避免了 squeak 和 rattle 的产生，buzz 问题也将因缺少激励而不攻自破。

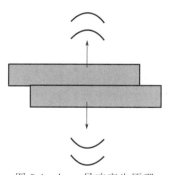

图 5-1 buzz 异响产生原理

5.1.1.2 squeak 异响

squeak 异响即摩擦异响，指构件或内饰材料间的接触面之间有不稳定的相对运动产生的摩擦声（吱吱声），如图 5-2 所示。例如座椅调整时皮革之间的摩擦噪声。

squeak 异响的产生机理较为复杂，常常发生在动静摩擦转化时，摩擦副之间的犁沟互嵌，运动时相互拉扯，使表面产生弹性形变而储存能量。当弹性势能释放时，表面张弛运动会导致振动及噪声。如图 5-3 所示为材料表面接触真实图。

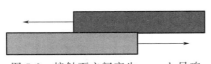

图 5-2 接触面之间产生 squeak 异响

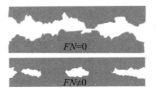

图 5-3 材料表面接触真实图

(1) 摩擦自激振动引起异响

摩擦副之间的摩擦力-速度曲线（图 5-4）在负斜率非常大时（图 5-5 中圆圈位置），摩擦系统不稳定，表面发生 stick-slip 黏滑运动，导致自激振动和噪声，摩擦部件固有频率接近自激频率时，会加强振动及噪声。

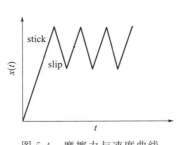

图 5-4 摩擦力与速度曲线

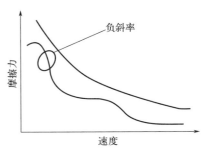

图 5-5 stick-slip 黏滑运动

(2) 摩擦耦合振动引起异响

摩擦副的固有频率相近或相同时，通过摩擦力相互作用，产生耦合振动，发出尖叫异响。

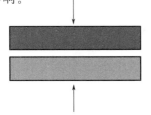

图 5-6 Rattle 异响产生原理

5.1.1.3 Rattle 异响

即敲击异响，指构件间两个已接触或潜在接触点之间的撞击产生的碰撞敲击声（嘎嘎声）。例如：制动卡钳在恶劣路况时，钳体中的摩擦片敲击钳体。

敲击异响的产生机理较简单，在外力的作用下，两个邻近的部件在彼此接触、碰撞的过程中，即产生敲击声（图 5-6）。

5.1.2 异响的影响因素

5.1.2.1 摩擦异响的影响因素

影响摩擦异响的因素有温度、湿度、表面正压力、激励频率及载荷作用时间、滑动速度、接触表面形貌（摩擦系数）、接触面积等。

(1) 温度的影响

摩擦副产生异响的噪声大小是随温度变化而变化的，如图 5-7 所示是两对摩擦副异响声压级随温度的变化曲线。

从图 5-7 可以看出，异响声压级随温度的变化是没有特定规律的，温度对异响的影响是非线性的，但通常都有响度较大温度区间。在了解某一对材料摩擦异响随温度的变化规律曲线后，可通过选择正确的摩擦副材料，避开最大噪声温度区间。

（2）湿度的影响

摩擦副产生异响的噪声大小是随湿度变化而变化的，如图5-8所示是两对摩擦副异响声压级随湿度的变化曲线。

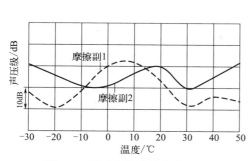

图 5-7　两对摩擦副异响声压级
随温度的变化曲线

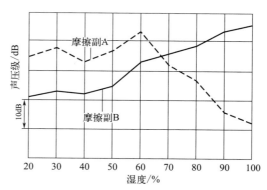

图 5-8　两对摩擦副异响声压级
随湿度的变化曲线

由图5-8可以看出，随着湿度增加，其中两对摩擦副异响声压级向着不同方向变化。由此可见湿度对不同摩擦副材料异响的影响是不同的，了解湿度对摩擦异响的影响可以帮助选择材料。

（3）表面正压力的影响

两对摩擦副异响声压级随正压力的变化曲线如图5-9所示。

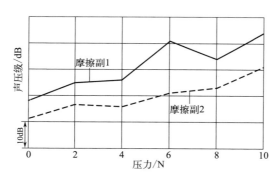

图 5-9　两对摩擦副异响声压级随正压力的变化曲线

由图5-9可见，在常规接触压力区间，正压力越大，摩擦副接触越深，凹凸表面撕扯作用越明显，摩擦副异响声压级随压力增加有增加的趋势，因此降低摩擦副之间的正压力有助于减弱摩擦异响。

（4）激励频率的影响

摩擦副异响主要受到发动机及路面等激励，激励的频带很宽。如图5-10所示是两对摩擦副异响声压级随激励频率的变化曲线。

从图5-10可以看出，异响声压级随激励频率的变化规律不明显，不同的摩擦副表现不一，但基本趋势是随着激励频率增加，异响声压级偏向于增大。

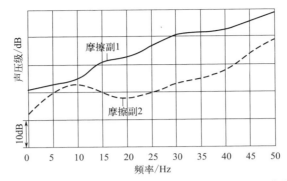

图 5-10 两对摩擦副异响声压级随激励频率的变化曲线

5.1.2.2 敲击异响的影响因素

在汽车上影响敲击异响的因素有空间设计、结构设计、材料配对、制造与装配控制。

(1) 空间设计

两部件的空间间隙不足是引起异响的常见原因。通常在静态，两个相邻部件预留有一定的间隙，但是当部件运动时，其往复位移超过了预留间隙，就会产生碰撞。即使两个部件静态时处于接触状态，但其运动的位移不一致时，也会发生相互碰撞，比如大多数的零件松动导致的敲击异响。

在进行系统及部件的布置设计时，需要考虑部件间的动态位移，通过极限运动位移线分析，预留安全间隙。比如通过分析底盘悬挂件的极限运动轨迹，可以确定底盘各零件的设计空间。

(2) 结构设计

结构设计不合理会产生敲击异响，其主要影响因素包含车身的整体刚度和模态，部件的局部刚度和模态，部件的变形量、压缩量等。当整体和局部刚度不足时，整个车身容易被激励起来，并与其他部件发生运动干涉，并产生敲击异响。比如 CCB（仪表台管梁）的弯曲刚度不足及多媒体主机的安装支架刚度不足时，会导致这些部件位移偏大，容易导致与周边部件产生敲击异响。提高多媒体主机安装支架刚度和模态，使其运动位移降低，避免碰撞，就可以消除异响。

(3) 材料配对

两个硬表面材料之间碰撞会产生异响，比如金属与金属材料碰撞产生异响；柔软的材料碰撞不会产生异响，比如金属与柔软的橡胶撞击时可能就没有声音。所以材料配对是很重要的。比如，门锁里面的卡板、棘爪和锁扣之间，关门时会碰撞，如果它们都是金属部件，关门时必然会产生很大的撞击声。如果用稍软的材料，同时在其表面包覆缓冲材料，将有效降低敲击声，提升关门品质。并非所有的材料碰撞都会产生异响，在设计时，对可能碰撞的零部件，仔细分析和使用合适的配对材料，可以有效降低异响。

(4) 制造与装配控制

空间设计、结构设计、材料配对都是从设计上来控制异响，虽然设计合理，但如果制造过程缺乏良好的质量控制，也会导致敲击异响，比如材料变形、尺寸公差控制不到位、表面处理涂层配比错误等。

汽车的很多部件是用卡扣或螺栓、螺母装配的。在装配过程中，由于装配不当，卡扣未卡到位，螺栓扭矩不足，卡扣或螺栓漏装，装错或松动都会带来敲击异响。

5.2 异响控制开发流程

整车异响控制开发流程规定了各关键节点下，异响控制开发流程见表5-1。

表5-1 异响控制开发流程

序号	节点	工作内容	提交物
1	MR→KO	根据关联项目（含竞品车）TGW数据、经验教训和项目变更内容进行整车异响评估，提出性能优化建议	整车异响初步评估报告
2	KO→UNV0	对异响开发验证要求，进行适应性修改，制定异响控制开发策略	异响控制开发总体计划
3	KO→UNV0	异响HC及DMU检查项输入	异响DMU检查清单
4		组织开展DMU检查，跟踪风险项及优化方案	UNV0异响DMU健康状态
5	UNV1	组织开展DMU检查，跟踪风险项及优化方案	UPV1异响DMU健康状态
6	UNV2	组织开展DMU检查，跟踪风险项及优化方案	UNV2异响DMU健康状态
7	UPV0	组织开展DMU检查，跟踪风险项及优化方案	UPV0异响DMU健康状态
8	UPV1	组织开展DMU检查，跟踪风险项及优化方案	UPV1异响DMU健康状态
9	M1	下车体异响评估，UNS&R异响管控表跟踪整改	底盘、PT异响测试评估报告
10	UPV2	组织开展DMU检查，跟踪风险项及优化方案	UPV2异响DMU健康状态
11	M1	驾评下车体异响整改优化结果	评审下车体S&R异响管控表
12	VP	VP整车异响控制项 VP高里程异响测试评估 VP IP shaker异响测试 下线路试、整车评审、主观驾评等异响问题排查	异响管控表 高里程异响报告 VP异响阶段性总结报告
13	TT	TT整车异响控制项 TT高里程异响测试评估 TT IP shaker异响测试 下线路试、整车评审、主观驾评、客户之音等异响问题排查	异响管控表 高里程异响报告 TT异响阶段性总结报告
14	PP	PP整车异响控制项 PP高里程异响测试评估 PP IP shaker异响测试 下线路试、整车评审、主观驾评、客户之音等异响问题排查	异响管控表 高里程异响报告 PP异响阶段性总结报告
15	JOB1→OKTB	MP1整车异响控制项 下线路试、整车评审、主观驾评、客户之音等异响问题排查	异响管控表 高里程异响报告 MP1异响阶段性总结报告
16		MP2异响控制项（质量部） 整车评审、主观驾评、客户之音等异响问题排查（技术部和NVH）	异响管控表 高里程异响报告 MP2异响阶段性总结报告
17	量产	项目异响经验教训总结	异响经验教训总结报告
18		售后异响调查	售后异响调查分析及整改报告
19		售后系统即时数据获取分享 售后系统数据收集汇总 售后系统数据分析	异响售后系统数据分析报告

5.3 异响目标设定

对于一款新品车辆的异响目标设定规则，行业内通常采用两种规则：批产车辆异响采用 CPU 规则（CPU 全称 concerns per unit，即平均每个样本的异响问题数）；单台车辆采用主观驾评计分规则。两种目标设定方法既可以弥补单一方式目标的短板，又可以对产品异响进行宏观上的把控。

（1）目标设定方法一

采用大样本统计方法，对批产检测车辆的所有异响问题数量除以该阶段生产车辆总数的统计数据作为衡量异响状态的指标，即异响质量指标（S&R CPU）。

CPU 的计算

$$\mathrm{CPU} = \frac{\text{所有问题数}}{\text{该阶段下线车辆总数}} \tag{5-1}$$

例如：TT 阶段总共下线交付 M 台车，交付前总装质量路试小组 100% 进行路试全检，记录下 M 台车路试时的异响问题，组织进行返修交付工作，记录下暂时无方案返修的-Part1。交付后 NVH 异响小组抽取 N 台作为异响样本，记录下 N 台车的异响问题数-Part2。CPU 在 S&R 异响管控表中统计得出，应为 test track（总装路试）和 4-post 综合统计数据。即

$$\mathrm{CPU} = \frac{\mathrm{Part1} + \mathrm{Part2}}{M} \tag{5-2}$$

较好的工厂交付质量，有利于 CPU 目标达成，NVH 异响小组应支持 Part1 工作。Part1 与 Part2 工作同时进行时，需培训总装路试员如何识别逃逸的异响问题，以便提前识别并解决。Part2 路试路面若与总装下线路试道路面不完全相同，则需单独进行，尽量避免重复。

对于一款全新设计的车，沿用行业 CPU 标准，各阶段 CPU 制定如下。

VP=6.6 TT=4.7 PP=1.8 MP1=0.45 MP2=0.15

针对已经量产的小改款车（下车体基本不变，上车体稍作变动），由于大部分是通用件，各阶段 CPU 制定如下。

VP=6 TT=4 PP=1 MP1=0.45 MP2=0.15

不是每个项目都会包含所有节点，如 Pre-TT，目标 CPU 应定在 VP-TT 之间。

各阶段 CPU 值如图 5-11 所示。

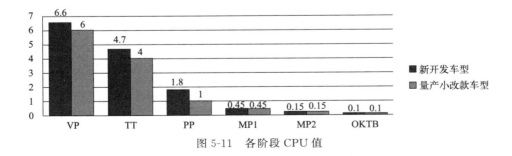

图 5-11 各阶段 CPU 值

（2）目标设定方法二

单台车辆采用主观驾评计分规则，适用于竞品车辆异响分析及横向对比，基于不同路况

下车辆异响的评价目标体系，分别在恶劣路况、一般坏路（厂区路面/井盖路）以及平滑路面（高速路面）进行异响主观打分并完成体系建立。

异响指标的计算方法如下。

$$A_d = \sum_{i=1}^{n} Y_i \tag{5-3}$$

式中，A_d 为出现的异响问题总分；Y_i 为单个异响问题的异响评分。

$$Y_i = \underset{[\text{平滑路面}]}{\text{异响等级} \times \text{公路等级}} + \underset{[\text{一般坏路}]}{\text{异响等级} \times \text{公路等级}} + \underset{[\text{恶劣路况}]}{\text{异响等级} \times \text{公路等级}} \tag{5-4}$$

注：
① 不同等级路面的异响主观评分按平滑路面、一般坏路、恶劣路面依次进行；
② 在进行整车异响主观评分时，评价人员按正常乘坐姿势进行评分；
③ 对于同一等级路面上同一异响问题，因车速、乘坐状态（坐人或未坐人）不同而不同；
④ 导致异响等级有差异时，按最严重的等级进行记录；
⑤ 区间段采用线性插值法计算相应得分。

异响等级算法见表 5-2。

表 5-2 异响等级算法

异响等级	异响等级系数	说明
严重异响	1.0	评价人员在任意座位正常乘坐时，能听见明显的来自评估点的异响
中度异响	0.3	评价人员在任意座位正常乘坐时，能清楚听见来自评估点的异响
轻微异响	0.1	评价人员在任意座位正常乘坐时，能勉强听见来自评估点的异响

异响等级和公路等级关系见表 5-3。

表 5-3 异响等级和公路等级关系

道路等级	异响等级		
	大(1)	中(0.3)	小(0.1)
平滑路况(1)	1.00	0.30	0.10
一般坏路(0.3)	0.30	0.09	0.03
恶劣路况(0.1)	0.10	0.03	0.01

整车异响插值法对应分值见表 5-4。

表 5-4 整车异响插值法对应分值

整车异响性能	较差水平	一般水平	良好水平	优秀水平
异响主观评价得分	$1.5 < A_d \leqslant 3.5$	$0.7 < A_d \leqslant 1.5$	$0.4 < A_d \leqslant 0.7$	$0 < A_d \leqslant 0.4$
对应百分制得分	(0,55]	(55,70]	(70,85]	(85,100]

5.4 异响控制策略及设计指导

整车异响控制开发是一项系统性的工作，综合异响的产生机理及影响因素，事实上制约异响产生的四大要素分别为激励、系统灵敏度、零部件相对运动接触状态、材料摩擦冲击噪声产生系数。如图 5-12 为异响控制矩阵。

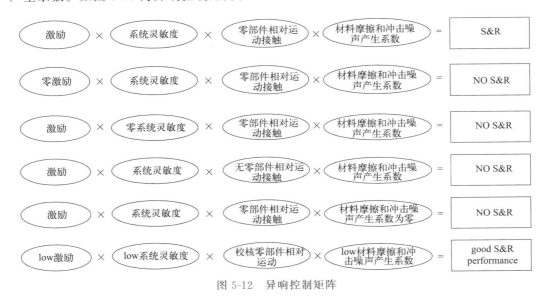

图 5-12　异响控制矩阵

由图 5-12 可以看出，异响的控制开发可围绕激励的控制与利用、系统灵敏度设计、零部件相对运动间隙控制、零件材料匹配来进行，异响的规避方案也可参照上述四要素校核。

5.4.1　激励的应用

异响的激励源主要是路面激励和发动机激励。对于路面激励，虽然用户实际驾驶的道路路面是随机的，但可以利用等效的激励组合去识别并优化异响。如利用异响开发路面或路谱通过道路测试或 4-post 模拟台架进行整车异响识别及优化；或利用激振台测试零部件异响，如 IP shaker 测试等。

路面激励很难主动去控制，但可以通过底盘件的调校，使路面的激励力通过轮胎、悬挂件等系统结构时产生足够的衰减，减弱对车身等的扰动。

对于激励的应用，往往通过强化的激励组合来覆盖顾客的实际使用场景，但使用远超过用户实际使用场景中的激励，会使整车异响性能被过度设计，从而导致成本增加。用于异响控制开发的路面激励组合有很多种，如图 5-13 和图 5-14 所示。行业内规范的路面激励主要有 10 条，如表 5-5 所示，其每条道路均可对应一段路谱，异响规范路面常见问题见表 5-6。

表 5-5　异响路面及对应路谱

异响路面	轮胎位移谱	异响路面	轮胎位移谱
比利时路 （欧洲砖路） 5～25km/h		比利时路 25km/h	

续表

异响路面	轮胎位移谱	异响路面	轮胎位移谱
鹅卵石路 5km/h		搓衣板路 5~15km/h	
沥青修补、接缝路 40km/h		凸起维也纳砖路 15km/h	
粗糙路 45km/h		绳索路 25km/h	
减速带（起伏路） 5km/h		扭曲路 5km/h	

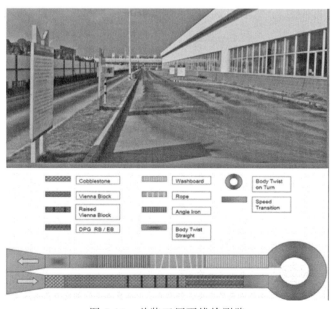

图 5-13　总装工厂下线检测路

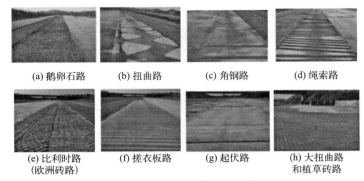

图 5-14 试验场异响专项评价路

表 5-6 异响规范路面及常见问题

道路	距离	速度	可识别的问题	一般引起问题的件
鹅卵石路	9m	匀速 8km/h	底盘沉闷的金属声和砰砰声,松散的部件	车身、车架、副车架、底盘、悬挂橡胶衬套
比利时路	30m	匀加速 8~25km/h	内饰件异响	内饰件
凸起维也纳砖路	30m	匀速 25km/h	内饰件异响	内饰件
欧洲砖路	30m	匀速 25km/h	内饰件异响(卡车/轿车)	内饰件
减速带路	9m	减速到 8km/h	不应用	不应用
大扭曲路	21m	低速不超过 5km/h	车身吱吱声,底盘沉闷的金属声和撞击声	车身、纵梁(卡车)、副车架(轿车),悬架橡胶衬套
起伏路(减速带)	6m	8km/h	不应用	不应用
搓衣板路	30m	匀加速 8~25km/h	内饰件异响	内饰件
绳索路	30m	匀速 25km/h	较轻微冲击力引起的内饰件异响	内饰件
角钢路	30m	匀速 25km/h	需较大冲击力引起的内饰件异响	内饰件
扭曲路	12m	匀速 8km/h	车身吱吱声底盘沉闷的金属声和撞击声	车身、车架、副车架、底盘、悬挂橡胶衬套

5.4.2 系统灵敏度控制

系统灵敏度主要指单位力激励下各部件的响应量变化程度,各级系统的刚度、模态、变形量是主要影响因子。这些参数通常为异响 CAE 仿真分析法的分析参数,如表 5-7 所示。利用仿真分析,通过计算模态、刚度、VTF 等参数,来对关键部位进行判断是否有异响风险。

表 5-7 异响主要灵敏度控制项

结构层次	结构	性能参数	目标值
部件级	多媒体主机(CD 机)、安全气囊、手套箱	1 阶模态	≥45Hz
	CCB	1 阶模态	≥100Hz
	副仪表(中控台)	1 阶模态	≥25Hz

续表

结构层次	结构	性能参数	目标值
子系统级	仪表总成（含转向管柱与方向盘、转向支撑、中控台）	仪表总成1阶模态	≥35Hz
		转向管柱1阶垂直和横向模态	≥38Hz
	门板（trim body 门板）	1阶弯曲及扭转模态	参考竞品车
	白车身（带玻璃）	全局扭转静刚度	参考竞品车
		1阶全局扭转刚度	参考竞品车
		全局扭转激励下车身门框变形量	参考竞品车
	座椅系统	座椅靠背（前后与左右）模态	15～19Hz
车身系统	车身系统模态	1阶弯曲	参考竞品车
		1阶扭转	参考竞品车
	车身系统灵敏度	仪表板内重要搭接点或卡扣位置（手套箱、多媒体主机、安全气囊、风管、副仪表等）的速度	参考竞品车
		车门内饰板与钣金搭接点、玻璃升降机与钣金搭接点的速度	参考竞品车
		尾门内饰板与车身搭接点的速度	参考竞品车
		安全带卷收器安装点速度	参考竞品车
整车	整车系统灵敏度	仪表板内重要搭接点或卡扣位置（手套箱、多媒体主机、安全气囊、风管、副仪表等）的加速度	参考竞品车
		车门内饰板与钣金搭接点、玻璃升降机与钣金搭接点的加速度	参考竞品车
		尾门内饰板与车身搭接点的加速度	参考竞品车
		安全带卷收器安装点加速度	参考竞品车

5.4.3 零部件相对运动间隙控制

零部件相对运动间隙控制，主要有如下三个方面。

(1) 布置校核

校核零部件的布置包络，需与周围部件进行合理的空间避让，避免静态干涉和动态干涉。如排气管与隔热罩、电动座椅调节时与副仪表台的避让等。

(2) 干涉量校核

诸如顶棚周边泡块、手套箱缓冲块、门框缓冲块等，需对其压缩量进行校核，减少自由活动空间，保证产生的相对位移下不会产生异响。

(3) 约束校核

对面积较大的内外饰件，校核固定点位置及数量设置的合理性；对车身钣金件，校核焊点的密度及拐角焊接点设置的合理性；对各类线束及电子模块支架进行约束校核，避免支架因约束不足，出现旋转、错位等情况。

5.4.4 零部件的材料匹配

针对选用的内外饰材料，根据其物理及化学属性不同，需要对选用的材料进行兼容性比对，常见材料摩擦兼容性对照见表 5-8。材料间相互作用容易产生异响的系数高时，对材料的兼容性则不好，在设计时应尽量避免不兼容的材料匹配。

表 5-8 常见材料摩擦兼容性对照

项目	ABS 丙烯腈-丁二烯-苯乙烯共聚物（ABS）	聚碳酸酯（PC）	丙烯腈-丁二烯-苯乙烯共聚物和聚碳酸酯共聚物（ABS/PC）	聚苯醚（PPO）	聚对苯二甲酸乙二醇酯（PET）	聚丁烯-1（PBT）	尼龙6(PA6)聚己内酰胺
ABS 丙烯腈-丁二烯-苯乙烯共聚物（ABS）	完全不匹配	完全不匹配	完全不匹配	完全不匹配	完全不匹配	PBT 最多注入23%玻璃纤维	PA6 最多注入23%玻璃纤维
聚碳酸酯（PC）	完全不匹配	完全不匹配	完全不匹配	完全匹配	完全不匹配	PBT 最多注入23%玻璃纤维	PA6 最多注入23%玻璃纤维
丙烯腈-丁二烯-苯乙烯共聚物和聚碳酸酯共聚物（ABS/PC）	完全匹配	完全匹配	完全匹配	完全不匹配	完全不匹配	PBT 最多注入23%玻璃纤维	PA6 最多注入23%玻璃纤维
聚苯醚（PPO）	完全不匹配	完全匹配	完全匹配	完全匹配	完全匹配	PBT 最多注入23%玻璃纤维	PA6 最多注入23%玻璃纤维
聚对苯二甲酸乙二醇酯（PET）	完全不匹配	完全不匹配	完全不匹配	完全匹配	完全不匹配	PBT 最多注入23%玻璃纤维	PA6 最多注入23%玻璃纤维
聚丁烯-1（PBT）	PBT 最多注入23%玻璃纤维	PBT 最多注入23%玻璃纤维	PBT 最多注入23%玻璃纤维	PBT 最多注入23%玻璃纤维	PBT 最多注入23%玻璃纤维	PBT 最多注入23%玻璃纤维	PBT 最多注入23%玻璃纤维
尼龙 6(PA 6)聚己内酰胺	PA6 最多注入23%玻璃纤维	PA6 最多注入23%玻璃纤维	PA6 最多注入23%玻璃纤维	PA6 最多注入23%玻璃纤维	PA6 最多注入23%玻璃纤维	PA6 最多注入23%玻璃纤维	PA6 最多注入23%玻璃纤维

摩擦异响相对复杂，对于判断摩擦材料是否兼容，可通过如图 5-15 所示的专业设备进行测试，也可以在异响调校试验中进行积累。

滑动速度v	正压力F	温度T	相对湿度H
v=1mm/s F、T、H=常数	F=10N v、T、H=常数	T=10 v、F、H=常数	H=10% v、F、T=常数
v=5mm/s F、T、H=常数	F=20N v、T、H=常数	T=23 v、F、H=常数	H=20% v、F、T=常数
v=10mm/s F、T、H=常数	F=30N v、T、H=常数	T=30 v、F、H=常数	H=50% v、F、T=常数
v=20mm/s F、T、H=常数	F=50N v、T、H=常数	T=40 v、F、H=常数	H=70% v、F、T=常数

图 5-15 摩擦材料兼容性测试和测试矩阵

可以参照表 5-8 选取必须接触或潜在接触的零部件材料。如图 5-16 所示，某 SUV 车型临时方案的门饰板按压异响有问题，通过将 PC/ABS 改为 PA6 注入 30%GF，使异响得到根本的解决。

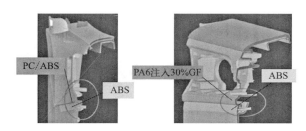

材料A	材料B	正常负载/N								
		10	20	30	40	50	60	70	80	90
PA6注入30%GF	ABS	无异响								
PC/ABC	ABS	有异响								

图 5-16　某 SUV 车型临时方案的门饰板按压异响问题优化

敲击异响相对简单，材料匹配时，应避免零件处于硬碰硬的状态。刚性较大的物体相互作用时的发声系数非常高，可通过修改材料或增加软质层来优化异响。例如，安全带卷收器异响，除了优化安装点局部刚度外，可对感应球与球笼采用刚柔匹配的材料以减弱 rattle 异响（图 5-17）。

不管是敲击异响还是摩擦异响，都可以添加隔离保护层来降低或消除异响，增加隔离保护措施，其本质也是材料的配对。

对于 squeak 和 rattle 噪声的治理，设计时通常采用如下优先级进行：避免接触→避免相对运动→选择可兼容的部件材料→使用抗噪声材料或消声油进行接触面隔离。

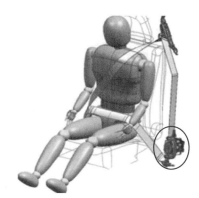

图 5-17　安全带卷收器异响示意

5.4.5　数字样车阶段异响规避

项目开发前期 NVH 异响团队将总结各项目异响设计经验教训，参考其他竞品车异响设计优点，整理好异响各部件设计要求清单，输入工程化开发团队，组织零部件的异响 DMU（digital mock-up）检查。

（1）部分经验教训及质量数据的输入（表 5-9）

表 5-9　部分经验教训及质量数据的输入

零部件	异响描述	异响原因	图示	工程方案
驾驶室前翻转支撑座	样车在扭曲路面上低速行驶时，前底盘传来沉闷的撞击异响	支撑座内的橡胶衬套与支架撞击产生。		支架之间增加垫片，消除间隙

续表

零部件	异响描述	异响原因	图示	工程方案
后围内饰板	在低速通过角钢、绳索路面时,驾驶室后围出现拍击声异响	后围钣金凸起面撞击内饰板	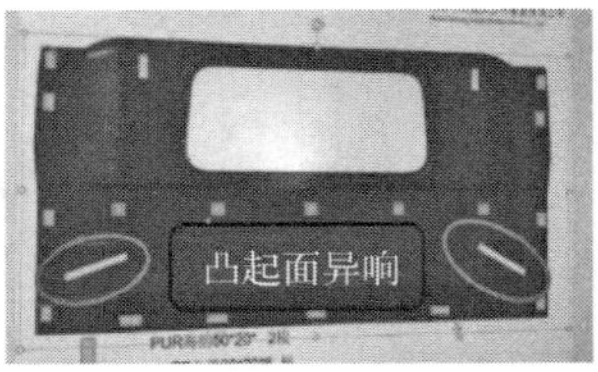 凸起面异响	将预留的海绵移到异响区域,在异响区域粘贴海绵
传动轴	在80～60km/h减速滑行过程中,后底盘出现金属摩擦异响	后传动轴与前传动轴中心轴线夹角过大(故障车是7.3°,设计状态是5°)导致转速波动较大引发后桥打齿异响	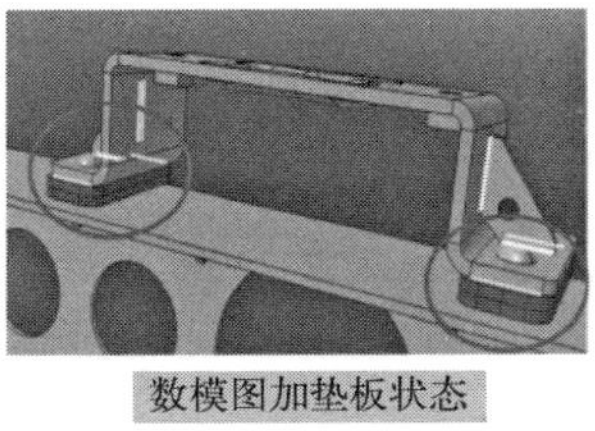 数模图加垫板状态	车架传动轴支架增加垫板,单件厚度5mm,共计增加10mm,加垫板后测量前后传动轴中心轴线夹角为4.7°
空滤导管	原地怠加速及行驶过程中,发动机转速在900～1000r/min区间内时,副驾驶右后方出现"嗡嗡"声异响	导管支架与管体干涉	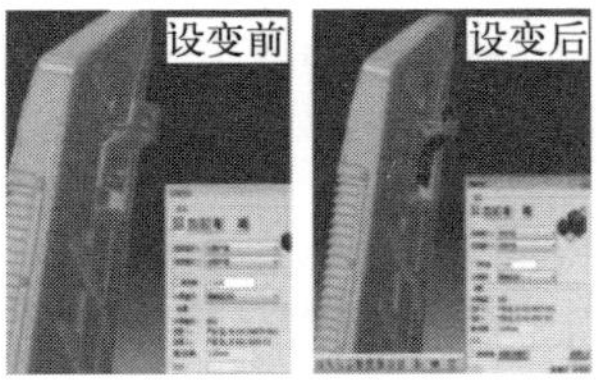 设变前 设变后	修改支架结构,增大管体与支架最小间隙,避免干涉
轮毂钣金	车辆经过扭曲路面时后轮毂包位置出现钣金挤压的异响	车身左后钣金未设计焊点,导致钣金摩擦产生异响	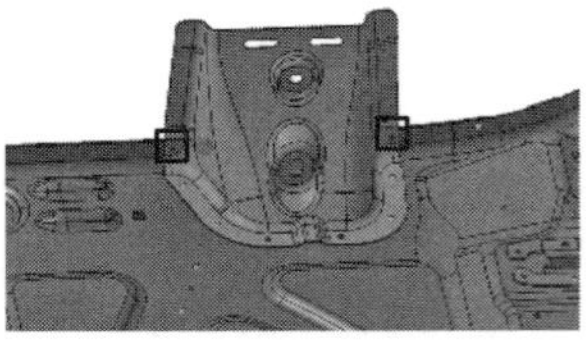	对钣金左右两侧异响位置增加两个焊点
PEPS控制器、风管	当出现抖动时,PEPS控制器敲击风管产生异响	PEPS控制器与风管之间间隙太小,出现撞击	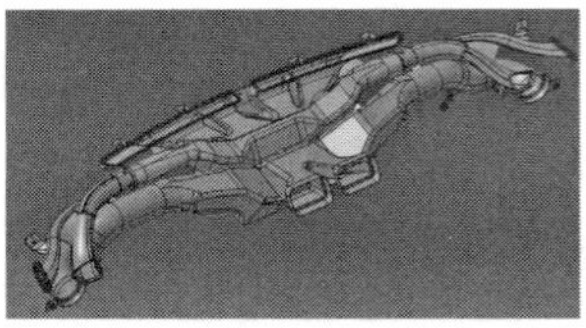	在风管上增加一层泡棉隔绝
仪表台通风格栅上部面板	静态挤压仪表台通风格栅上部面板,面板出现"吱吱"异响	中央风口面板与壳体之间重叠量小,面板筋位与壳体Z向限位不足,存在1mm间隙,导致存在按压空间,两限位之间跨度长为65mm	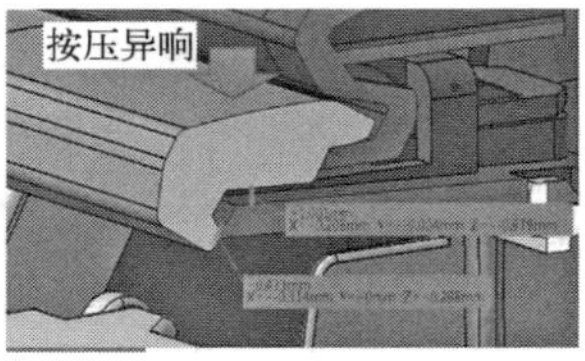 按压异响	将1mm间隙改为零贴,使之无按压空间,在两限位之间增加一个限位
仪表台通风格栅总成	行驶在颠簸路上时仪表台通风格栅内部传出"嗒嗒"异响	(1)原设计固定杆孔与垂直叶片轴间隙0.1mm,间隙过大 (2)轴与固定杆间隙单边为0.1mm,共计0.2mm,间隙过大		(1)孔轴配合间隙重新定义公差为(0.05±0.03)mm,按照定义公差调整固定杆孔尺寸 (2)与壳体配合固定杆筋位加高0.08mm

续表

零部件	异响描述	异响原因	图示	工程方案
组合仪表和组合仪表上盖板	行驶在颠簸路面上时组合仪表上出现盖板卡扣松脱异响	盖板卡扣卡不紧,盖板与组合仪表间存在间隙,产生晃动撞击产生异响	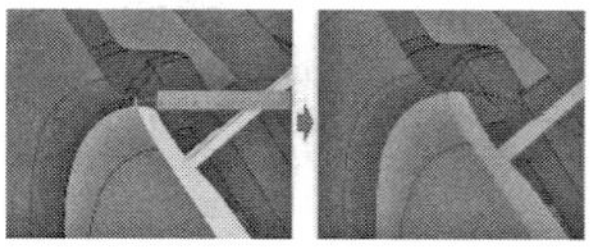	骨架背面加胶0.5mm,正面减胶0.5mm来保证间隙
安全带卷收器	车辆行驶在搓板路面时,安全带卷收器支架传来一阵"嗡嗡"的共振异响	卷收器支架与路面激励产生共振,导致安全带卷收器剧烈晃动产生异响		在安全带卷收器支架增加安装点
摆臂	行驶在鹅卵石路面,速度为15~25km/h时底盘摆臂后衬套异响(巴拉圭异响)	下摆臂后安装点衬套偏软,因鹅卵石路面不规则,在路面行驶时衬套Y向行程过大撞击导致异响	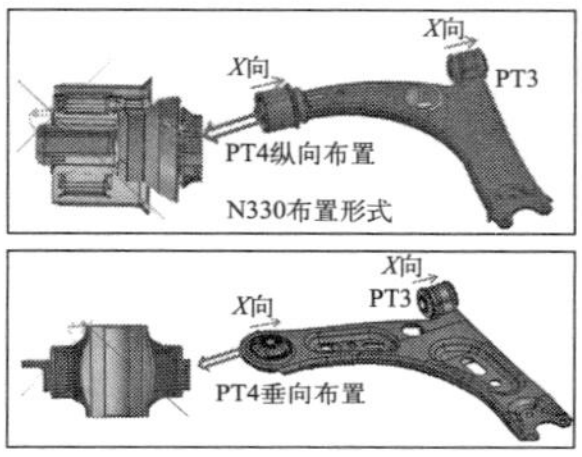	前下摆臂安装方式由纵向形式改变为垂向 前下摆臂后衬套橡胶硬度由CX743 61邵氏硬度改变为临时方案CX74372邵氏硬度
摆臂前衬套	低温(0℃),车辆以25km/h的速度经过长坡路,摆臂前衬套挤压异响	衬套翻边内侧与摆臂套管挤压摩擦产生异响	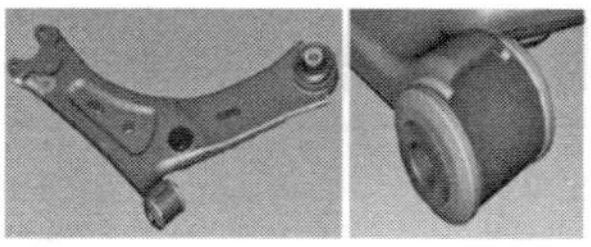	将摆臂前套管长度由40mm延长至44mm,衬套结构不变;翻边过盈量增大至8mm
摆臂前衬套	-30℃低温坑洼路异响	衬套翻边外侧与副车架面挤压摩擦产生异响	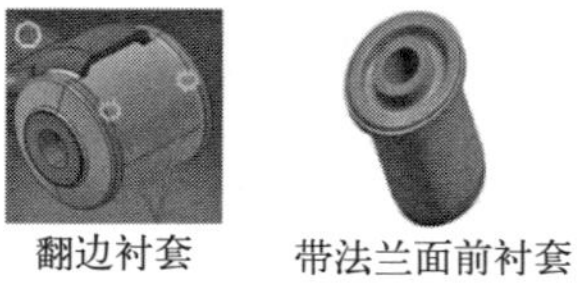 翻边衬套 带法兰面前衬套	(1)取消前衬套翻边结构,更改至法兰结构衬套 (2)前衬套带外套管结构或套管间橡胶刚度由20000N/mm更改至10000N/mm
拖曳臂衬套	扭曲路面,拖曳臂异响	新衬套空心部分表面光滑,且无润滑,相互摩擦产生异响。	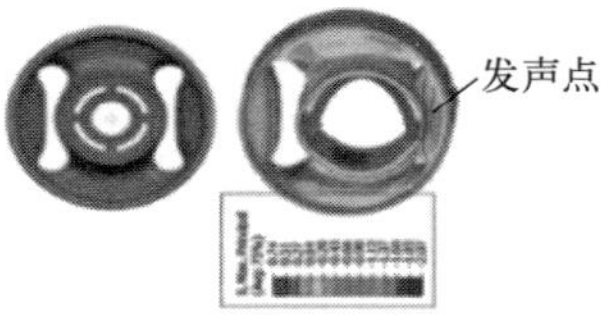 发声点	由衬套供应商涂油脂
后悬置	驾驶室后悬置撞击异响	右后车身悬置"咚咚"异响,确认悬置橡胶压缩在颠簸工况下衬套护套与端面撞击异响	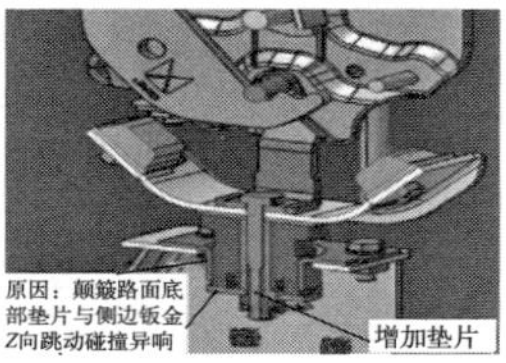 原因:颠簸路面底部垫片与侧边钣金Z向跳动碰撞异响 增加垫片	增大底部垫片与侧边钣金的Z向间隙;提升绿色橡胶垫刚度,减小Z向跳的间隙

(2)异响DMU检查

包括DMU检查清单输入、检查项评审和风险项跟踪及整改。某车型部分底盘悬挂件DMU检查见表5-10。如图5-18所示为仪表台线束异响DMU检查,确保线束每隔150~

200mm 必须有固定点。如图 5-19 所示为相邻悬空线束卡扣的 DMU 检查，增加隔离保护避免硬碰硬敲击异响。

表 5-10　某车型部分底盘悬挂件 DMU 检查项

部件	检查项	NVH 要求	评估方式
钢板弹簧	板簧异响规避	(1) 主钢板弹簧中使用磨利可润滑（二硫化钼润滑剂）（参照福特 F150 PK） (2) 扎紧夹子和夹子减振材料，前后端的顶针减振材料要根据 D&R/S&R 选用，不包括主、二级、副簧片 (3) 簧片面与面接触，避免面线接触，避免拍打 (4) 板簧端部的相邻簧片均要保证面面接触，避免拍打 (5) 吊耳/卷耳衬套采用自润滑材料	DMU
稳定杆	稳定杆异响规避	避免橡胶和稳定杆产生异响，前后稳定杆的橡胶材料要求如下 如果杆件必须旋转，必须使用自润滑材料 如果杆件不转动，橡胶与支架设计必须保证橡胶在支架内面不相对运动 避免橡胶与杆在潮湿雨水环境下的摩擦吱吱声，橡胶必须预压缩，然后压装在支架里 避免稳定杆支架附件与车架之间的相对运动，需要将支架设计成由 2 螺栓固定	DMU
螺旋弹簧	螺旋弹簧异响规避	为了防止减振器螺旋弹簧的碰撞异响（通常的减振器螺旋弹簧为可变刚度弹簧），以及为避免螺旋弹簧上下端碰撞，需要隔振垫	DMU
螺旋弹簧	螺旋弹簧异响规避	(1) 可变刚度螺旋弹簧通过螺旋弹簧接触蠕动进行刚度变化，需要的隔振垫也特殊：在螺旋弹簧之间使用开式的套管进行异响隔离和耐久防护。 (2) 关注靠底座的弹簧、弹簧座、螺旋衬垫、螺旋弹簧等的稳健设计，以达到耐腐蚀、高里程异响要求。若不满足要求，需要在弹簧座增加镀锌以及最小化金属裸露腐蚀 (3) 建议使用低相对运动的隔振垫	DMU
减振器	减振器防尘罩间隙	减振器防尘罩与外筒最小间隙设计标准间隙 5mm；如不能满足设计间隙要求，则要保证缓冲块与防尘罩的运动过程，与减振器外筒同轴。 (1) 使用套筒 (sleeve)，避免圆簧与减振器上下端磕碰产生异响 (2) 接触式变刚度圆簧必须使用对开套筒，避免涂层磨损和圆簧碰撞声	DMU
摆臂	摆臂安装点防松策略	尤其是下摆臂经常发生扭矩衰减，对其应采用扭矩保持设计，如偏小螺栓、防滑垫片等	DMU
摆臂	摆臂工艺孔	开孔处要防止砂石等异物进入摆臂内腔 开口时要考虑底盘风噪，必要时增加堵盖	DMU
副车架与车身	副车架与车身连接	副车架与车身都采用大尺寸长螺栓连接，且连接面直接是金属面接触，不能有防护胶残留在接触面上 (1) 力矩衰减或是本身安装螺栓力矩没有拧紧，出现副车架与车身发生相对滑移，产生异响 (2) 采用增加防滑垫片的方式来提高副车架与车身之间的摩擦力，以防副车架与车身在外载下发生滑移	DMU

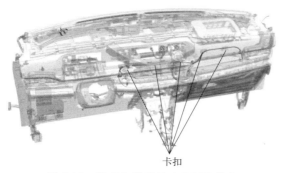

图 5-18 仪表台线束异响 DMU 检查

图 5-19 相邻悬空线束卡扣的 DMU 检查

5.4.6 物理样车阶段异响试验调教

物理样车出来以后，通过大样本量、不同的生产批次、不同的环境条件、不同的行驶里程、不同的道路路面调校、不同的使用客户验证来充分显露异响问题，并进行分析整改。其大致流程如图 5-20 所示。

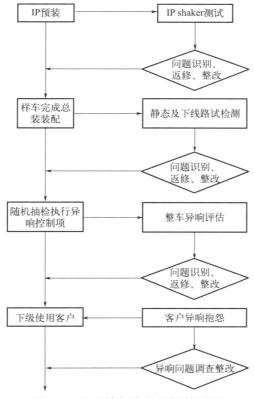

图 5-20 物理样车异响试验调校流程

异响试验调校是异响控制开发不可或缺的，其旨在识别、整改数字样车阶段遗漏的问题；识别、整改装配质量问题，提高制造生产一致性；识别、整改供应商零件质量问题，提高供应商供货质量。其中的下级使用客户的对象为产品项目开发中各类试验、驾评人员或流程，如各类耐久试验、三高标定试验、高层驾评、长距离驾评、客户之音-耐久验证、整车评审-路试等。

异响的试验可分为关键部件或子系统异响测试和整车异响测试。其中关键部件或子系统异响测试的主要对象为内饰集成件，如仪表台、门板、座椅等；整车异响测试按客户的使用情况，可分为静态异响评估和动态异响评估。

5.4.6.1 关键部件异响测试

通过结合相关零部件异响规范，规定车辆子系统级别异响设计标准、零部件异响试验要求，使子系统完成并通过异响试验。如图 5-21 所示零部件异响台架测试。

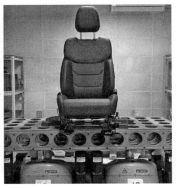

图 5-21　零部件异响台架测试

（1）整车静态异响测试评估

旨在模拟顾客在使用汽车时进行的一系列操作，识别和评估各个功能模块或配置工作时存在的异响。主要包含静态开关门，天窗及遮阳帘开闭，开关车窗玻璃，座椅调节，安全带调节，音响设备使用及音频测试，主副仪表台、方向盘、顶棚仪表、组合仪表等各类旋钮、格栅、开关件调节，换挡杆、踏板及方向盘转动时的异响评估。

（2）动态道路异响评估

道路试验通过利用试验场各种工况路面、客户之音道路试验、耐久车道路试验、高温高寒性能试验等多方面的工况来验证样车异响状态是否满足设计要求值。

（3）常温及环境舱四立柱异响评估

常温或带环境舱四通道整车振动台通过试验场异响路面路谱采集数据，通过 MTS 软件进行路谱数据剪辑、滤波及重采样后，进行路谱迭代，生成驱动路谱文件，用于整车振动台异响试验。

所有测试评估发现的异响问题都应在 S&R 异响管控表中记录，如图 5-22 所示，并在问

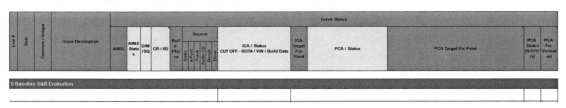

图 5-22　S&R 异响管控表

题管理系统中跟踪，督促相关责任方对异响问题进行整改优化，并通过充分验证，使异响问题稳定受控，进而实现异响问题从发现到解决的闭环控制。

5.4.6.2 异响控制项制定与抽样原则

优先选用主销车型，尽量覆盖全配置，每个车型至少进行 2 次环境四立柱台架异响试验和 1 次常温四立柱台架异响试验。

如果项目规模和等级≥3，原则上每个投产节点需保证 30 台样本，具体为 19 台常温台架试验，11 台环境舱台架试验，其中高低温异响问题不计 CPU。

如果项目规模和等级<3，则可根据实际情况制定车型异响控制开发策略。

第6章 案例分析

6.1 车辆起步低频抖动分析

6.1.1 问题描述

某前置后驱自动挡车，1挡和2挡全油门加速（1800~3000r/min，对应传动轴转速200~600r/min）时，能明显感受来自地板的低频抖动，且抖动随载荷增加而恶化。测试座椅导轨在1挡全油门加速时的振动，如图6-1所示是座椅导轨振动速度随传动轴转速的campbell频谱，抖动频率范围为7~20Hz，抖动峰值频率为10Hz，可见急加速抖动的主要贡献量为传动轴2阶振动。从座椅导轨振动速度campell频谱图中提取出传动轴2阶分量振动，得到如图6-2所示的座椅导轨振动的传动轴2阶分量振动曲线，满载时座椅导轨振动曲线峰值为31.6mm/s，空载时座椅导轨振动曲线峰值为15.6mm/s。

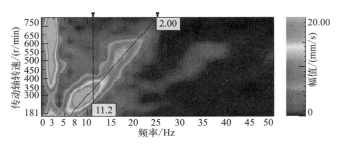

图6-1 座椅导轨振动随传动轴转速的campbell频谱

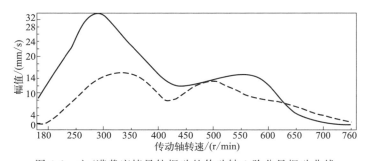

图6-2 空/满载座椅导轨振动的传动轴2阶分量振动曲线

6.1.2 问题原因分析

根据传动轴整车级NVH目标，座椅导轨振动峰值目标值小于等于5mm/s。如图6-2所示,问题车座椅导轨上传动轴 2 阶分量振动最大 31.6mm/s,不满足目标。以下将从关键点振动、附加弯矩理论、固有特性 3 个方面分析加速抖动产生原因。

(1) 关键点振动分析

针对该抖动问题,测试动力装置末端、中间支撑、后桥振动,如图 6-3(a) 所示为有抖动和无抖动状态各点振动速度的传动轴 2 阶分量对比。在 200~400r/min 时,座椅导轨振动峰值与动力装置末端振动速度对应最好,在 450~600r/min 时,座椅导轨振动峰值与后桥和中间支撑振动对应最好。如图 6-3(b) 所示,动力装置末端振动在无抖动状态是有抖动状态的 10%。如图 6-3(c) 所示,中间支撑振动在无抖动状态是有抖动状态的 40%。如图 6-3(d) 所示,后桥前鼻振动在无抖动状态是有抖动状态的 25%。可见,加速抖动与动力装置末端、中间支撑、后桥振动密切相关。查看传动轴系统级目标,动力装置末端振动、中间支撑振动、后桥前鼻振动目标分别为小于等于 25mm/s、10mm/s 和 25mm/s。问题车抖动严重状态的动力装置末端振动、中间支撑振动、后桥前鼻振动最大分别是 36mm/s、36mm/s、49mm/s,均不满足目标。根据传动轴子系统方案设计中联轴节选型内容确定普通十字万向节存在传动轴 2 阶激励,确定加速抖动由传动轴十字万向节附加弯矩激励。

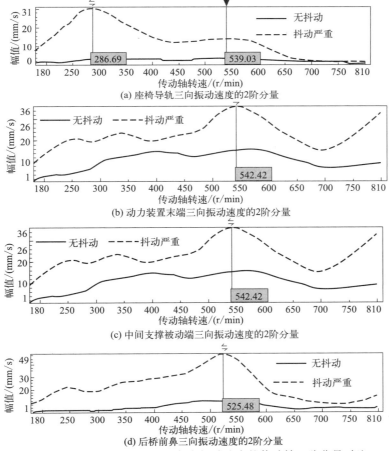

图 6-3 有抖动和无抖动状态各点振动速度的传动轴 2 阶分量对比

(2) 附加弯矩理论

单个十字万向节十字轴主或从动轴叉的附加弯矩 ($\overrightarrow{M_{u1}}$ 或 $\overrightarrow{M_{u2}}$) 垂直于节叉面,计算公式如下。

$$\overrightarrow{M_{u1}} = M_1 \sin\varphi \tan\alpha \tag{6-1}$$

$$\overrightarrow{M_{u2}} = M_1 \cos\varphi \sin\alpha \sqrt{1+\sin^2\varphi \tan^2\alpha} \tag{6-2}$$

式中，α 为万向节输入轴与输出轴轴线夹角；φ 为主动节叉位置，即主动节叉面与输入/输出轴轴线所在平面的夹角；M_1 为主动轴扭矩；M_{u1} 为主动节叉附加弯矩；M_{u2} 为从动节叉附加弯矩。

如图 6-4 所示，问题车采用双段式传动轴，前端通过万向节 1 与动力装置输出轴（即轴Ⅰ）相连，后端通过万向节 3 与主减速器输入轴（即轴Ⅳ）相连，中间传动轴（即轴Ⅱ）与主传动轴（即轴Ⅲ）通过万向节 2 相连。每个万向节都会产生附加弯矩，并作用于对应的输入/输出轴，每根轴所受附加弯矩为所连接万向节的附加弯矩的合力。中间传动轴所受附加弯矩是万向节 1 和 2 对轴Ⅱ附加弯矩的矢量合成。

$$\overrightarrow{M_{\text{Ⅱ}}^u} = \overrightarrow{M_1^{u2}} + \overrightarrow{M_2^{u1}} \tag{6-3}$$

式中，$\overrightarrow{M_{\text{Ⅱ}}^u}$ 为轴Ⅱ所受合附加弯矩；$\overrightarrow{M_1^{u2}}$ 为万向节 1 对其输出轴（即轴Ⅱ）产生的附加弯矩；$\overrightarrow{M_2^{u1}}$ 为万向节 2 对其输入轴（即轴Ⅱ）产生的附加弯矩。

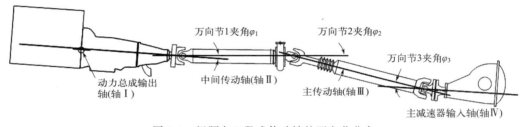

图 6-4 问题车双段式传动轴的万向节分布

由于附加弯矩垂直于对应节叉面，因此轴Ⅱ所受两端万向节附加弯矩的夹角为其两端节叉面夹角或其补角。轴Ⅱ两端节叉分别为主、从动节叉，节叉面同相时附加弯矩方向相反。故其两端附加弯矩矢量夹角为两端节叉面夹角的补角。因此在力矩矢量三角形中，根据余弦定理，轴Ⅱ所受合附加弯矩为

$$\overrightarrow{M_{\text{Ⅱ}}^u} = \sqrt{(M_1^{u2})^2 + (M_2^{u1})^2 + 2\cos(\pi - \gamma) M_1^{u2} M_2^{u1}} \tag{6-4}$$

式中，γ 为两端节叉面夹角，即节叉相位。

万向节 1 对轴Ⅱ附加弯矩是万向节 1 对输出轴的附加弯矩，根据式（6-2）得

$$\overrightarrow{M_1^{u2}} = M_{\text{Ⅰ}} \cos\varphi_1 \sin\alpha_2 \sqrt{1+\sin^2\varphi_1 \tan^2\alpha_1} \tag{6-5}$$

式中，$M_{\text{Ⅰ}}$ 为万向节 1 输入轴传递扭矩；φ_1 为万向节 1 主动节叉位置；α_1 为万向节 1 的夹角。

万向节 2 对轴Ⅱ附加弯矩是万向节 2 对输入轴的附加弯矩，根据式（6-1）得

$$\overrightarrow{M_2^{u1}} = M_{\text{Ⅱ}} \sin\varphi_1 \tan\alpha_1 \tag{6-6}$$

式中，$M_{\text{Ⅱ}}$ 为万向节 2 输出轴传递扭矩；φ_2 为万向节 2 主动节叉位置；α_2 为万向节 2 的夹角。

轴Ⅰ和轴Ⅱ分别是万向节 1 的输入轴和输出轴，则轴Ⅱ传递扭矩为

$$M_{\text{Ⅱ}} = (1 - \sin^2\alpha_1 \cos^2\varphi_1) \frac{M_{\text{Ⅰ}}}{\cos\alpha_1} \tag{6-7}$$

同理可得轴Ⅲ的附加弯矩为万向节2对输出轴的附加弯矩和万向节3对输入轴的附加弯矩的矢量合成。轴Ⅰ和轴Ⅳ只与1个万向节相连，所受附加弯矩为单万向节附加弯矩。

根据式(6-4)～式(6-6)，传动轴所受附加弯矩不仅与单个万向节参数有关，还与各万向节的组合方式(如轴两端的节叉相位、各万向节夹角关系)有关。

(3) 固有特性分析

在实车的整车约束状态下，通过试验模态分析方法测试动力传动系模态振型。如图6-5所示是动力装置的俯仰模态振型，模态频率为10Hz，动力装置末端动态位移最大。如图6-6所示是后桥的上下弹跳模态振型，模态频率为20Hz。加速过程，传动轴转速为300r/min时，附加弯矩波动频率为10Hz，与动力装置的俯仰模态耦合；传动轴转速为550r/min时，附加弯矩波动频率为18Hz，与后桥的上下弹跳模态耦合。根据上文附加弯矩计算公式，整个急加速过程中传动轴扭矩变化不大，如果万向节夹角不发生变化，则附加弯矩变化较小，低频抖动不应该只发生在特定转速。但当传动轴的附加弯矩与传动系统模态耦合时，激励传动轴产生较大动态位移，导致万向节夹角增大，进一步增大附加弯矩，激励车身产生低频抖动。

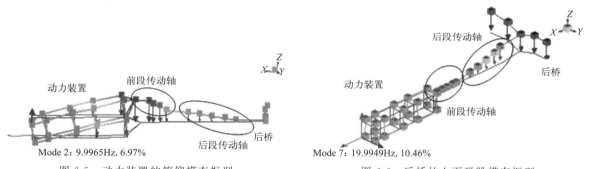

图6-5 动力装置的俯仰模态振型　　图6-6 后桥的上下弹跳模态振型

综上所述，低挡位急加速时，附加弯矩波动频率在特定转速与动力装置俯仰模态、后桥上下弹跳模态耦合，激励传动轴产生较大动态位移，导致传动轴附加弯矩出现峰值，激励车身地板抖动。故附加弯矩是急加速低频抖动的激励源，围绕影响传动轴附加弯矩的参数，寻找抖动优化措施。

6.1.3 解决方案

传动轴附加弯矩是由传动轴十字万向节产生的。传动轴联轴节若采用高速节，则附加弯矩激励非常小。考虑高速节成本非常高，本案例在十字万向节选型条件下优化加速抖动。十字万向节附加弯矩与传动轴扭矩、万向节布置夹角、万向节节叉布置相位、传动系统模态及其动态位移有关，据此提出以下低频抖动优化措施。

(1) 调整万向节节叉布置相位

万向节叉相位关系，直接影响传动轴所受合附加弯矩大小。根据式(6-4)，中间传动轴合附加弯矩随其矢量夹角增大而减小，当其附加弯矩夹角为180°时，合附加弯矩最小。如图6-7(b)所示，中间传动轴两端节叉面的相位为0°时，传动轴两端附加弯矩矢量夹角为180°。如图6-7(a)所示，中间传动轴两端节叉面的相位为90°时，传动轴两端附加弯矩矢量夹角为90°。故中间传动轴两端节叉面的相位为0°，中间传动轴所受合附加弯矩最小。

问题车加速过程低频抖动严重的转速区间，传动轴扭矩约为 1250N·m，满载时万向节 1 夹角和万向节 2 夹角分别为 1.92°和 2.49°。根据 6.1.2 节提供的公式，估算中间两端节叉相位为 0°和 90°时传动轴所受合附加弯矩。节叉相位为 0°时传动轴所受附加弯矩约为节叉相位为 90°时的 1/5。图 6-8 中，横坐标为万向节 1 主动节叉面相对传动轴轴线所在平面转过的角度，节叉每旋转 180°，附加弯矩大小和方向循环 1 周期。

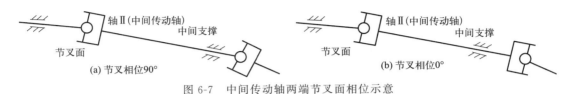

图 6-7　中间传动轴两端节叉面相位示意

为验证节叉相位的影响，同一车上分别安装节叉相位为 0°和 90°的中间传动轴，在满载 1 挡全油门加速工况测量座椅导轨振动。如图 6-9 所示，是试验获得的两种不同节叉相位时低频抖动值，中间传动轴节叉相位由 0°变为 90°，急加速过程中低频抖动峰值由 32mm/s 降为 6mm/s。可见，调整传动轴两端节叉面相位，是改善急加速低频抖动的一种非常有效的方法。

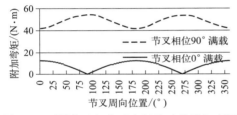

图 6-8　不同节叉相位时中间传动轴附加弯矩

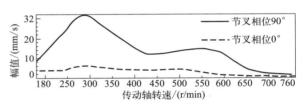

图 6-9　中间传动轴两端节叉相位对低频抖动影响

（2）调整发动机扭矩

根据附加弯矩公式，附加弯矩大小与扭矩成正比。减小传动轴传递扭矩，可以减小传动轴附加弯矩，进而优化急加速低频抖动。通过发动机标定限制传动轴扭矩，当传动轴扭矩为基础值、基础值的 60% 和 50% 时，在 1 挡全油门加速工况测试座椅导轨振动，提取振动速度三向合成值的传动轴 2 阶分量。如图 6-10 所示，低频抖动大小正比于传动轴扭矩，降低传动轴扭矩可以改善急加速低频抖动。

（3）调整万向节布置夹角

根据式（6-4），当中间传动轴两端节叉相位为 0°时，两端附加弯矩大小越接近，合弯矩越小。根据式（6-5）和式（6-6），两端万向节夹角差值越小越好。当中间传动轴两端节叉相位为 90°时，两端附加弯矩越小，合弯矩越小，两端万向节夹角越小越好。调整中间支撑高度，可以调整万向节 1 夹角和万向节 2 夹角。

不同万向节夹角对急加速低频抖动影响见表 6-1。其中，中间支撑上调高度负值表示下调，万向节夹角正值表示输

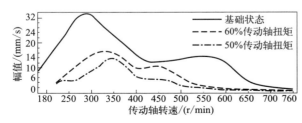

图 6-10　传动轴扭矩对急加速低频抖动影响

出轴相比于输入轴下翘，万向节夹角负值表示输出轴相比于输入轴上翘，夹角差值为万向节1夹角和万向节2夹角绝对值的差值。如表6-1所示，调整中间支撑高度，万向节1夹角和万向节2夹角发生相应变化，急加速低频抖动正比于万向节1夹角和万向节2夹角差值。

表6-1 不同万向节夹角对急加速低频抖动影响

中间支撑上调高度/mm	万向节1夹角/(°)	万向节2夹角/(°)	夹角差值/(°)	抖动值/(mm/s)
11.5	0.80	−0.66	0.14	4.17
6.2	1.31	−1.50	0.19	5.29
3.2	1.61	−1.98	0.37	5.61
0	1.92	−2.49	0.57	6.44
−2.0	2.12	−2.81	0.69	7.36

对于实车状态，由于传动系统的动态位移导致万向节夹角是动态变化的，因此静态夹角并不能完全反映各万向节间动态夹角关系。整车载荷对万向节2夹角和万向节3夹角影响较大，对万向节1夹角影响非常小。空载和满载状态下，万向节2夹角明显不同，调整中间支撑高度对万向节1夹角和万向节2夹角的影响也不同。调整中间支撑高度对急加速低频抖动的影响，需要综合考虑空载和满载状态。

（4）调整中间支撑刚度

中间支撑bounce模态为28Hz，离抖动峰值频率10Hz较远。在非模态区域，提高中间支撑动刚度可以降低传动轴动态位移，进而减小万向节动态夹角。故提高中间支撑动刚度，可减小合附加弯矩，从而优化整车抖动。传动轴中间支撑橡胶结构和材料相同时，中间支撑静刚度越大，则其动刚度也越大。中间支撑原始静刚度分别为56.8N/mm、59.9N/mm、51.6N/mm时，在整车上测试满载1挡全油门加速时座椅导轨振动。如图6-11所示，中间支撑静刚度越小，急加速低频抖动越小。提升中间支撑刚度会导致中间支撑耐久疲劳问题，该方法只用于低频抖动的微调改善。

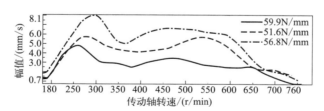

图6-11 传动轴中间支撑刚度对急加速低频抖动影响

6.1.4 改进效果

针对问题车，如图6-12所示，将中间传动轴两端节叉相位由90°改为0°，1挡全油门加速满载时低频抖动由31.6mm/s降为5.8mm/s，空载时低频抖动由15.6mm/s降为5.0mm/s，已接近目标值。

调整中间支撑高度，无法使空载和满载同时达到目标值。传动轴扭矩下调40N·mm，低频抖动仍无法达到目标值，且下调扭矩影响加速动力性。如图6-13所示，传动轴中间支撑静刚度由原始值56.8N/mm提升为59.9N/mm后，1挡全油门加速满载时低频抖动由5.8mm/s降为4.1mm/s，达到目标值；空载时低频抖动降至3.9mm/s，达到目标值。

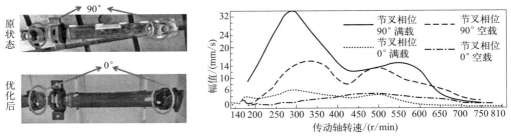

图 6-12 调整节叉相位对急加速低频抖动优化效果

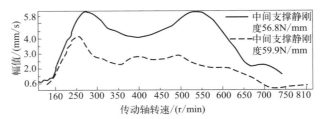

图 6-13 调整刚度对急加速低频抖动优化效果

6.1.5 问题总结

某车 1 挡/2 挡全油门加速过程，出现严重的整车抖动。经过实车测试分析，座椅导轨上的传动轴 2 阶分量振动不满足传动轴整车级目标，动力装置末端、中间支撑、后桥前鼻 3 个点的传动轴 2 阶分量振动不满足传动轴系统级目标。根据关键点振动、附加弯矩理论、固有特性分析得出，传动轴多个十字万向节的组合附加弯矩激励经动力装置、中间支撑、后桥传递到车身引起加速整车抖动。附加弯矩波动频率是传动轴转速的 2 倍频，当附加弯矩波动频率与动力装置俯仰模态、后桥上下弹跳模态耦合时，加速抖动进一步加剧，出现振动峰值。围绕影响传动轴附加弯矩的结构参数，研究传动轴扭矩、十字万向节布置夹角、万向节节叉布置相位、中间支撑刚度对加速抖动影响，确定加速抖动产生的设计原因是传动系统节叉相位匹配和中间支撑刚度设计不合理。最终，通过重新匹配传动轴节叉相位和提高中间支撑刚度，座椅上传动轴 2 阶振动分量优化到 4.1mm/s，达成小于等于 5mm/s 的目标。

6.2 皮卡加速共振轰鸣分析

6.2.1 问题描述

某柴油 AT 多连杆皮卡车型在研发过程中，小批量装车下线时发现柴油 AT 多连杆车型在加速过程中，发动机转速在 1200～1600r/min 附近时整车存在共振轰鸣，抱怨点为 1250r/min 及 1450r/min 附近，4 挡及以上挡位问题为较严重，主观不可接受。

客观数据显示共振轰鸣问题由发动机 2 阶激励贡献，以 6 挡部分油门加速工况的客观数据为例，在 1250r/min 附近车内 2 阶噪声约为 60dB（A），座椅 2 阶振动约为 0.08g，在 1400r/min 附近车内前排噪声约 63dB（A），座椅 2 阶振动约为 0.06g，超出项目前期设定噪声≤58dB（A），座椅振动≤0.03g 的目标。车内振动噪声数据如图 6-14 所示。

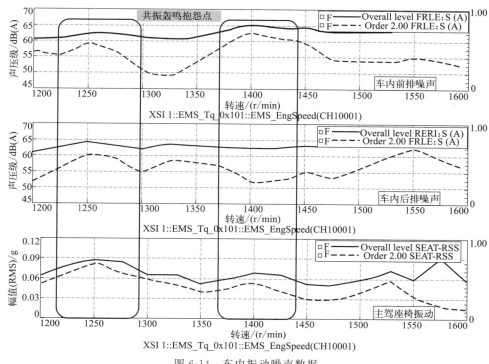

图 6-14 车内振动噪声数据

6.2.2 问题原因分析

采用 NVH 常用的源、路径、响应的诊断方法对样车各子系统进行摸底排查,发现加速过程中后桥在 1250r/min 和 1470r/min 存在点头工作振型,结果如图 6-15 所示,与车内抱怨共振轰鸣的问题转速相对应;进一步摸底传动系统的扭振,结果如图 6-16 所示,传动系统在共振轰鸣转速附近也存在扭振峰值,峰值约为 0.2°。综合以上的摸底排查结果,基本确定该问题是由传动系统扭振频率与后桥两个点头工作振型的频率相耦合,而引起整车的共振轰鸣,原理如图 6-17 所示;同时将测试结果与项目前期设定的目标对比发现,后桥模态频率与传动系统扭振均满足目标,说明该轰鸣是由整车系统匹配引起的。

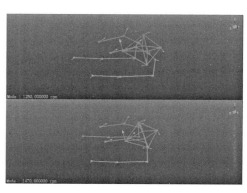

图 6-15 后桥 ODS 振型

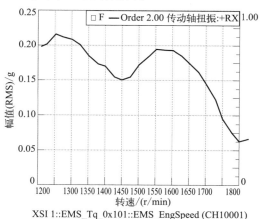

图 6-16 传动系统扭振曲线

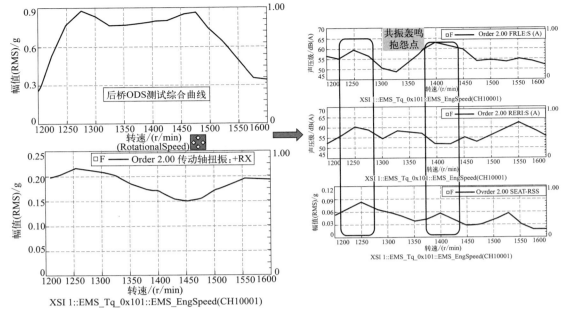

图 6-17 共振轰鸣产生原理

6.2.3 解决方案

针对模态频率耦合引起的共振轰鸣问题，通常采用避频、降低激励源以及优化传递路径上的振动水平来对问题进行优化。

避频——问题样车是纵置后驱的多连杆车型，移开后桥点头振型的频率，通常需要降低连杆衬套刚度；但是降低衬套刚度，相应地会带来耐久以及动态属性变差的风险。

激励源降低——降低发动机本体的激励，相应地会牺牲样车的动力性和驾驶性能。

传递路径振动水平优化——工程上，常用的降低振动水平方案是在传递路径上振动水平较大的系统或部件上加吸振器［吸振器分为动力吸振器（PND）和扭转吸振器（TVD）］，来优化传递路径上的振动水平，进而实现对问题的优化，但是相应地会带来一定的成本增加。

基于样车开发的性能标准，为实现 NVH 性能优化提升的同时还不影响其他属性性能水平，采用在传递路径上优化振动的方案来对共振轰鸣问题进行优化，即在后桥上加动力吸振器。

从整车摸底的结果可知，样车在 1200～1600r/min 转速区间有 1250r/min 和 1450r/min 两个共振轰鸣点，同时为确保优化方案的稳健性，采用在后桥同时加 PND 和 TVD 的工程方案来对问题进行优化，其中 PND 是用于优化后桥的 1250r/min 附近的点头工作振型，TVD 用于优化 1450r/min 附近的扭振。样车结构简图如图 6-18 所示，后桥加 PND 和 TVD 的实物图如图 6-19 所示。

6.2.4 改进效果

在问题调校车的后桥上加 PND 和 TVD 进行验证，结果显示：在 1250r/min 附近的轰鸣点，车内前排噪优化约 7dB（A）、后排噪声优化约 5dB（A）、座椅振动优化约 70%；在 1450r/min 附近的轰鸣点，内前排噪优化约 10dB（A）、后排噪声优化约 6dB（A）、座椅振

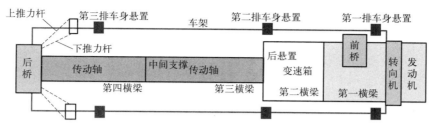

图 6-18　样车结构简图

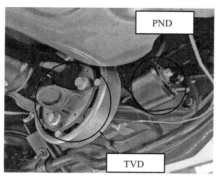

图 6-19　后桥加 PND 和 TVD 实物图

动优化约 50%。优化后车内前排噪声在 55dB（A）以内、后排噪声在 57dB（A）以内、主驾座椅振动在 0.03g 以内，主观优化明显，可接受。优化方案前后的测试结果如图 6-20 所示。

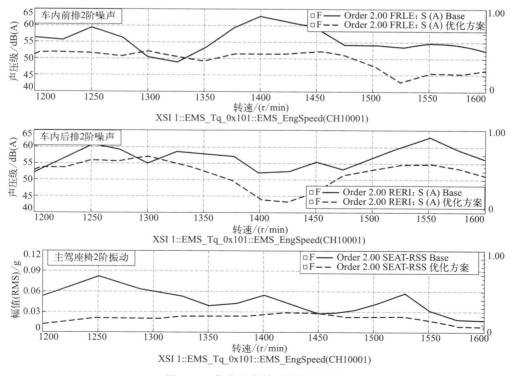

图 6-20　优化方案前后的测试结果

6.2.5 问题总结

对于皮卡车型，因其纵置后驱或四驱的动力传动属性，在项目开发过程中经常会遇到低转速的共振轰鸣问题。而本示例中的低转速共振轰鸣问题，属于该车型常见的传动系统扭振与子系统模态频率整车匹配不当，引起的耦合共振问题。因此，在车型开发的前期，不仅需要各子系统的目标设定合理，而且需要借助 CAE 仿真工具模拟整车状态，来对加速过程中车内的响应进行仿真；提前识别因整车系统匹配不当而引起的 NVH 问题，为后期的问题诊断排查提供有利的指导。

6.3 SUV 行驶过程发动机盖抖动分析

6.3.1 问题描述

某 SUV 在 PP 阶段路试时，测试工程师发现车辆在一般路面行驶过程中，明显感觉到发动机盖后端出现不同程度的低频抖动。很大程度上影响客户对产品的感知质量，并对产品的品牌影响力造成一定的伤害。

6.3.2 问题原因分析

发动机盖振动分析：左右两铰链点约束全部自由度，锁扣点约束 Y/Z 平动自由度，分别在铰链点和锁扣点施加路面 Z 方向激励载荷，采用模态瞬态响应方法，分析发动机表面多点的绝对位移与相位差，约束如图 6-21 所示。

按照企业对发动机盖的开发流程和设计指导手册，发动机盖 VP 阶段冻结的发动机盖振动分析结果应满足企业目标要求，见表 6-2。

图 6-21 振动分析边界约束

表 6-2 发动机盖振动分析结果

抖动指标	设计冻结结果	目标
侧边沿/mm	5.17	<9.3
前角点/mm	3.28	<7.9
后边沿(绝对值)/mm	5.30	<6.5
后边沿(相对值)/mm	2.89	<5.1
机盖中心点/mm	1.21	<1.4

经过一系列测试和对比分析，发动机盖发生抖动的原因归结为共振和强度不足两方面，①发动机盖中间造型大面平坦，导致发动机盖外板自身结构强度较弱；②为满足安全 5 星的行人保护要求，结构弱化，发动机盖内板和外板之间无支撑。从振动方面考虑，可能与某一频率激励发生共振，一般参考汽车怠速频率（25Hz），产品设计时要考虑产品的固有频率远离工作的主要频段，以保证产品在工作时不至于剧烈振动。从结构上分析，发动机盖后端面抖动大，强度小。

在发动机盖抖动故障复现过程中，经过多次尝试，发现外板面压和外板模态结果与实际抖动区域一致，外板面压下恶劣点位移为 6.76mm，外板模态为 39.1Hz，见图 6-22。分析发动机盖不抖动的竞品车外板面压和外板模态，分析结果见表 6-3。结合实际问题区域和分析结果，可以确定发动机盖外板面压位移偏大和外板模态偏低会造成发动机盖行驶过程发生抖动现象。

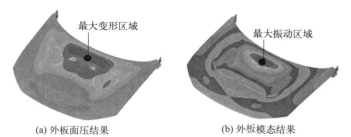

(a) 外板面压结果　　　　(b) 外板模态结果

图 6-22　外板面压和模态分析结果

表 6-3　面压和模态分析结果值

指标项		竞品车 1	竞品车 2	竞品车 3	问题车
外板面压	恶劣点位移/mm	4.022	4.254	5.322	6.76
外板模态/Hz		47.0	50.5	40.6	39.1

6.3.3　问题解决方案

经过多个方案尝试，项目组多轮讨论，在不影响安全性能的前提下，最后确定在发动机盖后端内板和外板之间增加支架。其中支架与外板胶接，与内板打焊点，改进方案如图 6-23 所示。

6.3.4　改进效果

发动机盖后端增加支架后，对发动机盖进行振动、外板面压和模态分析，结果显示见表 6-4，面压恶劣点 5.50mm，外板模态 41.2Hz，面压位移下降和外板模态提升均明显，达到竞品车水平。

图 6-23　改进方案

对问题车实施加支架方案，在试验场进行道路试验验证。试验结果表明，驾乘人员已完全感觉不到发动机盖抖动的现象。

表 6-4　改进前后结果对比

抖动指标		改进前结果	改进后结果	CAE 目标
振动分析	侧边沿/mm	5.17	5.18	<9.3
	前角点/mm	3.28	3.28	<7.9
	后边沿（绝对值）/mm	5.30	5.30	<6.5
	后边沿（相对值）/mm	2.89	2.99	<5.1
	机盖中心点/mm	1.21	1.19	<1.4
模态分析	外板模态频率/Hz	39.1	41.2	
	外板面压/mm	6.703	5.52	

6.3.5 问题总结

数字开发阶段按设计开发流程对发动机盖振动进行目标控制，样车出现发动机盖抖动现象，经过查找问题产生原因，是由于对发动机盖抖动目标控制不完善所致，后期通过相应方案整改，抖动现象得到改善，主观可接受。

结合问题整改结果，发动机盖抖动设计目标控制过程中增加外板面压和模态目标控制项，完善后的发动机盖抖动目标控制见表 6-5。

表 6-5 发动机盖抖动指标

	抖动指标	目标
振动分析	侧边沿/mm	<9.3
	前角点/mm	<7.9
	后边沿(绝对值)/mm	<6.5
	后边沿(相对值)/mm	<5.1
	机盖中心点/mm	<1.4
模态分析	外板模态频率/Hz	≥40
	外板面压/mm	≤5.5

6.4 SUV 路噪分析

6.4.1 问题描述

某 SUV 车型在粗糙路面以 60km/h 匀速行驶时车内嘈杂声偏大，嘈杂声感受强烈，严重影响客户的驾乘体验。用 LMS 软件测试采集 base 状态整车问题工况数据，对结果进行声音回放与竞品车对比分析，确认问题主要由 80～180Hz 频段噪声偏大引起，如图 6-24 所示。

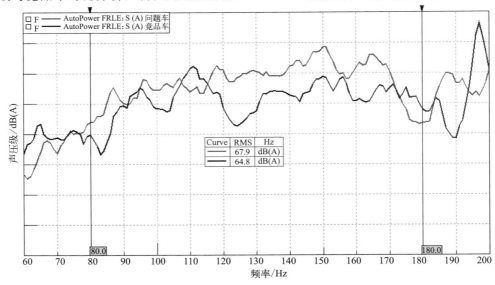

图 6-24 问题车与竞品车噪声对比

6.4.2 问题原因分析

粗糙路行驶通过悬架路径传递至车内的噪声主要为结构噪声，频率一般在 20~600Hz。其主要传播路径为轮胎→悬架及转向系统的结构件→悬架弹簧及减振器→悬架及转向系统各处衬套→车架（非承载式车身）→车身及声腔→人耳。

该案例问题排查先通过前、后轮 PCA 分析确定前悬为路噪主要贡献系统，再进一步缩小排查范围对前悬路径进行 PCA 分析，从而确定前悬摆臂与副车架前安装点为主要影响因子。

(1) 前后轮路径主贡献分析

使用 LMS 数采软件采集前、后轮心振动及车内噪声粗糙沥青路 60km/h 工况客观数据，通过分析处理得到前、后轮虚拟相干性频谱，如图 6-25 所示，150Hz 频率车内噪声，与前轮振动相关度为 0.9，与后轮相关度为 0.32，问题频率路噪与前轮振动相关性更高。

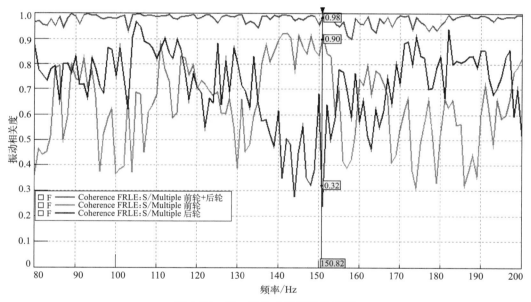

图 6-25 前、后轮虚拟相干性频谱

(2) 前悬架路径主贡献分析

继续使用 LMS 数采软件采集前悬架所有路径（包括副车架端摆臂前、后安装点，减振器车身安装点）振动及车内噪声粗糙沥青路 60km/h 工况客观数据，通过分析处理得到前悬架、副车架前端、副车架后端及减振器车身安装点虚拟相干性频谱，如图 6-26 所示，从结果可以看出前悬架副车架前端、副车架后端及减振器车身安装点振动与车内路噪问题频段相关度均在 0.9 以上，相关度均较高。

对比前悬架各路径振动频谱，如图 6-27 所示，其中前悬摆臂与前副车架前安装点 Y、Z 向车内路噪较大频段振动峰值为 0.14m/s^2，为其他路径振动的 2 倍甚至更高，同时虚拟相干性亦较大，因此车内路噪偏大与摆臂和副车架前安装点振动偏大密切相关。

(3) 轮心振动和前副车架模态

轮心振动在 149Hz 存在峰值，如图 6-28 所示，前副车架整车状态下存在 148Hz 绕整车

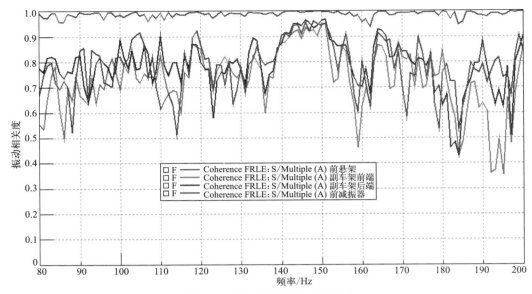

图 6-26 前悬架虚拟相干性频谱

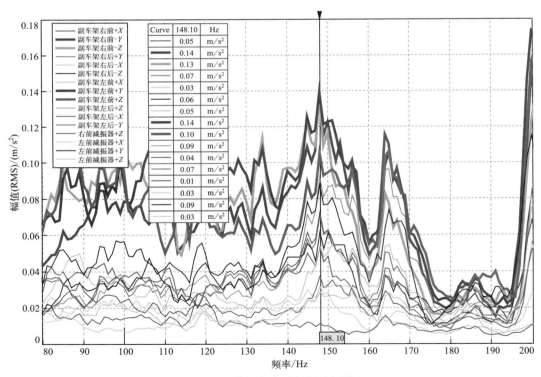

图 6-27 前悬架各路径振动频谱

Y 向旋转模态，如图 6-29 所示，轮心激励与前副车架该模态耦合是导致前悬摆臂与前副车架前安装点 Y、Z 向振动过高的主要原因。

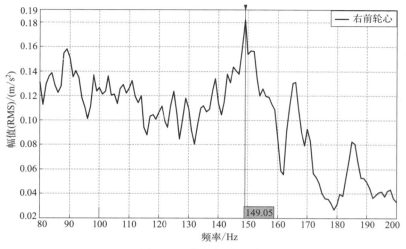

图 6-28　轮心振动频谱

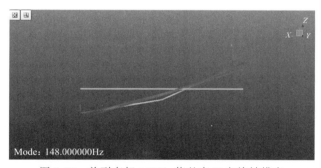

图 6-29　前副车架 148Hz 绕整车 Y 向旋转模态

6.4.3　解决方案

为了降低该峰值振动，可以通过改变副车架模态或在副车架前端安装动态吸振器，考虑到副车架已开模，改动成本较高，该问题通过安装吸振器解决。吸振器安装位置如图 6-30 所示，测试频响曲线如图 6-31 所示。

图 6-30　动态吸振器安装位置

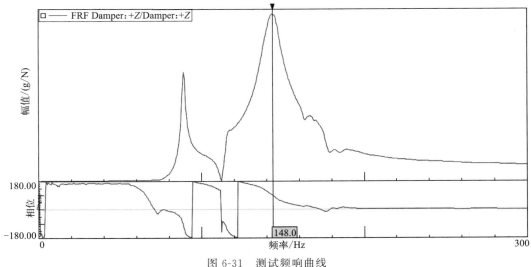

图 6-31　测试频响曲线

6.4.4　改进效果

将设计好的动态吸振器分别装在副车架前端左右对称位置,并采集在粗糙路面以 60km/h 匀速行驶时车内噪声数据进行效果验证,车内噪声频谱对比如图 6-32 所示。

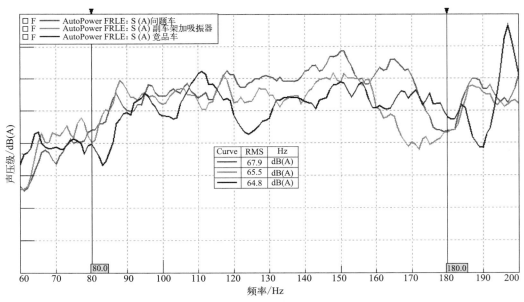

图 6-32　车内噪声频谱对比

从验证结果看,在副车架安装吸振器后,车内路噪声 80～180Hz 频段 RMS 值由 base 状态的 67.9dB 降低到 65.5dB,优化 2.4dB,基本达到竞品车型水平(64.8dB),主观感受车内嘈杂声优化明显。

6.4.5 问题总结

该案例问题是由于轮胎存在148Hz激励与副车架绕Y轴旋转模态相耦合，产生共振导致车内噪声偏大，通过主观分析排查，并最终通过在副车架前端设计合适吸振器优化了车内噪声。在项目开发前期应借助虚拟仿真手段及时识别轮胎各阶模态，纳入模态分离管控体系，从而提前识别风险并进行合理避频，减少后期路噪优化人力和成本投入。

6.5 SUV 口哨声分析

6.5.1 问题描述

某SUV在样车阶段风噪驾评时，发现部分试验车辆在速度60～100km/h时，车内可以听到明显的口哨声，NVH性能不能接受；经测试客观噪声数据，滤波回放分析锁定口哨声频率为1800～2200Hz之间的窄带频率，如图6-33所示。

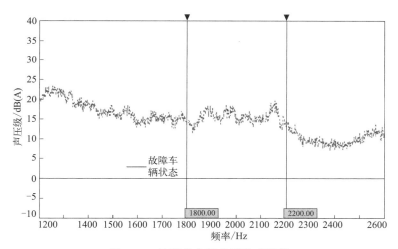

图 6-33 故障车主驾外耳噪声频谱

主观判断口哨声来自车辆前端区域，通过"开窗法"，使用胶带密封的方式对前端各缝隙进行逐个排查，最终锁定口哨声产生于发动机盖与前保缝隙处，如图6-34所示，密封该缝隙，口哨声消除，问题得以解决。

图 6-34 发动机盖与前保缝隙密封

6.5.2 问题原因分析

当发动机盖与前保险杠面差较小时，高速气流沿着前保险杠向上流动，直接冲击发动机盖尖端（棱边），气流在棱边两侧形成持续的周期性分离涡，进而产生口哨声，如图 6-35 和图 6-36 所示。

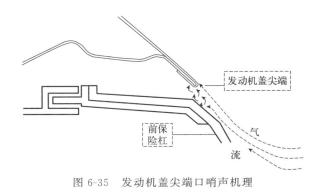

图 6-35　发动机盖尖端口哨声机理

根据该机理，可以确定高速定向气流、棱边（发动机盖尖端）是产生口哨声的两个关键因素。

此款 SUV 车型发动机盖与前保险杠面差示意如图 6-37 所示，设计值为 1.62mm，公差为±2mm，即（1.62±2）mm，属于面差设计较小的情况，与上述口哨声的产生机理正好吻合。为进一步验证该理论，如表 6-6 所示，实车调试发动机盖与前保险杠面差在不同的区间，发现面差在 1mm 以内时容易出现口哨声，面差在 2mm 以上则无口哨声问题。

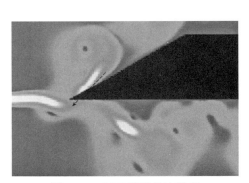

图 6-36　CAE 模拟棱边噪声

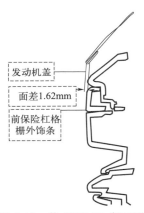

图 6-37　某 SUV Y0 断面图

表 6-6　面差与口哨声的对应关系

样车编号	面差/mm	有无口哨声
1	2.6	无
2	3	无
3	−2.1	无
4	2	无
5	2.1	无
6	−0.03	有
7	0.3	有
8	0.6	有
9	−0.7	有
10	0.5	有

注：发动机盖相对前保险杠靠前，面差为正；否则，面差为负。

6.5.3 解决方案

根据发动机盖尖端口哨声产生原因,从高速定向气流和发动机盖尖端两个影响因素出发进行方案研究:前保险杠造型优化研究;发动机盖尖端位置增加密封条;增大发动机盖与前保险杠面差等。

(1) 前保造型优化方案

通过在前保格栅外饰条上增加凸起特征(使用直径 1.8mm 铁丝模拟,如图 6-38 所示),使高速气流远离发动机盖尖端,经实车验证,问题可解决。

图 6-38 前保造型扰流方案

(2) 发动机盖尖端位置增加密封条方案

通过在靠近发动机盖尖端位置增加密封条,如图 6-39 所示,保护发动机盖尖端免受气流的冲击,经实车验证,问题可解决。

(3) 增大发动机盖与前保面差方案

通过调整前保定位孔位置,如图 6-40 及图 6-41 所示,将发动机盖与前保面差设计值调整至 4.5mm,公差为±2.0mm,实际面差范围为 (4.5±2.0)mm,使高速气流远离发动机盖尖端,经实车验证,问题可解决。

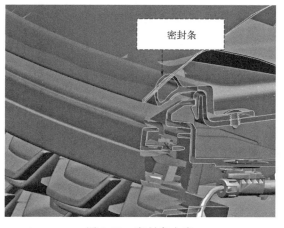

图 6-39 密封条方案

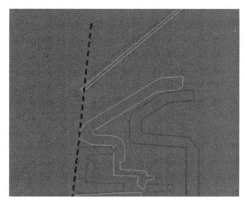

图 6-40 原状态

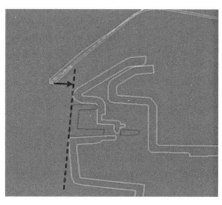

图 6-41 调整前保险杠位置

6.5.4 改进效果

综合各方面影响因素考虑,最终确定实施增大发动机盖与前保险杠面差的方案,通过调整前保险杠定位孔位置,将发动机盖与前保险杠面差设计值由 1.6mm 调整至 4.5mm,实际面差控制在 2.5mm 以上,无修模费用及新增成本,经批量验证,方案稳健,最终得以实施,方案实施后,口哨声问题得以解决,如图 6-42 所示为优化方案实施前后车内噪声频谱对比。

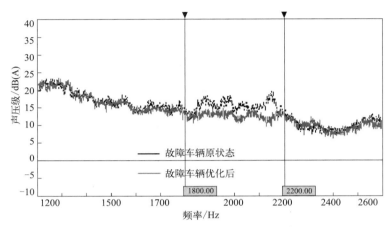

图 6-42 优化方案实施前后车内噪声频谱对比

6.5.5 问题总结

本案例 SUV 车型发动机盖尖端口哨声问题的出现,是由于之前的"风噪设计指导检查清单"不完善,导致数字化样车阶段风噪控制环节,缺少对发动机盖与前保险杠匹配的控制。表 6-7 为"风噪设计指导检查清单"更新的检查条目,后续新项目的风噪开发,将按照最新的检查清单进行 DPA 检查,如表 6-7 所示,规避该问题的再次发生。

表 6-7 风噪设计指导检查清单

部件	检查项	NVH 要求	评估方式	评估节点	当前评估状态	图片	风险	下一步计划
格栅	面差-发动机盖与格栅	如果发动机盖相对前保险杠靠前,发动机盖到格栅面差应该≥4.5mm,如果发动机盖相对前保险杠靠后,发动机盖到格栅面差应该≥10mm。如果不满足,应尽量考虑密封条设计来填充这个缝隙	DPA	FC3,FC4,FC5,FDJ,UPV0,UPV1,UPV2				
	间隙-发动机盖与格栅	发动机到格栅间隙应≥5mm,如果不满足应考虑用密封条设计来填充这个缝隙	DPA	FC5,FDJ,UPV0,UPV1,UPV2				
	格栅-分型线截面	格栅分型线应该位于末侧,需要避免箭型格栅	DPA	FC5,FDJ,UPV0,UPV1,UPV2				

参 考 文 献

[1] 庞剑，湛刚，何华. 汽车噪声与振动——理论与应用 [M]. 北京：北京理工大学出版社，2006.
[2] 刘显臣. 汽车 NVH 综合技术 [M]. 北京：机械工业出版社，2014.
[3] 闻邦椿，张义民，鄂中凯，等. 机械系统的振动设计及噪声控制 [M]. 北京：机械工业出版社，2014.
[4] 杜功焕，朱哲民，龚秀芬. 声学基础 [M]. 3 版. 南京：南京大学出版社，2012.
[5] 陈家瑞. 汽车构造（下册）[M]. 北京：机械工业出版社，2000.
[6] 曹树谦，张文德，萧龙翔. 振动结构模态分析 [M]. 天津：天津大学出版社，2001.
[7] Deb Bonnerjee, Djamel Bouzit, and Javed Iqbal. Ting Noise Generation in Automotive Applications [J]. SAE，2017（01）：1121.
[8] 邱胤原. 双球环三球销式等速万向节的动态特性研究 [D]. 广州：华南理工大学，2020.
[9] 黄钟灵. 等速万向节驱动轴总成动静态圆周间隙分析与研究 [D]. 上海：上海交通大学，2011.
[10] 吴光强，栾文博. 汽车传动系相关 NVH 问题的动力学研究论述 [J]. 机械工程学报，2013，49（24）：108-116.
[11] Thomas Wellmann, Kiran Govindswamy, Eugen Braun, et al. Aspects of Driveline Integration for Optimized Vehicle NVH Characteristics [J]. SAE，2007（01）：2246.
[12] 卢曦，张振东. 球笼式等速万向节的振动分析 [J]. 轴承，2002（8）：28-30.
[13] 岳川元，杨诚，张军，等. 某前驱车轮端起步黏滑异响分析与控制 [J]. 声学技术，2019，38（4）：446-451.
[14] Venkateswararao M, Prasath R, Mansinh K. Diagnosis and Elimination of Vehicle Shudder in a Sports Utility Vehicle [J]. SAE，2013（26）：0090.
[15] Ryu T, Matsuzaki K, Nakae T, et al. A Study on Shudder in Automatic Transmission Lock-up Clutch Systems and Its Countermeasures [J]. SAE，2011（01）：1509.
[16] 赵骞，石月奎，孙悦. 十字万向节传动轴激励导致的汽车振动噪声研究 [J]. 机械传动，2011，35（10）：70-76.
[17] Wellmann T, Govindswamy K. Development of a Multi-body Systems Approach for Analysis of Launch Shudder in Rear Wheel Driven Vehicles [J]. SAE，2009（01）：2073.
[18] 周翠，夏元烽，王红英，等. 汽车驱动半轴动力吸振器减振性能研究 [J]. 2016 年中国汽车工程学会年会论文集，2016：1081-1085.
[19] 罗轶超，段龙杨，翁建生，等. 传动轴 2 阶激励下的车体低频抖动分析与控制 [J]. 噪声与振动控制，2018，38（2）：71-76.
[20] 陈清爽，谢明睿，钟秤平，等. 汽车传动系动平衡测试及控制研究 [J]. 机械科学与技术，2018，37（5）：781-786.
[21] 邓欣，钟秤平，陈清爽，等. 整车动力传动系统弯曲模态实验识别及优化研究 [J]. 噪声与振动控制，2018，38（1）：122-126.
[22] 林胜，刘淑英，钟秤平，等. 某混合动力 SUV 加速横向抖动分析与优化研究 [J]. 噪声与振动控制，2020，40（1）：127-131.
[23] 邓磊，段龙杨，刘波. 后驱车动力传动系扭振分析 [J]. 噪声与振动控制，2018，38（4）：72-75.
[24] 罗轶超，陈清爽，李少杰. 新能源车加速过程中横向抖动的预测分析方法 [P]. CN：202111291064.8，2021-11-03.
[25] 罗轶超，李军，钟秤平，等. 一种传动系统动不平衡整车响应预测方法、系统及设备 [P]. 中国：202210353124.2，2022-04-06.
[26] Jack S. P. Liu, Natalie Remisoski, Javed Iqbal. CAE Predictions for Cardan Joint Induced Driveline NVH [J]. SAE，2017（01）：1136.
[27] 杜勇. 动力吸振器在汽车振动控制中的应用研究 [D]. 合肥：合肥工业大学，2015.
[28] 张武. 汽车动力总成悬置系统关键技术研究 [D]. 合肥：合肥工业大学，2013.
[29] 唐孝非. 某商用车动力总成悬置系统优化设计研究 [D]. 重庆：重庆大学，2022.
[30] 唐蓓. 涡轮增压发动机进气系统噪声控制研究 [D]. 重庆：重庆大学，2018.
[31] 魏小宝. 基于进气系统消声研究的噪声改进 [D]. 上海：上海交通大学，2016.
[32] 季振林. 消声器声学理论与设计 [M]. 北京：科学出版社，2015.

[33] 刘丽媛. 增压器噪声控制与进气消声器设计研究 [D]. 哈尔滨：哈尔滨工程大学，2010.
[34] 智乃刚，萧滨诗. 风机噪声控制技术 [M]. 北京：机械工业出版社，2013.
[35] 赵婷，赵忖，任刚，等. 倾斜蜗舌对离心风机降噪影响的试验研究 [J]. 流体机械，2012，40（3）：1-7.
[36] 胡世健，敬文博，范金永. 汽车空调鼓风机降噪优化 [J]. 汽车实用技术，2015（10）：17-18，21.
[37] 周滋锋，王丹瑜，郑国胜. 车用空调制冷剂流动噪声分析和性能改进研究 [J]. 制冷技术，2015，35（4）：37-42.
[38] 李珊珊. A 级汽车暖通空调系统流动噪声分析 [D]. 长春：吉林大学，2016.
[39] 李启良，钟立元，王毅刚，等. 汽车空调气动噪声数值与试验研究 [J]. 同济大学学报（自然科学版），2016，44（4）：620-624.
[40] 汪怡平，谷正气，杨雪，等. 汽车空调出风管道气动噪声分析与控制 [J]. 湖南大学学报（自然科学版），2010，37（3）：24-28.
[41] 朱爱武. 空调压缩机对车内噪声的影响 [J]. 噪声与振动控制，2010（4）：47-49.
[42] 卢喜，杨诚. 旋叶式汽车空调压缩机的噪声源识别 [J]. 重庆大学学报（自然科学版），2006，29（8）：70-73.
[43] 苏晓芳，杨林强，陈圆明，等. 发动机冷却风扇的降噪研究与优化 [J]. 汽车技术，2011，（9）：24-27.
[44] 屠翔宇，蒋伟康，朱志勇，等. 乘用车油箱的燃油晃动噪声工况传递路径分析 [J]. 振动与冲击，2017，36（18）：184-188.
[45] 张恩慧. 不同工况下汽车燃油箱中油液晃动特性及其控制研究 [D]. 镇江：江苏大学，2020.
[46] 黄显利. 电动汽车 NVH 的设计与开发 [M]. 北京：机械工业出版社，2020.
[47] 金文辉，郭峰，段龙杨，等. 轻型客车电驱动后桥啸叫优化分析 [J]. 噪声与振动控制. 2021，41（4）：76-81.
[48] 谭祥军. 从这里学 NVH：噪声、振动、模态分析的入门与进阶 [M]. 北京：机械工业出版社，2018.
[49] 张明，岂瑞丽，顾江，等. 汽车构造（下册）[M]. 北京：人民交通出版社，2006.
[50] 张进秋，黄大山，姚军. 车辆悬架系统振动控制 [M]. 北京：国防工业出版社，2020.
[51] 俞悟周，毛东兴，王佐民. 轮胎/道路噪声及测量 [J]. 声学技术，2000，19（2）：90-94.
[52] 剑敏，范俊岩，王胜发，等. 低噪声轮胎设计方法与应用 [J]. 轮胎工业，2006，26（2）：79-84.
[53] 卢磊. 轮胎花纹对轮胎噪声影响的研究 [D]. 长春：吉林大学，2017.
[54] 侯康，孙桓五. 某新型半挂车车架静态特性与模态分析 [J]. 机械设计与制造，2017（8）：172-174.
[55] 曹俊. 车身悬置布置及参数对乘坐舒适性的影响 [J]. 汽车实用技术，2017（18）：140-142.
[56] 徐仰汇. 汽车 NVH 性能开发的关键技术及相关建议 [J]. 科技导报，2010，28（9）：13.
[57] 张鹏，张维，丁景峰，等. P-EPS 转向系统噪声分析及改进研究 [J]. 汽车零部件，2016（10）：5.
[58] 叶耿，杨家军，刘照，等. 汽车电动式动力转向系统转向路感研究 [J]. 华中科技大学学报（自然科学版），2002，30（2）：24-26.
[59] 王柏卫. 电动液压助力转向系统在新能源客车中的应用 [J]. 机电技术，2015，38（1）：113-114.
[60] 田冠男. 面向汽车转向系统 NVH 性能的分析与设计流程 [J]. 计算机辅助工程，2006，15（S1）：134-136.
[61] 王希珂. 基于 NVH 的转向及仪表板振动特性研究 [D]. 秦皇岛：燕山大学，2013.
[62] 万鑫. 盘式制动器制动抖动试验分析与控制 [D]. 重庆：重庆大学，2019.
[63] 黄俍. 汽车盘式制动器制动抖动分析及改进 [D]. 北京：清华大学，2012.
[64] 张有财. 汽车盘式制动器制动噪声研究及控制 [D]. 武汉：武汉理工大学，2018.
[65] 李建友. 汽车密封条对车门关门声品质的影响分析 [J]. 北京汽车，2017（06）：41-44.